中越边境常见跨国犯罪实务系列研究丛书

邓崇专　黎仲诚 / 著

毒品与组织卖淫犯罪司法认定疑难问题研究

A Study on the Problems of the Judicial Identification of the Crime of Drug and the Crime of Organized Prostitution

中国法制出版社
CHINA LEGAL PUBLISHING HOUSE

前言

PREFACE

《毒品与组织卖淫犯罪司法认定疑难问题研究》作为中越边境常见跨国犯罪实务系列研究丛书之三，是继丛书之一《走私罪司法认定与执法完善问题研究》及之二《妨害国境管理罪司法认定与刑罚适用研究》的成果，同时也是本人与广西金狮律师事务所主任黎仲诚先生精诚合作、共同努力的收官之作。

从目前的司法实践看，在中越边境涉毒品及风化类的犯罪中，走私、贩卖和运输毒品以及组织他人卖淫是较为常见的犯罪，因此，在关于毒品及风化类的罪名体系中，本书仅选取了走私毒品罪、贩卖毒品罪、运输毒品罪和组织卖淫罪作为研究的对象。

本书主要就走私毒品罪、贩卖毒品罪、运输毒品罪和组织卖淫罪在司法认定方面的疑难问题展开探讨，并一一给出了自己的观点。大致介绍如下：（1）走私毒品罪。关于本罪与其他走私罪的关系问题，本书认为不仅本罪在客观方面的本质特征与其他走私罪完全相同，而且在法律适用方面也表现出一定的共通性；关于本罪与其他走私罪是否存在法条竞合的关系，认为本罪与《刑法》第151条、第152条所规定的走私罪不存在法条竞合，与《刑法》第153条规定的走私普通货物、物品罪存在交叉竞合；关于“一次走私行为”中既包括毒品又包括其他物品的处理问题，认为在走私普通货物、物品中藏匿毒品的，二者形成法条竞合，在《刑法》第151条、第152条所规定的走私对象中藏匿毒品的，成立想象竞合；关于本罪与运输毒品罪的关系，认为尽管走私毒品中的“运输”发生在国（边）境范围内，但此“运输”是走私毒品中应有的行为，包括在走私毒品的“走私”行为中，所以也应认定为走私毒品罪而非运输毒品罪，也不能定为走私、运输毒品罪。（2）贩卖毒品罪。关于“贩卖”的内涵，认为不管是直接出卖还是以贩卖为目的而非法收买毒品，其归根结底就是出卖毒品；对于赠与毒品的定性问题，认为赠与毒品的人一般不能单独构成贩卖毒品罪，而是在帮助或者教唆受赠人的过程中可以构成贩卖毒品的共犯（帮助犯或教唆犯）；关于陪同贩毒行为的定性，认为单纯的陪同不与贩毒者构成共犯；关于本罪的既遂与未遂，认为在一般情形下应以毒品的实际交付为标准，在特情介入下，本罪应一律以未遂处理；关于本罪的共同犯罪问题，认为毒品买卖双方不属于“上下家”关系，应当构成共同犯罪。(3) 运输毒品罪。关于“运输”的内涵及外延，认为只有在国(边)境范围内与贩卖、制造毒品有关联的运输行为，才能认定为本罪的“运输”，并且本罪的成立不应有运输距离的限制，运输的距离只与本罪的既遂、未遂相关；关于本罪的既遂、未遂问题，认为应以运输的毒品到达目的地或者交付给接货人为既遂标志，运输途中被查获的为未遂；关于本罪共同犯罪的主从犯区分问题，认为如果运输者确受他人指使或者雇佣而实施运输毒品，而且系初犯、偶犯的，应将运输者认定为从犯；如果受雇人是职业运输者的，可以不区分主从犯，亦即将运输者也认定为主犯；关于本罪与非法持有毒品罪的区分，认为吸毒者购买数量较大的毒品后为吸食或者注射而在运输途中被查获的行为不构成本罪，应当构成非法持有毒品罪。(4) 组织卖淫罪。关于本罪的“组织”，认为其应由两个具有递进关系的行为组成：一是组织者通过招募、雇佣、纠集等手段将卖淫人员组织在一起的行为；二是组织者通过对卖淫者的管理或者控制实施卖淫的行为。它们的关系是，前者是手段行为，后者是目的行为；关于在雇佣情形下本罪与协助组织卖淫罪的区分，认为如果受雇者不能替代组织者的整个组织行为，而且受雇行为没有涉及对卖淫人员的“管理或者控制”这一组织行为的核心，应是协助组织卖淫的行为；关于本罪的既遂、未遂，认为应当以被组织卖淫人员具体实施了卖淫行为为既遂标志；关于本罪的罪数形态，认为本罪与强迫卖淫罪及引诱、容留、介绍卖淫罪所对应的法条是属于法条竞合的关系，在被组织者具有同一性，既构成本罪，又成立强迫卖淫罪或者引诱、容留、介绍卖淫罪的情形下，其解决的方法只能依靠罪数（或竞合）的理论，采取依一重罪处置的原则处理。同时，在本罪与组织他人偷越国境罪竞合时，认为在中越边境跨国犯罪的场合可以按照牵连犯的理论处理，即择一重罪处置。

值得一提的是，既然本书研究的是中越边境涉毒品及组织他人卖淫的犯罪，那么借以开展研究的素材当然主要来自于中越边境的相关司法实践。本书的思路是希望通过对走私毒品罪、贩卖毒品罪、运输毒品罪及组织卖淫罪司法认定疑难问题的研究，运用归纳法推理出具有普适性的结论。虽然从地域层面来说，其表现出了一定的特殊性，甚至似乎属于“个案”的范畴，但是基于上述各罪在整体范围内所具有的共同特点无疑会让这一“个案”不再具有“个性”。另外需要说明的是，本书引用的案例基本来自北大法宝的司法案例（http://www.pkulaw.cn/Case/）数据库，所以，凡书中所举的案例来源于该数据库的，则不再注明其来源，如果不是来源于该数据库的，会在脚注特别注明其出处。

通过上述内容的研究，笔者相信，本书所陈列的各种观点对于司法实践的指导应当具有一定的启迪。当然不得不承认的是，本书付梓之际，本人的内心实际是忐忑的。因为，尽管作者对中越边境的毒品及组织卖淫犯罪进行了一定的调研，为本书的写作积累了一些心得或者提供了一定的基础，但由于时间及精力有限并主要囿于作者学识及分析问题与解决问题的能力，书中表达的许多观点不仅缺乏深思熟虑，同时对用于分析的案例也存在误读的可能，因而本书所呈现的诸多观点肯定会存在值得商榷或者自相矛盾，甚至谬误之处。特别是，本书主要展现的是对走私毒品罪、贩卖毒品罪、运输毒品罪和组织卖淫罪司法认定方面的研究旨趣，在一些问题的看法上竟然与长期战斗在司法一线的实务界专家的观点表现出不一致，这更让作者感到不安。不过，既然是学术探讨，就肯定存在不同的见解。非常期待大家的批评与指教。

邓崇专

2019年9月2日

于广西民族大学相思湖畔

目 录

CONTENTS

第一章 走私毒品罪 / 001

第一节 走私毒品罪与其他走私罪的关系 / 003

一、走私毒品罪的立法沿革 / 003

二、走私毒品罪与其他走私罪的关系 / 006

第二节 准走私毒品犯罪行为的理解与认定 / 017

一、准走私毒品的实质 / 018

二、直接向走私人非法收购进口毒品的理解与认定 / 020

三、在内海、领海、界河运输、收购、贩卖毒品的理解与认定 / 023

第三节 走私毒品罪的既遂与未遂 / 026

一、本罪既遂与未遂划分的论争 / 026

二、笔者的立场 / 030

第四节 走私毒品罪与其他毒品罪的关系 / 043

一、本罪与贩卖毒品罪的关系 / 043

二、本罪与运输毒品罪的关系 / 049

第二章　贩卖毒品罪 / 061

第一节　贩卖毒品行为的认定 / 063

一、“贩卖”的内涵及其认定 / 063

二、赠与毒品行为的定性 / 074

三、陪同贩毒行为的定性 / 080

第二节　贩卖毒品罪的既遂与未遂 / 092

一、本罪既遂、未遂的理论与实践 / 092

二、笔者的立场 / 101

第三节　本罪的共同犯罪问题 / 126

一、本罪主从犯的区分 / 126

二、本罪能否存在对向犯的探讨 / 132

第三章　运输毒品罪 / 143

第一节　本罪“运输”的内涵及其认定 / 145

一、本罪“运输”内涵的既有理论与实践观点 / 145

二、笔者的观点 / 152

第二节　本罪的既遂与未遂 / 158

一、本罪既遂、未遂的理论争议与实践分歧 / 158

二、笔者的立场 / 161

第三节 本罪的共同犯罪 / 167

一、本罪共犯的认定 / 167

二、本罪主从犯的区分 / 179

第四节 本罪与其他毒品罪的关系 / 185

一、本罪与贩卖毒品罪的关系 / 185

二、本罪与非法持有毒品罪的区分 / 194

第四章 组织卖淫罪 / 211

第一节 本罪“组织”的内涵及其认定 / 213

一、本罪“组织”的理解 / 213

二、本罪“组织”司法认定的实践展开 / 219

第二节 本罪的犯罪形态 / 244

一、本罪的既遂与未遂 / 244

二、本罪的共同犯罪 / 252

三、本罪的罪数形态 / 258

参考文献 / 269

第一章
走私毒品罪

第一节　走私毒品罪与其他走私罪的关系

由于立法特将走私毒品罪安排在了我国现行《刑法》分则第六章“妨害社会管理秩序罪”中，因而首先厘清其与分则第三章第二节“走私罪”中规定的走私武器、弹药罪，走私普通货物、物品罪等10个具体走私罪的关系，无疑是对本罪相关问题展开探讨的前提。

一、走私毒品罪的立法沿革

我国对本罪的立法最初经历了一个由行政法与刑法同时规制的“混合式”时代，而且在1990年12月28日《关于禁毒的决定》颁布之前，作为走私罪中的一种，其与其他走私罪一起一直被立法规定在一个罪名体系中。

惩治走私毒品的行为最早出现在1951年5月1日施行的《中华人民共和国暂行海关法》中。在1979年4月全国海关工作会议上，“私运毒品”被明确规定为“重大走私”的情形之一，而1958年6月国务院批准的《关于处理走私案件十项原则》中指出：“走私是破坏社会主义经济秩序，损害国家利益的违法行为。重大走私并且是刑事犯罪行为。”可见，走私毒品作为“重大走私”是刑事犯罪的行为。随后在1979年《刑法》颁布施行后的1987年的《海关法》中，走私毒品作为“走私罪”之一仍然与其他走私罪一起规定在该法中。其第47条规定，走私罪包括如下情形："（一）运输、携带、邮寄国家禁止进出口的毒品、武器、伪造货币进出境的，以牟利、传播为目的运输、携带、邮寄淫秽物品进出境的，或者运输、携带、邮寄国家禁止出口的文物出境的；……"

从刑法立法来看，在1979年《刑法》之前的历次刑法草案中，均将走私毒品的犯罪行为置于走私罪中。例如，1954年9月30日中央人民政府法制委员会公布的《中华人民共和国刑法指导原则草案》（初稿）第60条规定，进行走私活动，私运军火武器、毒品或者其他违禁品的，判处3年以上有期徒刑；情节特别严重的，判处无期徒刑或者死刑。又如全国人大常委会法制委员会办公室1979年5月12日印发的《中华人民共和国刑法草案》（第37次稿）第114条规定："违反海关法规，进行走私，情节严重的，除按照海关法规没收走私物品并且可以罚款外，处三年以下有期徒刑或者拘役，可以并处没收财产。"第169条第1款规定："制造、贩卖、运输鸦片、海洛因、吗啡或者其他毒品的，处五年以下有期徒刑，可以并处罚金。"虽然第114条所作的笼统规定并没有明确毒品是否为走私罪的对象，但从第169条第1款的规定可以看出，关于实施毒品犯罪的行为只列举了"制造、贩卖、运输"三种行为，并没有涵括走私毒品的行为，可见走私毒品无疑是与其他走私的对象共同规定在了第114条之中。在1979年的我国第一部刑法典中，在参考、吸收海关方面的法规以及海关会议精神的基础上，继续将走私毒品罪与其他走私罪规定在一起。不过，受当时"宜粗不宜细"指导思想的影响，我国1979年《刑法》并没有依照走私对象的不同区分规定走私犯罪，而是对走私罪作了笼统的规定，而且将走私毒品与走私其他货物、物品概括性地规定在第116条中。[①] 该条规定："违反海关法规，进行走私，情节严重的，除按照海关法规没收走私物品并且可以罚款外，处三年以下有期徒刑或者

① 参见高铭暄：《中华人民共和国刑法的孕育诞生和发展完善》，北京大学出版社2012年版，第355页。

拘役，可以并处没收财产。”另与走私罪相关的法条为第118条和第119条，其分别规定为“以走私、投机倒把为常业的，走私、投机倒把数额巨大的或者走私、投机倒把集团的首要分子，处三年以上十年以下有期徒刑，可以并处没收财产”以及“国家工作人员利用职务上的便利，犯走私、投机倒把罪的，从重处罚”。鉴于刑法的笼统性规定从而导致在司法实践中难以操作和把握的问题，全国人大常委会于1988年1月21日通过了《关于惩治走私罪的补充规定》(以下简称《补充规定》，该文件已失效)，将走私对象进行了区分并规定了不同的罪名。《补充规定》第1条规定：“走私鸦片等毒品、武器、弹药或者伪造的货币的，处七年以上有期徒刑，并处罚金或者没收财产；情节特别严重的，处无期徒刑或者死刑，并处没收财产；情节较轻的，处七年以下有期徒刑，并处罚金。”第2条规定：“走私国家禁止出口的文物、珍贵动物及其制品、黄金、白银或者其他贵重金属的，处五年以上有期徒刑，并处罚金或者没收财产；情节特别严重的，处无期徒刑或者死刑，并处没收财产；情节较轻的，处五年以下有期徒刑，并处罚金。”据上，《补充规定》实际上已明确规定了走私毒品罪，走私武器、弹药罪，走私假币罪，走私文物罪，走私贵重金属罪和走私珍贵动物、珍贵动物制品罪6种具体的走私犯罪罪名。自此，走私毒品罪正式以独立的罪名出现在刑法规范中。

20世纪80年代以后，鉴于我国毒品的局势越来越严重的问题，为严惩毒品犯罪活动，保护广大人民群众的身心健康，维护社会治安秩序，保障社会主义现代化建设的顺利进行，1990年12月28日第七届全国人民代表大会常务委员会第十七次会议通过了《关于禁毒的决定》(以下简称《决定》)。《决定》正式将走私毒品罪从走私类罪中分离出来，而将其移至1979年《刑法》第171条中与贩卖、运输、制造毒品罪作并列规定，即《决定》第2条第1款规定：“走私、贩卖、运输、制造毒品，有下列情形之一的，处十五年有期徒刑、无期徒刑或者死刑，并处没收财产：(一)走私、贩卖、运输、制造鸦片一千克以上、海洛因五十克以上或者其他毒品数量大的；(二)走私、贩卖、运输、制造毒品集团的首要分子；（三）武装掩护走私、贩卖、运输、制造毒品的；（四）以暴力抗拒检查、拘留、逮捕，情节严重的；（五）参与有组织的国际贩毒活动的。”由于《决定》对走私毒品罪的立法模式取代了1979年刑法典以及《补充规定》，“且在全面修订刑法时，立法工作机关对毒品犯罪已有了统一的考虑和安排，故从1996年8月31日的刑法修订草稿起，立法工作机关不再在走私罪中规定走私毒品罪，而是将其与其他毒品犯罪一起安排在‘妨害社会管理秩序罪’一章中”。[①] 所以在此后的刑法修订中，立法机关以《决定》为基础并对其进行了一定的删改和补充后，便形成了1997年《刑法》的第347条，且至今未作改动。亦即，走私毒品罪与其他毒品罪一道，构建起了我国刑法中毒品犯罪的罪名体系。

二、走私毒品罪与其他走私罪的关系[②]

从本罪的立法沿革可以看出，既然其脱胎于“走私罪”，那么其与其他走私罪在适用法律方面无疑表现出一些共通性。例如，除本罪不与走私普通货物、物品罪可以共同适用《刑法》第154条规定的后续走私以及不与其他走私罪可以共同适用第157条关于武装掩护走私和以暴力、威胁方法抗拒缉私的条款之外，诸如第155条规定的“以走私罪论处”以及第156条规定的“以走私罪的共犯论处”的情形，均可以与其他走私罪共同适用。另外，2014年9月10日开始实施的《最高人民法院、最高人民检察院关于办理走私刑事案件适用法律若干问题的解释》（以下简称《2014两高走私解释》）中的部分内容，本罪亦可与其他走私罪共同适用。

---

① 高铭暄：《中华人民共和国刑法的孕育诞生和发展完善》，北京大学出版社2012年版，第356—357页。

② 有的学者在探讨走私毒品罪与《刑法》第三章第二节“走私罪”的关系时，往往将后者称为“一般走私罪”，似乎认为二者属于特殊法条与一般法条的关系。但笔者认为，二者的关系并非如此，因而将后者特以“其他走私罪”称谓。

另外，二者的犯罪构成特征方面也无疑存在着诸多共性。当然在论及二者的犯罪客体时，不能不涉及对走私、贩卖、运输、制造毒品罪客体的讨论。有学者认为，走私、贩卖、运输、制造毒品罪的客体“是国家对毒品的管理制度”；[①] 有学者在探讨实施走私、贩卖、运输、制造毒品犯罪所保护的法益时认为，国家对毒品实行严格管制的直接目的似乎是不使毒品泛滥，但必须追问的是，国家不允许毒品泛滥显然是因为毒品危害公众的健康，所以，毒品犯罪的保护法益应是公众健康。[②] 上述两种观点的共同之处，是均将走私、贩卖、运输、制造毒品罪的客体或者法益作概括性的认定处理。而有的学者则认为，走私、贩卖、运输、制造毒品罪的客体是国家毒品管理制度，并且其中的走私毒品的行为还侵犯了国家进出口管理制度。[③] 其言下之意是，走私毒品罪的犯罪客体是复杂客体，既侵害了国家对毒品的管理制度，同时又侵犯了国家进出口管理制度。笔者认为，从立法的原意来看，立法者将走私毒品罪从“走私罪”中移至“妨害社会管理秩序罪”中的毒品类罪中，显然是为了保护国家对毒品的管理制度。根据我国《麻醉药品和精神药品管理条例》第 1 条的规定，我国立法对麻醉药品和精神药品实施管制的目的是“保证麻醉药品和精神药品的合法、安全、合理使用，防止流入非法渠道”，同时该条例第 4 条规定，国家对麻醉药品和精神药品实行管制，除本条例另有规定外，任何单位、个人不得进行麻醉药品和精神药品的实验研究、生产、经营、使用、储存、运输等活动。可见，刑法对毒品实施的各种非法行为的规制，无疑是为了达到国家对毒品的正常管理的目的。同时，就走私毒品罪而言，由于其客观方面表现出与贩卖、运输、制造毒品罪的不同，当然其保护的客体也应当不一样，那就是其与其他走私罪所具有的共同客体，即对外贸易中的进出口监管制度（或者海关监管

---

① 高铭暄、马克昌主编:《刑法学》，北京大学出版社、高等教育出版社 2017 年版，第 594 页。

② 参见张明楷:《刑法学（下）》，法律出版社 2016 年版，第 1141 页。

③ 参见谢望原、赫兴旺主编:《刑法分论》，中国人民大学出版社 2011 年版，第 363 页。

制度)。因此，本罪侵害的客体无疑为复杂客体，即主要客体是国家对毒品的管理制度，次要客体是进出口监管制度。基于上述分析，上述前两种观点采取概括性的方法确定走私、贩卖、运输、制造毒品罪的客体（或法益），而没有将走私毒品罪从中分开单独予以确定的做法，是不正确的。至于第二种观点认为，毒品犯罪所保护的法益是公众的健康，笔者认为，由于刑法分则规定的很多犯罪（如生产、销售伪劣产品罪等）都可以认为是危害了公众的健康，但并不能说这些犯罪侵害的直接法益均为公众的健康。所以，在探讨乃至确立毒品犯罪所侵害的客体（法益）时，更深层次地"追问""公众健康"问题是没有必要的。何况，"公众健康"只在认定毒品犯罪的既遂、未遂标准上发挥作用，其对毒品犯罪的成立则没有影响（具体见后述)。

显然，本罪与其他走私罪在客观行为上具有完全的共同性，亦即均表现为违反海关法规，逃避海关监管，将走私物运输、携带、邮寄进出国（边）境的"走私"行为。其他走私罪在客观方面的表现即为违反海关法规，逃避海关监管，运输、携带、邮寄除毒品外的国家禁止进出口或限制进出口或依法应缴关税而偷逃关税的货物、物品进出国（边）境的行为。其具体的走私行为方式有：(1）绕关走私行为。指未经国务院或国务院授权的部门批准，不经过设立海关的地点，运输、携带、邮寄走私物进出国（边）境。在中越边境，主要是海上绕关走私和陆上绕关走私两种。(2)通关走私行为。指虽然经过设立海关的地点，但采取藏匿、伪装、瞒报、伪报等欺骗手段逃避海关监管，运输、携带、邮寄走私物。(3）后续或变相走私行为。指未经海关许可且未补缴应缴税额，擅自将批准进口的来料加工、来件装配、补偿贸易的原材料、零件、制成品、设备等保税货物，在境内销售牟利的，或者未经海关许可并且未补缴应缴税额，擅自将特定减税、免税进口的货物、物品，在境内销售牟利的行为。(4）间接走私（或准走私）行为。一是直接向走私人非法收购国家禁止进口物品，或者直接向走私人非法收购走私进口的其他货物、物品，数额较大的行为；二是在内海、领海、界河、界湖运输、收购、贩卖国家禁止进出口物品，或者运输、收购、贩卖国家限制进出口货物、物品，数额较大，没有合法证明的行为。凡是以上述行为方式进行走私的，即为走私的实行行为，亦即行为人实施了违反海关法规，逃避海关监管的符合走私罪客观构成要件的行为。

那么走私毒品罪的客观行为，根据1994年12月20日最高人民法院《关于适用〈全国人民代表大会常务委员会关于禁毒的决定〉的若干问题的解释》的规定，就是将毒品非法运输、携带、邮寄进出国（边）境的行为。由于走私毒品不具有后续或变相走私行为的可能，同时也不具有直接向走私人非法收购国家禁止进口之外的走私进口的其他货物、物品的准走私（或间接走私）情形，所以与其他走私罪相比，本罪具体的走私行为方式则为：（1）绕关走私毒品行为。指未经国务院或国务院授权的部门批准，不经过设立海关的地点，运输、携带、邮寄毒品进出国（边）境。在中越边境，主要是海上绕关走私毒品和陆上绕关走私毒品两种方式。（2）通关走私毒品行为。指虽然经过设立海关的地点，但采取藏匿、伪装、瞒报、伪报等欺骗手段逃避海关监管，运输、携带、邮寄毒品进出国（边）境。（3）准走私毒品行为。指直接向走私人非法收购走私进口的毒品，或者在内海、领海、界河、界湖运输、收购、贩卖毒品的行为。

除上述外，关于本罪与其他走私罪的关系，还有如下两个问题值得探讨。

一是二者所对应的法条是否存在竞合的关系。

“法条竞合，是指刑法条款之间在所规定的构成要件内容上，存在重合或交叉关系。”[①] 在理论上，法条竞合有以下两种类型：（1）从属关系的法条竞合。包括外延上的从属关系（即独立竞合）和内涵上的从属关系（即包容竞合）。（2）交叉关系的法条竞合。包括外延上的交叉关系（即交互竞合）和内涵上的交叉关系（即偏一竞合）。[②]

在分析本罪与其他走私罪间是否存在法条竞合关系之前，有必要先

① 林亚刚：《刑法学教义（总论）》，北京大学出版社2014年版，第550页。

② 参见陈兴良：《教义刑法学》，中国人民大学出版社2010年版，第692—700页。

行探讨其他走私罪之间是否存在法条竞合的问题。笔者认为，首先，《刑法》第151条、第152条所规定的走私特定货物、物品罪，它们相互之间不存在法条竞合的关系。因为，第151条、第152条所规定的走私对象，它们相互之间完全属于并列关系，亦即无论在外延上还是内涵上，它们根本不存在重合或交叉的余地。即使是第151条第3款规定的走私国家禁止进出口的货物、物品罪，其调控的范围也是除了武器、弹药、核材料、假币、文物、黄金、白银及其他贵重金属、珍贵动物及其制品、淫秽物品及废物之外的禁止进出口货物、物品。根据我国刑法和其他有关的法律、行政法规，国务院有关部门依据法律、行政法规的授权发布的禁止进出口货物、物品目录，以及我国缔结或参加的有关国际条约或协定，走私国家禁止进出口的货物、物品罪规制的犯罪对象目前主要有以下几类：（1）珍稀植物及其制品；（2）古生物化石；（3）侵犯知识产权的货物；（4）旧汽车、切割车、旧机电产品；（5）仿真枪、管制刀具；（6）有毒化学品及含有这类化学品的物质；（7）来自境外疫区的动植物及其产品；（8）国家出于保护国内资源和自然环境的需要而禁止进出口的货物、物品，如硅砂、木炭、腐殖土等。可见，《刑法》第151条、第152条所规定的走私特定货物、物品，它们虽然均为国家禁止进出口的货物、物品（当然有的属限制进出口类）的范围，但它们相互间并不发生重合或交叉的关系。基于这些规定不存在法条竞合，法条竞合犯也就自然不会在这些相应的走私犯罪中产生。①

其次，走私普通货物、物品罪与《刑法》分则第三章第二节“走私罪”中的部分走私罪存在法条竞合。关于《刑法》第153条规定的走私普通货物、物品罪与第151条、第152条规定的相应走私罪的关系，有的学者认为是普通法与特别法的关系（即走私普通货物、物品罪是普通法罪名，其他走

---

① 参见邓崇专、黎仲诚：《走私罪司法认定与执法完善问题研究》，中国法制出版社2019年版，第168—169页。

私罪是特别法罪名）。例如，有学者指出，走私普通货物、物品罪与其他走私罪是一种因对象不同在手段上（走私）竞合的法条竞合关系，因而根据法条竞合基本规定优先于补充规定适用的原理，走私武器、弹药、核材料、伪造的货币、国家禁止出口的文物、黄金、白银和其他贵重金属、国家禁止进出口的货物、物品的，应按相应的犯罪论处，不按走私普通货物、物品罪处罚。① 另有学者认为，走私普通货物、物品罪与走私武器、弹药罪，走私核材料罪，走私假币罪，走私文物罪，走私贵重金属罪，走私珍贵动物、珍贵动物制品罪，走私国家禁止进出口的货物、物品罪，走私淫秽物品罪及走私废物罪是法条竞合关系，而且是独立竞合的类型。所谓独立竞合，是指一个罪名的外延被另一个罪名的外延包含，在两罪名之间形成种属关系的情形。② 还有学者认为："一般来说，第 153 条是走私罪的普通法条，其他有关走私罪的规定是特别法条。因此，不构成其他走私犯罪的走私行为，都有可能构成走私普通货物、物品罪。" ③ 从上述观点的表述可以看出，走私普通货物、物品罪不仅与《刑法》分则第三章第二节"走私罪"中的所有其他走私罪存在法条竞合，而且还是属于种属关系的独立竞合类型，这是值得商榷的。在笔者看来，虽然司法机关将《刑法》第 153 条冠名为走私普通货物、物品罪，但是并不能据此当然地判定该条与其他走私罪的法条就是普通法与特别法的关系。因为，毕竟立法将该条走私犯罪的对象限定为《刑法》第 151 条、第 152 条、第 347 条规定以外的货物、物品，所以，严格意义上讲，如果仅从规范的层面上考察，《刑法》第 153 条与第 151 条、第 152 条在外延上很难说存在包含与被包含的关系（甚至是一种纯粹的并列关系），因而二者间不具备形成种属的条件。不过，从辩证或者实际的角度分析，根据《对外贸易法》等法律法规的规定以及有关部门依照有关法律法规对禁止或

---

① 参见谢望原、赫兴旺主编:《刑法分论》，中国人民大学出版社 2011 年版，第 88 页。

② 参见陈兴良主编:《刑法总论精释（下）》，人民法院出版社 2016 年版，第 668—669 页。

③ 张明楷:《刑法学（下）》，法律出版社 2016 年版，第 752 页。

者限制的进出口货物的目录进行的调整和修订，当禁止进出口的货物、物品被调整为限制，甚至毫无限制的进出口货物、物品时，其就完全能够成为走私普通货物、物品罪的调控对象。由此可以看出，禁止应当包括绝对禁止和相对禁止，而相对禁止（限制）的货物、物品只要经过批准，就可以进出口。所以，对于没有取得国家许可而走私相对禁止（限制）的货物、物品，即构成《刑法》第151条、第152条规定的走私国家禁止进出口的货物、物品罪等罪名，如果偷逃应缴税额，同时又可以构成走私普通货物、物品罪。如果取得了国家的许可，但超过许可数量进出口国家限制进出口的货物、物品，对超过部分而构成犯罪的可以走私普通货物、物品罪进行评价。《2014两高走私解释》就对此作出了明确的肯定。其第21条第1款规定："未经许可进出口国家限制进出口的货物、物品，构成犯罪的，应当依照刑法第一百五十一条、第一百五十二条的规定，以走私国家禁止进出口的货物、物品罪等罪名定罪处罚；偷逃应缴税额，同时又构成走私普通货物、物品罪的，依照处罚较重的规定定罪处罚。"第21条第2款规定："取得许可，但超过许可数量进出口国家限制进出口的货物、物品，构成犯罪的，依照刑法第一百五十三条的规定，以走私普通货物、物品罪定罪处罚。"由上可见，《刑法》第151条、第152条所规定的特殊种类的走私犯罪对象，除假币、珍贵文物、淫秽物品外，它们中的大部分在作为限制进出口货物、物品的前提下，就能够成为走私普通货物、物品罪之普通货物、物品中的一部分，例如经过批准进出口可用作原料的废物即是。那么，走私普通货物、物品罪与其他部分走私罪之间就形成了外延上的部分交叉重合的关系。① 根据以上分析，笔者不赞同上述学者的观点，认为走私普通货物、物品罪只与其他部分走私罪之间存在竞合关系，且不是独立竞合的类型，而是交叉

---

① 由此可以确定：走私普通货物、物品罪的对象，只能是国家限制进出口的货物、物品和一般的应税货物、物品。参见马克昌主编：《百罪通论（上卷）》，北京大学出版社2014年版，第196页。也可以这样确定：走私普通货物、物品罪的对象，是国家准许依法进出口的普通货物、物品。

竞合的关系，[①]应当遵循重法优于轻法的原理处理。

那么走私毒品罪与其他走私罪间是否存在法条竞合的关系呢？有学者在论及走私毒品罪与《刑法》分则第三章第二节规定的“走私罪”的界限时认为，走私毒品罪与“走私罪”是特别法与普通法的法条竞合的关系。二者的区别在于：一是侵犯的客体不同。走私毒品罪不仅侵犯国家对外贸易管理制度，还侵犯国家的毒品管理制度，进而危及公众的身体健康；而一般走私罪侵犯的客体则是国家的对外贸易管理制度和其他物品（如文物）的保护制度。二是犯罪对象不同。走私毒品罪的犯罪对象限于毒品，而一般走私罪的犯罪对象范围较广，包括普通货物、物品、武器、弹药、黄金、白银等。[②]根据上述分析，显然该种观点是不正确的。因为，走私毒品罪与《刑法》第151条、第152条所规定的走私对象，它们相互之间完全属于并列关系，亦即无论在外延上还是内涵上，它们根本不存在重合或交叉的余地。同时，根据《禁毒法》第22条的规定，国家对麻醉药品、精神药品的进口、出口实行许可制度，国务院有关部门应当按照规定的职责，对进口、出口麻醉药品、精神药品依法进行管理，禁止走私麻醉药品、精神药品。据此，毒品并不是绝对禁止进出口的物品，只要经过许可其是可以进出口的。基于此，本罪无疑可以与《刑法》第153条的走私普通货物、物品罪存在竞合，但即使如此也属于交叉竞合的情形，不属于特别法与普通法的独立竞合（种属关系）的情形。

另外值得注意的是，在不属于准走私毒品的情形下，本罪与“走私罪”之外的他罪一般不会存在法条竞合的情形。因为，本罪不仅侵害国家对毒品的管理制度，而且侵害国家的进出口管理制度，在客观方面表现为特有

① 所谓交叉竞合，是指两个法条的内容各自有一部分交叉重合，其余部分不相重合，重合的部分可以形成法条竞合。交叉竞合一般仅从条文的字面上难以看出它们之间存在的竞合关系，只有通过行为的实际表现才能反映出来。参见陈兴良主编：《刑法总论精释（下）》，人民法院出版社2016年版，第667页。

② 参见马克昌主编：《百罪通论（下卷）》，北京大学出版社2014年版，第1089页。

的“违反海关法规，逃避海关监管”而将毒品非法运输、携带、邮寄进出国（边）境的行为，犯罪行为并非完全在我国境内完成，所以，本罪对应的法条与刑法分则“走私罪”之外的其他罪名所对应的各法条之间根本无法产生重合或交叉的关系，因而也就不存在法条竞合犯的余地。例外的是，在属于准走私毒品的情形下，本罪与掩饰、隐瞒犯罪所得罪所对应的法条存在竞合关系。因为，《刑法》第155条第（1）项规定“直接向走私人非法收购国家禁止进口物品的”以走私罪论处，那么直接向走私毒品的人非法收购走私进口的毒品的，自然就构成走私毒品罪。根据《刑法》第312条的规定，掩饰、隐瞒犯罪所得罪，是指行为人明知是犯罪所得而予以窝藏、转移、收购、代为销售或者以其他方法掩饰、隐瞒的行为。而准走私毒品的情形，就是行为人明知是走私进口的毒品（犯罪所得）而直接向走私人非法收购，其实质就是为走私毒品的人掩饰、隐瞒犯罪所得。因此，《刑法》第155条第（1）项规定的情形无疑与第312条形成法条竞合，而且这种竞合是特殊与一般的关系，即前者是特殊，后者是一般。在法律没有另行作出明确的处罚原则的情况下，应依特殊优于一般的规则，以走私毒品罪处置。

二是“一次走私行为”中既包括毒品又包括其他物品的处理。

对于行为人在一次走私行为中，其走私的对象既有毒品又有其他物品的定性问题，在学界存在不同的认识（基本表现为想象竞合犯与数罪并罚的论争）。有学者认为，如果行为人在一次走私活动中，其对象既包括毒品又包括其他物品的，应对其按想象竞合犯处理，即从一重罪处断。但如果行为人在两次以上走私活动中分别以毒品或其他物品为走私对象的，则应以走私毒品罪和其他相关走私罪实行数罪并罚。另有学者认为，在一次走私活动中，既走私普通货物、物品，又走私武器、弹药等物品的，不属于一行为触犯数个不同罪名的想象竞合犯，应当认定为行为人实施了数个行为，实行数罪并罚。[①]

① 参见张明楷：《刑法学（下）》，法律出版社2016年版，第754页。

该观点中“又走私武器、弹药等物品”中的“等物品”，当然包括毒品在内。此外，还有一种不确定的观点，认为对于该种情形如何从理论上进行科学的解释，还值得进一步研究，其原因在于：一次走私包含普通货物、物品和刑法规定特定对象的，与典型的想象竞合犯有区别，但从另外一个方面看，该种情形与典型的数罪也不完全吻合。[①]

司法解释倾向于上述第二种意见。根据《2014 两高走私解释》第 22 条的规定，在走私的货物、物品中藏匿《刑法》第 151 条、第 152 条、第 347 条、第 350 条规定的货物、物品，构成犯罪的，以实际走私的货物、物品定罪处罚；构成数罪的，实行数罪并罚。据此，在一次走私行为中，在走私的普通货物、物品中藏匿武器、弹药、核材料、假币、文物、黄金和白银等贵重金属、珍贵动物及其制品、珍稀植物及其制品、淫秽物品、毒品及制毒物品等国家禁止或限制进出口的货物、物品的，首先以相应的走私对象定罪处罚，如果构成数罪则实施数罪并罚。亦即，行为人在一次走私行为中，既走私毒品又走私其他货物、物品的，应以本罪与其他走私罪数罪并罚。

在笔者看来，尽管司法解释对此已作出了规定，并应当遵循，但是该规定并不能说达至无懈可击，因而在理论上还是有进一步探讨的必要。

理论上一般认为，作为并罚的数罪需要同时满足以下条件：一是行为人基于数个罪过；二是行为人实施了数个行为；三是构成数个独立的犯罪；四是依照刑法规定应当实施并罚。[②] 对于行为人在一次走私行为中，其走私的对象既有毒品又有其他物品的情形，显然行为人具有数个罪过（即走私毒品的故意以及走私其他物品的故意），也构成数个独立的犯罪（即构成走私毒品罪及其他走私罪），按理应当实施并罚。但是，就此种情形下行为人是否了实施了数个行为，并不确定，所以，对于“一次走私行为”的情形究

---

① 参见马克昌主编：《百罪通论（上卷）》，北京大学出版社 2014 年版，第 208—209 页。

② 参见高铭暄、马克昌主编：《刑法学》，北京大学出版社、高等教育出版社 2017 年版，第 198 页。

竟是按想象竞合犯处理，还是依实质数罪并罚，关键在于如何理解和把握“一次走私行为”的内涵，亦即“一次走私行为”究竟是一行为（行为单数）还是多行为（行为复数）。如果被确定为多行为，就构成数罪，且可能实施并罚；如果被确定为一行为，则无论如何不能构成具有并罚意义的数罪。[①]对此，有学者明确给出了属于“多行为”的结论。如该学者指出：由于目前我国《刑法》已根据不同对象规定了不同的走私罪，并且各具体的走私罪的犯罪构成之间，也不存在包容关系或者交叉关系，因此“一次走私行为”已实际上成了“多个不同的具体走私行为”。[②]

笔者认为，正确区分“一行为”和“多行为”，要从自然意义和规范意义两方面综合予以判断。由于在我国刑法中，规定了许多在自然意义上为多个行为被确定或拟制为规范意义上（法律意义上）一个行为（复合行为）的情形（例如为实施抢劫而故意杀人，杀人行为和取得财物行为被拟制为法律意义上的一个行为，等等），所以，其判断的规则应首先从规范层面评价某行为是“一行为”还是“多行为”，如果从规范的层面无法判断出属于“一行为”还是“多行为”，就从自然的层面进行判断。从走私罪的立法规制来看，虽然刑法规定了12个具体的走私罪名（含走私毒品罪和走私制毒物品罪），貌似规定了12个不同的走私行为，但是刑法设立12个具体的走私罪名，并不是因为走私行为的性质不同，相反它们均属于逃避海关监管的性质相同的行为。亦即，12个具体走私罪名的不同不是由其表现出的客观方面的行为决定的，它们的不同是由犯罪对象或者各自侵害的具体法益决定的。由此，从刑法规范的层面看，基于走私的对象不同，行为人的一个行为也完全可以构成数个不同的走私罪。显然，“一次走私行为”实质就是“一行为”（即行为单数），而上述学者关于“一次走私行为”已实际上成了“多

① 理论上，多行为虽构成数罪，但并不一定实施并罚，例如牵连犯、同种数罪等；一行为虽构成数罪，但一定不会并罚，例如想象竞合犯、法条竞合犯等。

② 参见梁争：《走私罪研究》，法律出版社2013年版，第152页。

个不同的具体走私行为”的观点，无疑是值得商榷的。另外，“一行为”和“多行为”的区分与行为中的多个举动或动作无关，在走私的货物、物品中藏匿毒品的“藏匿”，属于走私行为当中的一个举动或动作，并非一个走私行为。所以，假如从刑法规范的层面很难或无法确定“一次走私行为”是“一行为”还是“多行为”，从自然的层面考察，也同样可以得出“一次走私行为”属于“一行为”而非“多行为”的结论。

综上，无论从自然意义上还是从规范意义上论证，“一次走私行为”实质均为“一行为”。那么，在走私的货物、物品中藏匿毒品，假如走私其他货物或物品构成犯罪的，应属于一行为触犯多个不同罪名的情况。而一行为触犯多个不同罪名的情况，要么是想象竞合，要么是法条竞合。如上所述，本罪与《刑法》第 153 条的走私普通货物、物品罪存在交叉竞合的可能，因而在走私普通货物、物品中藏匿毒品的，二者形成法条竞合。同时，此种竞合不属于特别法与普通法的独立竞合（种属关系）的情形，应择一重罪对行为人追究刑事责任；而本罪与《刑法》第 151 条、第 152 条所规定的走私对象，它们相互之间完全属于并列关系，根本不存在重合或交叉的余地，因而在《刑法》第 151 条、第 152 条所规定的走私对象中藏匿毒品的，成立想象竞合，应择一重罪对行为人追究刑事责任。

第二节 准走私毒品犯罪行为的理解与认定

在中越边境一些特定的区域，直接向走私人非法收购走私进口的毒品以及在内海（包括内河的入海口水域，下同）、领海、界河运输、收购、贩卖毒品的行为时有发生，因而对中越边境的准走私毒品犯罪行为进行探讨具有十分重要的意义。

一、准走私毒品的实质

我国《刑法》第155条规定，以下两种行为以走私罪论处：（一）直接向走私人非法收购国家禁止进口物品的，或者直接向走私人非法收购走私进口的其他货物、物品，数额较大的；（二）在内海、领海、界河、界湖运输、收购、贩卖国家禁止进出口物品的，或者运输、收购、贩卖国家限制进出口货物、物品，数额较大，没有合法证明的。根据法律的规定，构成走私罪要求在客观上违反海关法律法规，逃避海关监管，这是走私罪的本质特征。《刑法》之所以将第155条第（1）项和第（2）项所列的情形，以"走私罪论处"一语相称，是因为这些行为都不符合走私罪的本质特征，也正因如此，理论上才称之为准走私（或称间接走私）。刑法之所以将直接向走私人非法收购走私进口的货物、物品以及在内海、领海、界河、界湖运输、收购、贩卖国家禁止或者限制进出口货物、物品的行为以走私罪论处，是因为，行为人直接向走私人非法收购国家禁止进口物品或者走私进口的其他货物、物品的行为，其不仅因此谋取了非法利益而理应获得法律的否定评价，更重要的是，作为"二手交易"的层级，这类行为迅速帮助走私分子实现了走私的目的，从而大大助推了走私活动的泛滥。并且，基于"二手交易"的发生，致使入境的走私物能够得以人为地迅速向周边地区乃至全国各地扩散，从而给国家正常的经济秩序造成严重冲击，有的甚至会给人民的生命和身体健康带来严重的威胁。从这个意义上讲，直接向走私人非法收购走私物的行为，其社会危害性与原始的或典型的走私行为的社会危害性具有相同性或相似性。同时，在内海、领海、界河、界湖这样的特殊区域运输、收购、贩卖国家禁止进出口物品或者国家限制进出口货物、物品，无疑表现出行为人企图利用上述"临界点"以及海面、水面不易被查获的有利条件，以船舶作为交通工具进行走私活动。而且，行为人在这样的特殊区域运输、收购、贩卖的对象是国家禁止进出口物品或者国家限制进出口货物、物品，其本身就足以说明行为人并非从事正常或者合法的贸易。为此，刑法将其

“以走私罪论处”，就是为了让法律所保护的法益不会真正或实际出现被侵害的结果。[①]

显然，《刑法》第 115 条第（1）项实际属于法律拟制。因为，“法律拟制（或法定拟制）的特点是，将原本不符合某种规定的行为也按照该规定处理”[②]。而直接向走私人非法收购国家禁止进口物品或者走私进口的其他货物、物品的行为，由于行为人并没有违反海关法规，逃避海关监管，因而其实际上并不是走私，本不应按走私论处，但《刑法》第 155 条将此类本不应依走私论处的行为却作出了以走私论处的规定，所以其完全符合法律拟制的特点。而《刑法》第 155 条第（2）项规定的行为实际上是一种法律推定。因为，“法学上的推定，通常被用来泛指从已知事实推断未知事实的技术。它建立在作为推定根据的基础事实与作为推定结论的待证事项之间的概率性或逻辑性的常态联系之上”[③]。刑事推定有如下几方面的本体特征：一是基础事实部分明确可证、确实符合；二是待证事实部分无法有效证明；三是实体法上，基础事实部分与待证事实部分之间具有正向推导关系，亦即，只能由基础事实依法推定出其他待证事实，而不能由待证事实反向推导出基础事实的成立；四是刑事推定以法律或司法解释的形式存在。[④]而行为人在内海、领海、界河、界湖运输、收购、贩卖国家禁止进出口物品或者国家限制进出口货物、物品的行为，属于已知事实（基础事实）部分，行为人运输、收购、贩卖上述货物、物品的目标是使这些货物、物品能最终上岸入境（陆地范围内）或者出境，则是未知事实（待证事实）部分。鉴于在内海、领海、界河、界湖这样的特定区域运输、收购、贩卖国家禁止进出口物品或者国

---

① 参见邓崇专、黎仲诚：《走私罪司法认定与执法完善问题研究》，中国法制出版社 2019 年版，第 227—228 页。

② 张明楷：《刑法学（下）》，法律出版社 2016 年版，第 675 页。

③ 刘之雄：《法律推定的故意伤害罪、故意杀人罪研究——以聚众斗殴致人重伤、死亡为焦点》，载《法学家》2018 年第 1 期。

④ 参见窦璐：《刑事推定辨正》，载《政治与法律》2017 年第 11 期。

家限制进出口货物、物品的行为与走私行为之间具有概率性或逻辑性的常态联系，为此最终推导出行为人属于走私并“以走私罪论处”的结论（即由行为人就待证事实部分承担刑事推定责任）。

如上所述，由于本罪与其他走私罪具有“走私”的共性，因此《刑法》第155条的部分规定亦适用于本罪，即直接向走私人非法收购走私进口的毒品，或者在内海、领海、界河、界湖运输、收购、贩卖毒品的，以走私毒品罪论处，这就是准走私毒品（也称间接走私毒品）的情形。同时基于上述分析，相应地，直接向走私人非法收购走私进口的毒品的行为，是一种法律拟制；在内海、领海、界河、界湖运输、收购、贩卖毒品的行为，则属于法律推定。

根据《2014两高走私解释》第20条第1款规定，直接向走私人非法收购走私进口的货物、物品，在内海、领海、界河、界湖运输、收购、贩卖国家禁止进出口的物品，或者没有合法证明，在内海、领海、界河、界湖运输、收购、贩卖国家限制进出口的货物、物品，构成犯罪的，应当按照走私货物、物品的种类，分别依照《刑法》第151条、第152条、第153条、第347条、第350条的规定定罪处罚。这里所谓的“依照刑法第347条的规定定罪处罚”，是指以走私毒品罪定罪处罚，而不是还包括贩卖、运输毒品罪。

二、直接向走私人非法收购进口毒品的理解与认定

所谓直接向走私人非法收购进口的毒品，是指明知出卖方为走私毒品的人而在境内向其非法收购走私进口的毒品的行为。据此，构成此种准走私毒品必须同时符合以下三个条件：（1）行为人（收购人）主观上必须明知出卖人为走私人并在境内向其非法收购已走私入境的毒品。否则，不以走私毒品罪论处（可能构成贩卖毒品罪）。（2）行为人必须是直接（而非间接）向走私人非法收购毒品。所谓直接向走私人非法收购毒品中的“直接”，就是通常所说的“二手交易”，亦即与对方交易的是直接走私人（“一手交易

人”），如果交易的对方是“二手交易人”或者“三手交易人”，则行为人不构成走私毒品罪（可能构成贩卖毒品罪）。（3）行为人必须是非法收购，如果是合法收购，则并不构成任何犯罪。因此，认定该种准走私毒品的关键，就是如何对这里的“明知”“走私毒品人”以及“非法收购”作出合理的界定。

通常意义上，刑法中的“明知”包括知道和应当知道。因此，这里的明知出卖人为走私人中的“明知”，也无疑包括知道和应当知道两种情形。此处的“知道”，是指非法收购走私毒品的行为人知道出卖人就是从事走私毒品活动的走私人（“一手交易人”），其出卖的毒品即为走私人从境外走私入境的毒品，它不需要经过法律的推定，以发生的客观事实直接就能确定。例如，甲联系乙欲向其购买毒品海洛因，乙答应并告知甲在中越边境某界碑附近等，待其从越南购回海洛因后即向其提供。某日，乙进入越南境内向越南人丙购得海洛因，其即联系甲在约定的地点等候，最后乙向甲出售了其从越南携带进入中国境内的毒品。乙作为走私毒品的一手交易人，对于甲就属于已经“知道”的情形。又如，在中越边境中的内海、领海、界河区域向贩卖毒品的人非法收购毒品的，也属于直接向走私人非法收购毒品，因为，在这一特定区域贩卖毒品的人，是法定的以走私毒品罪论处的“一手交易人”，所以非法收购人对其地位的认识属于“知道”的范畴。这里的“应当知道”，是指从已发生的某种客观事实，推定行为人知道出卖人为走私人，其出卖的毒品即为走私人从境外走私入境的毒品。从中越边境毒品犯罪的实践来看，基于中越边境出入境的便利，有的中国籍和越南籍毒犯直接将毒品运输或者携带出境至越南或者入境至我国的边境地区实施贩卖，作为向这些毒犯购买毒品的中越边境地区的边民来说，从贩卖人的语言、肤色以及交易地点等，可以推定他们应当知道交易的对方是走私毒品的人。

需要强调的是，从目前的司法实践来看，对于在我国边境地区实施贩卖毒品的越南籍毒犯多以贩卖毒品罪论处，如果从负责的态度以及有效惩治、防控毒品犯罪的目标出发，进一步查实越南籍毒犯所贩卖的毒品的来源，是非常具有重要性和必要性的。因为，如果证实其贩卖的毒品是从越南非法运输或者携带入境并予贩卖的，那么就对其应按走私、贩卖毒品罪定性，同时对于直接向这些在我国境内兜售毒品的越南籍毒犯购买毒品的，就可以走私毒品罪论处。这样所获得的利好是：对于购买毒品的人往往需要证明其是用于贩卖才能以贩卖毒品罪追究行为人的刑事责任，而此种情形下只要查实出卖人是走私人，即可对购买者以走私毒品罪论处，省略了购买人成立贩卖毒品罪的证明责任；同时，走私毒品罪没有任何罪量的限制，即使是直接向走私人购买毒品用于自己吸食，不管毒品数量多少也构成走私毒品罪。对于其意义，笔者且以阮某某贩卖毒品一案为例予以直观地跟进叙明。该案经审理查明：2016 年 9 月 26 日 10 时许，被告人阮某某在广西凭祥市友谊镇浦寨边贸区恒大物流货场后面新建货场的 × 号货棚处，以 50 元的价格将一粒海洛因卖给吸毒人员常某。两人进行毒品交易完成后被公安人员查获，当场从常某身上缴获阮某某卖给的海洛因 0.13 克，从阮某某身上缴获的 14 粒海洛因重为 1.22 克。法院认为，被告人阮某某违反中华人民共和国对毒品的管理规定，贩卖毒品海洛因 1.35 克，其行为已触犯《刑法》第 347 条之规定，构成了贩卖毒品罪，公诉机关指控成立。最后法院以被告人阮某某犯贩卖毒品罪，判处有期徒刑 9 个月，并处罚金人民币 2000 元。[①] 此案虽经广西壮族自治区公安厅身份核查结果证明证实，被告人阮某某的越南国籍身份未能确认，但是被告人是越文姓名，庭审中聘请了越文翻译人，且其贩卖毒品的地点是处于中越边境我国一侧的广西凭祥市友谊镇浦寨边贸区内。为此，如果想办法查实被告人阮某某所贩卖的毒品是其自越南非法携带入境的，就能以走私、贩卖毒品罪追究其刑事责任；而对于购买人常某来说，可综合本案的事实（即交易的地点及出售人的语言等）推定其应当知道出售毒品的人为走私人，其直接向走私人非法购买走私的毒品，即依准走私毒品论处（即使其用于自己吸食），这样购买者常某就自然不会以“证人”的身份在本案中出现，而是应以走私毒品罪追究其刑事责任。可见，

① 参见广西壮族自治区龙州县人民法院 (2017) 桂 1423 刑初 22 号刑事判决书。

这样的举措无疑对严惩中越边境地区的毒品犯罪并有效控制该区域毒品的蔓延，有着十分重大的现实意义。[①]

有必要提及的是，直接向走私人非法收购走私的毒品后实施运输的，不另外构成运输毒品罪。因为其运输行为属于走私行为中的一部分，无需另外单独评价。如果是“三手交易”，即向准走私人以及之后的人购买毒品的，则不构成走私毒品罪。此时，可能构成贩卖毒品罪或者贩卖、运输毒品罪。吸食者向准走私人购买仅用于吸食的少量毒品的，不构成犯罪，如果不以贩卖为目的购买超过非法持有毒品罪限制的最低数量的，则构成非法持有毒品罪。

至于“非法收购”毒品的内涵，由于立法特别在“收购”前使用了“非法”的限定词，说明法律允许合法的收购行为。因此，厘定“非法”的范围，关系到罪与非罪的界定问题。《禁毒法》规定，“国家对麻醉药品和精神药品实行管制，对麻醉药品和精神药品的实验研究、生产、经营、使用、储存、运输实行许可和查验制度”；“根据医疗、教学、科研的需要，依法可以生产、经营、使用、储存、运输麻醉药品和精神药品”；“禁止非法生产、买卖、运输、储存、提供、持有、使用麻醉药品、精神药品”。因此，基于某种特殊的需要，如果获得国家许可的单位直接向走私人收购走私进口的毒品的，不属于非法收购，从而不构成走私毒品罪。除上述之外的，均属于非法收购，一律以本罪论处。

三、在内海、领海、界河运输、收购、贩卖毒品的理解与认定

根据《刑法》第155条第（2）项的规定，构成该种准走私，必须同时

---

① 目前我国《刑法》第155条第（2）项规定的准走私行为所发生的地点均为内海、领海、界河和界湖的“水上世界”区域，而没有将“临陆地边界”这一“陆上世界”区域纳入准走私的规制范围，但“临陆地边界”地域的特殊性与内海、领海、界河、界湖具有相同性，且目前边境地区的走私多数经由陆路而发生。所以，为了解决在临近陆地边界区域运输、收购、贩卖毒品定性上的困境，笔者主张通过立法或者司法解释设立“临陆地边界”的准走私情形。

符合以下三个条件：（1）行为人（运输人、收购人、贩卖人）必须在内海、领海、界河、界湖这样特殊或特定的海面、水面区域运输、收购、贩卖国家禁止进出口物品或国家限制进出口货物、物品，在上述特定区域外的（例如在临陆地边界处）不构成准走私；（2）行为人在内海、领海、界河、界湖运输、收购、贩卖的对象，必须是国家禁止进出口物品或国家限制进出口货物、物品，如果运输、收购、贩卖的是国家允许进出口的货物或物品的，则不以走私罪论处；（3）在内海、领海、界河、界湖运输、收购、贩卖国家限制进出口货物、物品的，必须要数额较大，且没有合法证明。根据中越边境的地理特点，在此区域（以下全部表述为“内海、领海、界河”）构成准走私毒品的，应同时符合的条件是：一是行为人必须在中越边境中的内海、领海、界河这些特定的海面、水面区域运输、收购、贩卖毒品；二是行为人在中越边境中的内海、领海、界河运输、收购、贩卖的对象，必须是毒品；三是行为人在中越边境中的内海、领海、界河运输、收购、贩卖毒品，没有合法证明（此条件不要求数额较大）。

显然，在内海、领海、界河运输毒品是以走私毒品罪论处，所以此处的“运输”与运输毒品罪中的“运输”有着本质的不同。另外，如上所述，《刑法》第155条第（2）项的规定是一种法律推定，那么其规定的在内海、领海、界河运输国家禁止进出口物品或者运输国家限制进出口货物、物品中的“运输”，就应在法律推定的范围内理解和把握它的实质内涵。笔者认为，就中越边境中的在内海、领海、界河运输毒品而言，此处的“运输”是指行为人在内海、领海、界河使用船舶为其本人或者他人企图偷运毒品出入境的行为。所谓“企图”，就是通过行为人在内海、领海、界河这一特殊的区域运输毒品的客观事实，判断其有走私之嫌疑或者肯定其为走私的主观心态，从而以主、客观相统一的原则对行为人以走私毒品罪追究刑事责任。值得注意的是，此处的“运输”是在没有证据证实行为人本人事前有走私毒品的故意或者事前或事中与他人（走私毒品人）通谋而帮助他人运输毒品的前提下，而作出的以准走私毒品论处的判断。换言之，如果有证据证实行为人本身事先就有通过海路、河路走私毒品的故意，或者有证据证实行为人是受雇请而帮助走私毒品人通过海路、河路运输毒品的，则不应属于准走私的“运输”范围，而是直接或者原来意义上的走私毒品中的“运输”行为。

准确把握准走私毒品情形下的“运输”的独有内涵，是十分重要的。因为，从准确定性上看，在内海、领海、界河区域内运输毒品，肯定不能以运输毒品罪或者以走私、运输毒品罪定性，而是单以走私毒品罪论处（运输毒品的行为是走私毒品整体行为中一部分）；从既遂、未遂划分标准来看，由于此区域的运输具有出境和上岸两种指向的情形，所以其既遂、未遂的标准也会相应不同。值得探讨的是，行为人将毒品运输到内海、领海、界河之前的行为，应如何定性。笔者认为，如果有证据证实行为人是为了走私毒品而运输的，当然此段运输行为作为走私毒品的行为，应以走私毒品罪论处；如果没有证据证实是为走私或者贩卖而运输的，则单以运输毒品罪处置。

关于该种准走私毒品中的“收购”的内涵，由于《刑法》第155条第（2）项规定的对象是“进出口”货物或物品，所以这里的“收购”，应是指行为人购买尚未走私出境的毒品或者虽然购买的是走私入境的毒品但没有证据有效证实属于走私毒品（即待证事实）的行为。

与《刑法》第155条第（1）项中的“非法收购”不同的是，这里的“收购”并没有“非法”的限定，那么是否得出在内海、领海、界河运输、收购、贩卖毒品中不存在合法收购毒品的余地了呢？笔者认为，从立法上看，对于在内海、领海、界河运输、收购、贩卖国家限制进出口的货物、物品，没有合法证明的才构成走私，那就意味着，如果有合法证明，就不会构成走私。如上所述，我国《禁毒法》实施毒品进出口许可制度，国务院有关部门应当按照规定的职责，对进口、出口麻醉药品、精神药品依法进行管理，禁止走私麻醉药品和精神药品。这说明，只要获得国家的许可，是可以进出口麻醉药品和精神药品的，同时经过许可也可以合法地买卖、运输、储存、提供、持有、使用麻醉药品和精神药品。同时，《2014两高走私解释》第20条第1款规定，在内海、领海、界河运输、收购、贩卖国家禁止进出口的物品，或者没有合法证明，在内海、领海、界河运输、收购、贩卖国家限制进出口的货物、物品，构成犯罪的，应当按照走私货物、物品的种类，分别依照《刑法》第151条、第152条、第153条、第347条、第350条的规定定罪处罚，说明只要有合法证明，就可以在内海、领海、界河收购毒品。基于上述分析，此处的“收购”并非一律认定为非法收购，也存在合法收购的情形（当然，此种情形下收购的毒品并不以“数额较大”为必要）。由此可以这样认为，除获得国家许可的单位在内海、领海、界河收购毒品的之外，其余的均为非法收购，从而以本罪论处。

基于与上述相同的理由，此处的“贩卖”当然与贩卖毒品罪中的“贩卖”也表现出本质上的不同，亦即前者的行为人触犯的是走私毒品罪，而后者的行为人构成的是贩卖毒品罪。

第三节　走私毒品罪的既遂与未遂

一、本罪既遂与未遂划分的论争

由于走私、贩卖、运输、制造毒品罪是一个由并列的四种行为与一种对象（即毒品）组成的选择性罪名，可以分解出走私毒品罪、贩卖毒品罪、运输毒品罪和制造毒品罪四个罪名，因而在探讨本罪的既遂与未遂问题之前，有必要先行确定走私、贩卖、运输、制造毒品这四种犯罪行为（以下简称“四种行为”）的既遂与未遂标准是否存在共性或一致的问题。亦即，如果“四种行为”存在某种认定既遂、未遂的共性标准，就依所厘定的共性标准分别确立各自的既遂、未遂即可，这样不仅简便、易于实践操作，同时还会最大限度地消弭各罪既遂、未遂标准划分上存在的争议，甚至没有单独就走私毒品罪或者贩卖毒品罪、运输毒品罪等进行探讨既遂与未遂划分标准的必要；反之，就有必要就各自的既遂与未遂问题进行单独的探讨。

从目前学界的研究成果来看，大部分学者认为“四种行为”具有不同的性质，因而就其既遂、未遂问题是分别展开研究的。例如，有学者认为：“由于制造、运输、贩卖毒品行为性质的不同，而导致此三种行为在既遂与未遂的判断标准上颇有不同之处。”但也有少部分学者认为在认定“四种行为”的既遂、未遂上，具有统一的认定标准。例如，有学者指出，否认走私、贩卖、运输、制造四种行为的既遂、未遂标准具有一致性，实际上是将行为方式的差异与行为启讫的坐标混为一谈。其认为，行为有差异并不等于坐标有先后。该论者首先通过学界在贩卖毒品行为既遂、未遂上既有观点的分析、相关司法解释的解读以及贩卖毒品的立法原意、社会危害性、犯罪构成的一般原理等多重视角进行考察后，认为贩卖毒品行为的既遂，应当按照即成行为犯的标准来进行确定，只要行为进入“将毒品带进贩卖环节”这一着手阶段，便可认定既遂，也即所谓的“人赃并获”就是贩卖毒品行为的既遂。而这一“将毒品带入”的尺度，就是认定四种毒品犯罪行为既遂、未遂标准的统一“坐标”。例如，走私毒品既遂就是“将毒品带入走私环节”，只要在走私现场查获毒品即可，而不问走私毒品行为是否已实际跨越海关；运输毒品既遂就是“将毒品带入运输环节”，只要毒品开始“运输”意义上的移动，即构成既遂，而不问毒品是否已经到达终点；制造毒品就是“将毒品原料带入制造环节”，只要制造已经启动，即属既遂，而不问制毒设备是否已经安装完毕，或者毒品是否已经生产出来。[①] 另有学者认为，走私、贩卖、运输、制造毒品罪的既遂标准应与是否非法持有毒品密切相关。在走私、贩卖、运输、制造毒品犯罪中，如果毒品已为行为人非法持有，且非法持有的目的为走私、贩卖，持有的形式为运输，持有的来源为制造，则属于犯

① 参见郑伟：《毒品罪三疏两议》，法律出版社 2011 年版，第 81—85 页。

罪既遂。具体来说，走私毒品以是否具有走私行为为既遂标准，走私行为包括在境内为走私而收购毒品，不以是否逃避海关监管为标准；贩卖毒品罪以具有贩卖故意，且已非法获得毒品为既遂标准，不以是否进入交易环节、是否达成交易合议、毒品是否实际卖出为标准；运输毒品以是否开始运输行为为既遂标准；制造毒品以是否制造出毒品为既遂标准。[①] 该观点实际以非法持有毒品的目的为前提来寻求走私、贩卖、运输、制造毒品罪统一的既遂标准。但可以看出，尽管该观点试图以“持有的目的”来统一“四种行为”的既遂标准，但从其具体阐明的既遂标准来看，实际上还是无法达到统一。

上述第一种观点通过贩卖毒品罪既遂标准的确立，试图以点带面地建立起统一适用于“四种行为”的既遂认定“坐标”（笔者暂且称之为“坐标说”），第二种观点则是以“非法持有毒品”的确立为前提，再辅之以行为人非法持有毒品的目的、形式以及来源，试图以此形成认定“四种行为”既遂的共同标准（笔者暂且称之为“持有毒品说”），应当说两种观点在解决问题的思路上是可圈可点的。但是，仔细辨析之下，二者均存在瑕疵。首先，“坐标说”将“四种行为”均确定为即成行为犯，否定毒品犯罪的行为发展过程，这与刑法理论不符，也不切实际；其次，“持有毒品说”根据非法持有毒品行为人的目的、形式及来源分别确定“四种行为”的既遂标准，这同样有否定毒品犯罪的行为发展过程之嫌（例如其认为走私毒品以是否具有走私行为为既遂标准），同时以行为人具有走私、贩卖的主观目的作为确定既遂标准的依据，显然不具有可操作性。

笔者认为，虽然刑法将“四种行为”并列规定在一个具体罪名中，但这只能说明这是立法者认为“四种行为”的危害性相同或者大致相当而作出的从简立法安排而已，并不能不顾及它们的不同性质而一味地从中寻找认定其既遂标准的共性依据。应当说，“四种行为”各自所具有的内涵与外

① 参见李启新、冯磊：《走私、贩卖、运输、制造毒品罪既遂、未遂问题探讨》，载《中国检察官》2006年第7期。

延以及具体实施中的不同发展过程，决定了其既遂、未遂标准的认定上也必须体现出不同的依据，所以将“四种行为”的既遂、未遂划分问题分开探讨，应更具有针对性，也更能体现出其本质特征。

关于本罪既遂与未遂的划分问题，无论理论上还是实务上均存在着较为激烈的争议。争论之一，是本罪是否存在未遂的问题。上述持“坐标说”的学者就认为，除非是对象不能犯，比如误把假毒品当作真毒品贩卖，才可能构成贩毒未遂，否则，贩卖毒品行为作为即成行为犯通常是不发生未遂问题的。[①] 由于该观点将贩卖毒品行为与走私、运输、制造毒品行为的既遂标准确立了统一的认定“坐标”，所以后三者也无疑随即被贴上了即成行为犯的标签，从而否定了本罪存在未遂这一犯罪形态。另有学者认为，对于走私毒品罪不应当区分既遂与未遂，只要查明行为人有走私毒品行为的，就构成走私毒品罪的既遂。[②] 但多数学者认为，走私毒品罪存在既遂和未遂之分，总体上以毒品入境或出境为既遂之标志。[③] 争论之二，是在本罪存在既遂、未遂的情况下，其既遂、未遂的标准究竟如何确立。有学者认为：“走私毒品罪既遂、未遂的区分标准应为毒品是否进出了我国的国（边）境。具体而言，走私毒品分为从国外向国内走私毒品和将国内的毒品走私到国外两种类型。从国外向国内走私毒品的，应以毒品跨越国（边）境进入我国为既遂标准；将国内的毒品走私到国外的，应以毒品已经跨越我国的国（边）境为既遂标准。”[④] 有的学者认为，走私毒品罪是违反毒品管理法规和海关法规的行为，所以本罪既遂、未遂的区分应以是否逃避了海关监管为标准。具体而言，在通过海关运输、携带、邮寄毒品的场合，以是否通过验关为既遂、未遂的区分标准；如果是通过其他方式绕过海关走私毒品的，陆路输入的，以是否越过国（边）境线为标准，海路、空路输入的，以是否登上船舶或航

① 参见郑伟:《毒品罪三疏两议》，法律出版社 2011 年版，第 84 页。

② 参见刘之雄:《犯罪既遂论》，中国人民公安大学出版社 2003 年版，第 402 页。

③ 参见陈兴良主编:《罪名指南（下册）》，中国人民大学出版社 2008 年版，第 431 页。

④ 李立众:《犯罪未完成形态适用》，中国人民公安大学出版社 2012 年版，第 134 页。

空器为标准。[1]另有学者认为，走私毒品主要分为输入毒品和输出毒品，只要明确了输入毒品的既遂与未遂标准，那么输出毒品的既遂与未遂标准就会轻易解决。关于输入毒品的既遂、未遂标准，陆路输入的，应当以逾越国境线、使毒品进入我国领域为既遂标准；海路、空路输入毒品的，以装载毒品的船舶到达我国港口或者航空器到达我国领土内为既遂，否则为未遂。[2]还有学者认为："行为人实施走私毒品行为的目的在于将毒品运输、携带、邮寄进出国（边）境。因此，毒品是否顺利进或者出国（边）境是判断走私毒品犯罪行为既遂与否的标准。其中，在设立海关或边卡的地点，以通过验关或毒品越过国（边）境线为既遂；在未设海关、边卡的陆地边境或以海路运输方式偷运毒品的，以毒品进出国（边）境线或领海为既遂；以空中运输方式走私毒品的，以飞机着陆为既遂；以谎报、藏匿、伪装等手段逃避邮检和海关查验非法邮寄毒品进出境的，毒品一旦交寄即为既遂。"[3]从上述所列观点可以看出，走私毒品罪的既遂、未遂划分总体上以是否跨越国（边）境线为标准，这一点已基本达成共识，而对于以海路、空路输入毒品的情形，其既遂、未遂标准的认定则有所不同，即有的采用"到达说"，有的采用"装载完毕说"，而有的则采用"领海说"及"着陆说"。

二、笔者的立场

（一）走私毒品罪是否存在未遂形态的回答

上述观点认为走私毒品罪不存在未遂的形态，其理由无非是认为本罪属于行为犯的范畴（其中"坐标说"认为本罪属于即成行为犯）。应当说，即

① 参见马克昌主编：《百罪通论（下卷）》，北京大学出版社2014年版，第1091—1092页。

② 参见张明楷：《刑法学（下）》，法律出版社2016年版，第1146页。

③ 梅传强、胡江、赵亮：《走私、贩卖、运输、制造毒品罪立案追诉标准与司法认定实务》，中国人民公安大学出版社2010年版，第92页。

成行为犯就是刑法理论上的举动犯、举止犯或者即时犯，是指行为人只要一经着手实施刑法分则规定的某一具体犯罪的行为就构成犯罪既遂的情形，与其相对应，过程行为犯则是指行为人不仅实施了刑法分则规定的某一具体犯罪的行为，而且其行为的实施要达到一定程度才能构成犯罪既遂的情形。理论上一般将过程行为犯称为行为犯，而将举动犯置于广义的行为犯中。

关于举动犯是否存在未遂的犯罪形态，理论上有不同的认识。持否定观点的论者认为，由于举动犯是一经着手实施犯罪行为就构成既遂，所以其不存在犯罪未遂问题，也就没有既遂与未遂之分。①持肯定观点的论者则认为，在举动犯中，不仅存在着犯罪的既遂、预备和中止形态，而且也存在着犯罪的未遂形态。其中，既遂犯与预备犯和预备阶段的中止犯的区分，主要是看行为人是否已经着手实行犯罪；而既遂犯与未遂犯的区分，则主要在于实行犯罪过程中是否存在着足以抑制其犯罪意思的意外因素。②张明楷教授进一步指出："任何犯罪行为都是一个过程，即使是所谓的举动犯，也必然有一个过程，至于过程的长短则是另外一回事，并非一着手就既遂。"③其言下之意是，举动犯也可以存在未遂。在笔者看来，如果一定要从行为犯中分解出举动犯这一犯罪样态并赋予其独立的品格，就应当肯定其与具有过程的行为犯是两个不同性质的概念，因而认为其不存在未遂的结论是有道理的，否则就没有使其独立的必要。然而，举动犯未遂形态的存在与否，实际上与探讨本罪的既遂、未遂问题并没有关系，因为，本罪本身就不应划为举动犯的范围。按照学界的看法，从犯罪构成性质上分析，我国刑法中的举动犯大致包括两种情况：一是原本为预备性质的犯罪构成。如参加恐怖活动组织罪、参加黑社会性质组织罪等。这些犯罪中的实行行为从法理上讲原本是预备性质的行为，由于这些预备性质的行为所涉及的犯罪性质

---

① 参见高铭暄、马克昌主编：《刑法学》，北京大学出版社、高等教育出版社 2017 年版，第 150 页。另参见陈兴良：《本体刑法学》，中国人民大学出版社 2011 年版，第 387 页。

② 参见马克昌主编：《犯罪通论》，武汉大学出版社 2006 年版，第 499 页。

③ 张明楷：《刑法的基本立场》，中国法制出版社 2002 年版，第 225 页。

严重，一旦进一步着手实行危害就很大，因而法律把这些预备性质的行为提升为这些犯罪构成中的实行行为，并且规定着手实行即构成既遂。二是教唆性质的犯罪构成。如煽动民族仇恨、民族歧视罪，传授犯罪方法罪等。这些犯罪的实行行为都是教唆性、煽动性的行为，旨在激起多人产生和实行犯罪意图，危害范围较广，且即使实施完毕也不一定发生或不一定立即产生可以具体确定的有形的实际危害结果，因此法律也把它们规定为举动犯。[①] 显然，包括本罪在内的毒品犯罪不具有上述两种性质的犯罪构成，因而无论如何也不能将本罪等毒品罪划分在举动犯的范畴。

通说认为，行为犯的既遂是以法定犯罪行为的完成作为标志。所谓法定行为的完成，是指在着手实行犯罪的情况下，如果达到了法律要求的程度就是完成了犯罪行为，就应视为犯罪的完成即既遂的构成。[②] 所以，与举动犯一样，行为犯以实施一定行为作为既遂的标志，似乎也不存在犯罪的未完成形态。但是，行为犯尽管不以危害结果作为犯罪既遂的标志，但也并不意味着只要行为人一着手犯罪的实行行为就成立既遂，行为犯形成既遂形态，有一个从着手实施的程度较低行为向完成的高度行为的发展过程。[③] 所以，目前绝大多数中外学者认为，行为犯存在未遂（目前已基本不存在）。例如，张明楷教授认为，行为犯存在犯罪未遂，只不过行为犯也需要联系法益的侵害来区分既遂与未遂。也就是说，即使刑法理论与司法实践可能难以归纳行为犯的侵害结果内容，但这并不说明可以丝毫不顾及行为对法益的侵害与威胁，而是意味着必须通过行为的进程认定其对法益的侵害程度。因此，行为犯是行为与结果同时发生的犯罪。[④] 陈兴良教授认为，行为犯作为程度犯时，虽然不要求发生某种危害结果，但要求将行为实施到一

---

① 参见高铭暄、马克昌主编:《刑法学》，北京大学出版社、高等教育出版社 2017 年版，第 149 页。

② 参见高铭暄主编:《刑法专论（上编）》，高等教育出版社 2002 年版，第 293 页。

③ 参见林亚刚:《刑法学教义（总论）》，北京大学出版社 2014 年版，第 389 页。

④ 参见张明楷:《刑法学（上）》，法律出版社 2016 年版，第 349 页。

定程度时才构成犯罪既遂，所以，在程度犯的情况下，存在犯罪的未完成形态。[①] 我国台湾学者林山田认为："在行为犯的情形，行为人已实行完成客观不法构成要件所描述的行为者，则犯罪即属既遂；相反，则属未遂。"[②] 在德国，理论上也认为行为犯存在未遂，例如，德国刑法学家汉斯·海因里希·耶赛克和托马斯·魏根特认为："在单纯的行为犯情况下，同样可能有犯罪未遂，而且，一方面，如果行为并非因其实施即既遂，而是需要特定的时间；另一方面，在错误地认为构成要件要素（不能犯未遂）的场合，可能认定各种各样的未遂。"[③]

基于上述分析，与其他众多行为犯一样，本罪即使作为行为犯，因其需要将毒品运输、携带、邮寄进出国（边）境，所以这一本质特征实际上决定了行为人实施走私毒品过程的必定性，其既遂形态的成立无疑也需要一个实行的过程，而且这一过程相对于其他犯罪还可能更漫长。另外，也正是走私毒品的这种跨越国（边）境的行为特性，与其说其为行为犯，还不如说是结果犯。因为，根据《海关法》的规定，所谓走私，是指违反《海关法》及其他有关法律、行政法规，逃避海关监管，运输、携带、邮寄国家禁止或者限制进出境货物、物品进出境等的行为，显然，走私的毒品是否跨越"国（边）境"，实际就是走私毒品犯罪既遂所要求的法定的结果是否出现。而结果犯存在犯罪未遂形态，这一直是一个不受到任何质疑的事实。因此，无论将走私毒品罪界定为行为犯还是结果犯，其均应当存在犯罪的未遂形态。

（二）走私毒品罪既遂、未遂标准的具体确立

《2014 两高走私解释》第 23 条规定："实施走私犯罪，具有下列情形之一的，应当认定为犯罪既遂：（一）在海关监管现场被查获的；（二）以虚假

① 参见陈兴良：《本体刑法学》，中国人民大学出版社 2011 年版，第 387 页。

② 林山田：《刑法通论（上册）》，北京大学出版社 2012 年版，第 299 页。

③ ［德］汉斯·海因里希·耶赛克、托马斯·魏根特：《德国刑法教科书》，徐久生译，中国法制出版社 2001 年版，第 628 页。

申报方式走私，申报行为实施完毕的；……”由于本罪与其他走私罪存在“走私”的共性，所以在具体确立本罪的既遂、未遂标准前，有必要就该解释关于“走私罪”既遂、未遂的规定先行作一评判，同时表明立场，即本罪的既遂、未遂划分标准，是否应当遵循或者参考《2014 两高走私解释》的规定执行，还是应当有其独立的认定规则。

应当说，《2014 两高走私解释》关于“走私罪”既遂的规定，是在理论界和实务界就“走私罪”的既遂、未遂划分标准问题处于长期争议不休的背景下作出的，① 其不仅解决了司法实践这一悬而未决而带来的困惑，而且消弭了由此产生的司法乱象，无疑具有重要的意义。但正如笔者所言，该解释的规定至少有两个方面值得质疑。其一，《2014 两高走私解释》将走私物尚未出境的情形也认定为既遂，这显然不妥。因为，所谓“在海关监管现场被查获的”中的“现场”，是指海关缉私工作人员在执法的过程中，抓获正在实施走私犯罪的走私人及其对走私物予以扣押的情形。那么，该情形包括两种走私形式：一是查获将国外的走私物运输、携带、邮寄入境的；二是查获将国内的走私物运输、携带、邮寄出境的。显然，由于我国的海关缉私工作人员不能进入国（边）境之外开展执法，所以第一种形式的走私物已经越过国（边）境，第二种形式的走私物则尚未越过国（边）境。为此，应当说，司法解释作出“在海关监管现场被查获的”认定为既遂的规定，应特指走私物入境的这一种形式。亦即，无论是通关走私，还是绕关走私，凡是走私物入境后被查获的，即为既遂。然而，对于走私物出境的走私形式，如果在走私物尚未出境前被查获的，此种情况下无论如何不能认定为既遂（应为未遂）。因此，《2014 两高走私解释》将凡“在海关监管现场被查获的”，

---

① 关于审理走私刑事案件如何适用法律的问题，最高人民法院曾分别于 2000 年和 2006 年发布了《最高人民法院关于审理走私刑事案件具体应用法律若干问题的解释》及《最高人民法院关于审理走私刑事案件具体应用法律若干问题的解释（二）》两个司法解释，同时，2002 年最高人民法院、最高人民检察院、海关总署共同发布了《关于办理走私刑事案件适用法律若干问题的意见》。但上述司法解释并没有涉及走私罪既遂与未遂的规定。

无论是走私物已经入境的还是走私物尚未出境的，均一律认定为走私罪的既遂，显然是难以接受的。其二，以虚假申报方式走私，申报行为实施完毕的成立既遂，是刑法主观主义的表征。对于走私出境的形式，走私物还没有实际出境的情况下，以虚假申报的完成即认定为既遂，这无疑有过于提前之嫌。因为，在承认行为犯存在未遂形态的情况下，将虚假申报实施完成的行为认定为既遂，那么其未遂的时点就将无从把握。亦即，此种情形下走私罪的未遂有可能不能出现，从而违背了行为犯也存在未遂形态的理论与司法实践。显然，虚假申报情形下的未遂要从着手申报或者着手申报之前的某一个时点寻找，而这无疑是难以得到认可的。同时可以想见的是，该司法解释作出“申报行为实施完毕的即成立既遂”的规定，实际上是将“报关行为实施完毕”与“走私行为已经实施完毕”作出了完全等同的对待。但是，走私行为的实质是走私物的“进出境”，而非形式上或者观念上的“进出境”。如果将申报完毕这种形式或者观念上的“进出境”行为完全等同于走私物“进出境”的实质行为，这不仅违背《海关法》，也与刑法理论及刑法立法不符，从而与罪刑法定原则相悖。另外，虚假申报只是整个走私行为过程中的“一节”或“一段”，而不是这一行为过程中的最后停顿状态，将虚假申报实施完毕即认定为既遂，显然是对走私行为的完整过程进行人为的分割。[①] 基于上述分析，鉴于《2014 两高走私解释》关于“走私罪”既遂规定所存在的瑕疵，并因该解释针对的对象是刑法分则第三章第二节规定的“走私罪”，并不包括本罪在内，所以就本罪既遂、未遂标准的确立而言，笔者认为，即使本罪与其他走私罪具有“走私”的共性，但毕竟本罪与其他走私罪也具有不同的个性，所以对该解释不应全部照搬执行，甚至也可以不作参考执行，而是应厘定出独立的认定规则。

笔者认为，鉴于《2014 两高走私解释》关于“走私罪”既遂规定所出

① 参见邓崇专、黎仲诚:《走私罪司法认定与执法完善问题研究》，中国法制出版社 2019 年版，第 56—63 页。

现的问题，本罪既遂、未遂划分标准的确立，应首先坚持客观主义的价值取向与公平公正的原则。作为与主观主义在犯罪论领域争论的一方，客观主义重视的是人的外部行为，认为犯罪的本质在于体现于外部的行为及其结果，只有行为才能构成刑事责任的基础；而主观主义则侧重于行为人的内部危险性格，认为犯罪的本质是犯人的反社会性格，只有从行为人的反复实施犯罪行为的危险性中寻找追究行为人刑事责任的根据。[①]由于客观主义关注的是行为人的行为及其实害结果，所以坚持客观主义的价值取向，就是在认定本罪的既遂、未遂时，不能将走私的毒品尚未跨越国（边）境前的行为认定为既遂，同时也不能将藏匿或夹杂在其他货物或物品中的通关申报完毕的行为认定为既遂。另外，在认定本罪既遂、未遂问题上，应坚持公平公正的原则，亦即对于毒品输出与输入的既遂、未遂认定要采取相同的标准，不能将输入毒品的以入境为既遂标准，而输出的则以现场查获为既遂标准。陈兴良教授曾郑重指出：如果法丧失了公正性，那么就像人丧失了意识与思维而成为“植物人”一样，法也就成为“植物法”。而刑法涉及对公民的生杀予夺，因而公正性更是它的生命，更值得我们重视。公正是刑法的首要价值，刑法中的一切问题都应当让位于公正性。[②]

在正式论证本罪既遂、未遂问题前，首先有必要确定本罪的走私形式。我国《刑法》对其他走私罪的走私形式规定了两种：一种是双向性的走私形式，是指行为人逃避海关监管，无论将走私物运输、携带、邮寄入境，还是运输、携带、邮寄出境，均为刑法意义上的走私行为。此种形式的走私罪包括走私武器、弹药罪，走私核材料罪，走私假币罪，走私珍贵动物、珍贵动物制品罪，走私国家禁止进出口的货物、物品罪，走私淫秽物品罪以及走私普通货物、物品罪。一种是单向性的走私形式。该种形式下，行为人逃避海关监管，只有将走私物运输、携带、邮寄出境或者入境的，才为

① 参见冯军、李春雷主编：《外国刑法学概论》，中国民主法制出版社 2004 年版，第 23 页。

② 参见陈兴良：《刑法哲学（上）》，中国政法大学出版社 2009 年版，第 4—5 页。

刑法意义上的走私行为。前者包括走私文物罪和走私贵重金属罪，后者是走私废物罪。由于本罪原与走私武器、弹药罪等规定在一个条款中，所以本罪的走私形式肯定也是双向性的（即无论是走私毒品出境还是入境均为走私犯罪行为）。

基于本罪客观方面所具有的特质，笔者赞同上述多数学者的观点，亦即其既遂、未遂的划分总体上应坚持以走私的毒品是否跨越国（边）境线为标准。根据中越边境沿边沿海的特点，目前走私毒品的犯罪分子主要采取的是经由陆路和海路两种方式进行，笔者暂且就该两种方式对本罪的既遂、未遂认定问题展开具体的厘定。

1. 经由陆路走私毒品的方式

经由陆路走私毒品这一方式包括通关走私毒品和绕关走私毒品两种情形。从中越边境走私毒品犯罪的司法实践来看，近年来，走私毒品的犯罪分子采取从陆路绕关走私毒品情形较多，而通关走私毒品的情形则较少。其主要原因在于，中越陆地有较长的边境线，不仅无法构筑完善的物理隔离设施，而且在中越两国边民走亲访友以及近年来的边境互市过程中逐渐形成了众多的便道或通道，使得出入中越边境较为方便，加之中越界河面窄水浅，并以中越边境地区的丘陵山地地貌作掩护，优越的地理环境及人文环境致使走私毒品等犯罪也变得相对容易。对于从陆路非设关地的走私毒品，本罪的既遂、未遂认定并不困难。亦即，走私毒品入境的，只要行为人运输、携带的毒品越过边境线进入我国境内的，就为既遂，反之为未遂；有证据证明是走私毒品出境的，行为人在出境前被缉获的，即为未遂，反之则为既遂。

比较复杂或者困难的，是通关走私毒品既遂、未遂的认定。通关走私毒品就是指经过设立海关的地点，违反海关法规，逃避海关监管，将毒品运输、携带、邮寄进出境的行为。通关走私毒品的行为人一般采取藏匿、夹杂或者伪装在其他正常进出境的货物或物品中的方法进行。《海关法》第23条规定，进口货物自进境起到办结海关手续止，出口货物自向海关申报起到出境止，应当接受海关监管。第 24 条第 1 款规定，进口货物的收货人、出口货物的发货人应当向海关如实申报，交验进出口许可证件和有关单证；第 28 条第 1 款规定，进出口货物应当接受海关查验。我国《禁毒法》第 26 条第 2 款规定，海关应当依法加强对进出口岸的人员、物品、货物和运输工具的检查，防止走私毒品。根据上述法律规定，对于在进口货物或随身携带的物品中藏匿、夹杂或者伪装毒品的，如果附随的其他货物或物品实际已经入境，那么此时应以行为人虚假申报实施完毕作为既遂的标志；反之，则以附随的其他货物或物品实际入境为既遂的标准。因为，在进口货物或者随身携带物品已经入境的情况下，行为人仍然决意实施虚假申报且完毕，这不仅说明行为人已经完成了将毒品走私入境的行为，亦即毒品跨越国（边）境这一结果已经出现，而且达到了犯罪的主客观的实质统一。同时，即使进口的货物或随身携带的物品仍然处在接受海关的监管或查验中，但此时货物或物品毕竟已实际入境，随后经海关查验出或者没有查验出毒品，那只能是行为人的“不幸”或“侥幸”而已，与其走私毒品犯罪的既遂已完全无关。而对于在出口货物或随身携带的物品中藏匿、夹杂或者伪装毒品的，由于行为人申报时出口的货物或者随身携带的物品尚未实际出境，所以此种情形下即使实施虚假申报的行为完成，也不能确定行为人走私毒品既遂。理由有三：其一，行为人即使实施的虚假申报行为完成，也无法确定行为人在出口的货物或者随身携带的物品中藏匿、夹杂或者伪装了毒品。因为此时不能单凭报关的单证材料就确定行为人是否有藏匿、夹杂或者伪装毒品的行为。亦即，只有待海关查验人员对出境的货物或者随身携带的物品进行查验，确认报关出境的货物或物品与报关单证不符或者查出藏匿、夹杂或者伪装的毒品时，才能最后确定行为人是否有走私毒品的行为。换言之，以虚假申报是否完成来作为走私毒品既遂与未遂的标准，实质上没有任何意义。其二，实施虚假申报完毕的行为毕竟还没有真正或实际造成走私毒品罪所保护的法益的侵害，因而这种情形无疑以未遂处理。因为，“事实上，未遂与既遂的区分，归根结底是行为对法益的侵害程度之分，故从与法益的关系来看，区分未遂与既遂的基本标准应当是，行为是否发生了行为人所追求的、行为性质所决定的法益侵害结果（实质说）”[①]。而走私毒品的附随物没有实际出境的情况下，根本谈不上本罪的法益受到了实际侵害。所以，在走私毒品出境的情形下，实施虚假申报行为的过程，只是走私毒品行为的着手阶段。其三，假如申报完毕后行为人基于自己的决意不实际完成走私毒品的出境，那么此种情形下当属犯罪中止。但将申报完毕的行为确定为走私毒品的既遂，无疑拦截了犯罪中止的产生，显然与刑法鼓励犯罪中止的立法初衷相悖。综上所述，在走私毒品出境的情形下，不应以虚假申报行为的完成为既遂标准，而应以毒品的实际出境为标准。

为了更直观地展示通关情形下本罪的既遂、未遂的标准，笔者特提供如下两个“一进一出”的案例予以对比。

案例一：武某某走私毒品案[②]

经审理查明，2013 年 9 月 24 日 17 时许，被告人武某某从越南芒街口岸进入中国东兴口岸入境通道时，未按照我国海关规定将所携带的塑料袋过 X 光检查。当海关关员要求其将塑料袋过机检查时，武某某便躲到一根柱子旁用牙齿咬开塑料袋，从袋中取出一本相册后再将塑料袋过机检查。海关关员再次要求武某某将手中的相册过机检查时发现相册图像异常，遂拆开相册发现内藏有锡箔纸包装的白色粉状物。经称量，白色粉状物净重 342.8 克；经检验，该白色粉状物检出海洛因，含量为 52.61%。

法院认为，被告人武某某违反我国对毒品的管理制度，明知是毒品而予以走私，其行为已构成走私毒品罪。公诉机关指控的罪名成立。最后，法院以被告人武某某犯走私毒品罪，判处有期徒刑 15 年，并处没收个人财产人民币 1 万元，附加驱逐出境。

① 张明楷：《刑法的基本立场》，中国法制出版社 2002 年版，第 223 页。

② 参见广西壮族自治区防城港市中级人民法院 (2014) 防市刑二初字第 20 号刑事判决书。

案例二：招某某走私毒品案[1]

经审理查明：被告人招某某与梁某某（另案处理）为情人关系。梁某某于2014年7月13日和15日，分两次将一批甲基苯丙胺（俗称"冰毒"）携带至招某某租住的东兴市湖南路二巷××号房床底存放。15日，梁某某在东兴拍岸家电店购买了一台洗衣机并叫人拉运至招某某的住处。梁某某将其事先存放在该处的毒品夹藏在洗衣机底部，而后，梁某某安排庞某某（另案处理）驾车从招某某的住处将藏有毒品的洗衣机运至东兴口岸，并由庞某某雇请越南籍搬运工阮某甲（另案处理）将洗衣机通过东兴口岸出境带至越南。被告人招某某受梁某某的指使，负责前往东兴口岸跟踪、监视该洗衣机出境，并向梁某某报告情况。15日17时许，当阮某甲携带的洗衣机通关过境时被东兴海关查获，从洗衣机内缴获毒品甲基苯丙胺10包，净重9775克，经鉴定，从查获毒品中均检出甲基苯丙胺，含量分别为81.5%、78.2%、77.1%、77.8%、79%、83.4%、83.2%、83.9%、82.6%、81.8%。

法院认为，被告人招某某违反国家毒品管理法规和海关法规，逃避海关监管，走私毒品，其行为已构成走私毒品罪。公诉机关指控的罪名成立。招某某系受他人安排指使而参与帮助走私毒品，在共同犯罪中起辅助作用，是从犯，依法应当从轻或者减轻处罚。法院最后决定对其减轻处罚，以走私毒品罪判处其有期徒刑10年，并处罚金人民币2万元。

案例一是行为人从越南走私毒品入境我国的情形。该案查实的相关证据显示，被告人武某某为越南籍公民，持越南身份证和边境通行证进入我国，2011年6月至2013年9月，其到中国来打工，几乎每天从我国东兴口岸进出境（一般都是当天的下午或晚上来中国做工，次日的上午再返回越南）。显然，该案的发生是被告人武某某利用了持边境通行证出入中越边境

① 参见广西壮族自治区防城港市中级人民法院（2015）防市刑一初字第15号刑事判决书。

的便利。从查明的事实可以看出，被告人武某某携带伪装在相册中的毒品，已从越南芒街口岸进入中国东兴口岸入境通道。虽然国家设置的对外开放口岸（包括指定口岸）区域，被称为法律上的虚拟国境（因为检查入境的人员或货物、物品、交通工具已在我国境内），但毕竟是“虚拟”的国境，入境人员只不过进入该区域不为偷渡而已，其实际已为入境。所以，武某某携带的毒品显然已逾越国境实际进入了我国境内，亦即毒品入境我国这一结果已经出现，被告人武某某走私毒品无疑为既遂。而案例二是行为人从我国走私毒品出境至越南的情形。从该案查明的事实来看，被告人招某某与梁某某、庞某某等人属共同犯罪而构成走私毒品罪的共犯无疑，但是认定其成立本罪的既遂则是值得质疑的。因为，本案提供并查实的书证《受案登记表》显示，“2014 年 7 月 15 日 17 时许，东兴海关在东兴口岸旅检现场出境通道对越南籍女子阮某甲携带的洗衣机进行 X 光检查时，发现洗衣机滚筒底座有 10 包结晶状疑似毒品冰毒，毛重约 10 千克。东兴海关缉私分局遂于当日对该案立案侦查”；该案提供并查实的阮某甲的“证人证言”显示，“2014 年 7 月 15 日 16 时 50 分许，其在东兴口岸受一中国男子雇请搬运一台洗衣机去越南交给一名女子，在通过海关旅检现场时被海关人员查出洗衣机底部藏有 10 袋毒品冰毒”。显然，被告人招某某与梁某某、庞某某利用越南籍搬运工阮某甲走私的毒品并没有越过中越边境线，而没有完成走私毒品出境的行为，应为未遂。

2. 经由海路走私毒品的方式

如上所述，此种方式下对于走私毒品入境的既遂标准，我国学者存在不同的观点。有的采用“到达说”（或“靠岸说”），即载有毒品的船舶到达我国港口的为既遂；有的采用“装载完毕说”，即将走私的毒品装载到船舶上时即为既遂；而有的则采用“领海说”，即载有毒品的船舶越过领海线就是既遂。

笔者认为，“装载完毕说”无疑过于提前了本罪的既遂标准，不仅与通行的刑法理论不符，也不切实际，因而并不可取；而“到达说”虽然以靠岸或到达港口这一显见的事实（结果）作为认定本罪既遂的依据，看似合理，但仔细斟酌之下其实际有过于延后之嫌，所以也不可取。应当说，最合理的是“领海说”，亦即对于经由海路绕关走私毒品出入境的情形，应以是否逾越“领海线”为既遂、未遂的基准，因为，只有以“领海线”为基准，才能与经由陆路走私毒品坚持的“国境线说”保持协调，同时也符合国家主权以及司法实践。领海是一个国家领域（领土）的重要组成部分，它与领陆、领空及领水一起构成一个国家行使主权的空间范围。我国政府于 1958 年 9 月 4 日发表声明，宣布我国的领海宽度为 12 海里，由此在 12 海里范围内之上的空域及其海床、底土均属我国的领域（领土）。而海岸线与陆地边境线不同，它只是海洋与陆地的分界线，并不是区分国与国之间行使主权的空间标志。如果以船只是否到达我国港口或者靠岸作为认定本罪既遂、未遂的标准，那么实际就是将走私毒品入境 12 海里之后的行为才认定为本罪的既遂，这种方法无疑有过迟之嫌，更是一种置 12 海里主权于不顾的体现。同时，也不符合诸多走私毒品案件是在开展海上缉私中被查获的执法实践。另外，海岸线会随着潮水的涨落而变动，本罪既遂的标志也就随之不定，可能出现因潮水涨落而导致本罪既遂标准不同的局面。所以，对于经由海路走私毒品出入境的情形，其既遂的标准拟采“领海说”为宜，其既照顾了国家的主权原则，也使本罪既遂的标准达到统一。

关于本罪的既遂、未遂，还有一个需要探讨的，是准走私毒品情形下如何划定的问题。如上所述，走私毒品行为无疑与其他走私罪一样共同适用我国《刑法》第 155 条第（1）项和第（2）项关于准走私（“以走私罪论处”）的部分规定，而由于准走私毒品的行为均发生在我国境内，因而其与直接走私毒品的既遂、未遂肯定表现出不同的认定标准。笔者认为，对于直接向走私人非法收购走私进口的毒品的情形，其既遂应当以毒品的实际交付为标准，亦即走私人将走私进口的毒品交付给了买受人的，为既遂；尚未交付之前被查获的，为未遂。对于在内海、领海、界河、界湖运输、收购、贩卖毒品的情形，就收购、贩卖毒品而言，其既遂当然仍以毒品的实际交付为标志；至于在此区域运输毒品的既遂、未遂，对于运输毒品上岸（即将推定的走私毒品运至我国陆地范围）的情形，由于推定走私的毒品已进境，因而以运输的船舶离开始发地并在运输的过程中被查获的为既遂，对于运输出境的，因推定走私的毒品尚未越境，应以越过领海线或者界河为既遂，否则即为未遂。

第四节 走私毒品罪与其他毒品罪的关系

这里主要探讨的是本罪与贩卖毒品罪、运输毒品罪关于罪名的确定问题（包括误定、多定、漏定罪名等）。按理，立法上将走私、贩卖、运输毒品的行为并列规定为选择性罪名，且法定刑一致，探讨二者的罪名确定问题似乎为多此一举。尽管确定选择性罪名上的差异一般不影响量刑，却有损于法律适用的统一和裁判文书的权威，也会使被告人不服。[①] 有鉴于此，通过剖析、考察司法实践中存在的问题，对此进行一番较为全面而深入的研究是完全有必要的。

一、本罪与贩卖毒品罪的关系

走私毒品罪与贩卖毒品罪同属于《刑法》第347条规定的走私、贩卖、运输、制造毒品罪的选择性罪名，如果仅从构成特征上区分二罪实际上并不困难。比如，在犯罪的客体上，本罪是复杂客体，即其不仅侵犯了国家对

① 参见高贵君、王勇、吴光侠：《〈全国部分法院审理毒品犯罪案件工作座谈会纪要〉的理解与适用》，载《人民司法》2009年第3期。

毒品的管理制度，还侵犯了国家的对外贸易管理制度（有的称海关监管制度），而贩卖毒品罪是简单客体，即其只侵犯了国家对毒品的管理制度。在犯罪的客观方面，本罪表现为明知是毒品而将其非法运输、携带、邮寄进出国（边）境以及直接向走私人非法收购走私进口的毒品或者在内海、领海、界河、界湖运输、收购、贩卖毒品的行为。而贩卖毒品罪的客观方面，按照1994年12月20日最高人民法院《关于适用〈全国人民代表大会常务委员会关于禁毒的决定〉的若干问题的解释》第2条的规定，表现为明知是毒品而非法销售或者以贩卖为目的而非法收买毒品的行为。

在司法实践中处理二罪关系的难点，是行为人对同一宗毒品既实施了走私的行为，又实施了贩卖的行为，在二者竞合的情况下究竟如何定性。应当说，行为人用于走私的毒品的来源，除自己制造或者捡拾、祖传的等之外，其他用于走私的毒品一般是向他人购买，包括从境内向他人购买毒品后走私出境以及在境外向他人购买毒品后走私入境，这样，行为人在走私毒品并构成走私毒品罪的同时，还会构成贩卖毒品罪。对于此种情形的处理，往往需要用牵连犯的理论予以解决。亦即，行为人购买毒品是手段（方法）行为，走私毒品是目的行为；或者行为人走私毒品是手段行为，贩卖毒品是目的行为，无论走私毒品是出境还是入境，二者间均表现为明显的牵连关系，因而以牵连犯的理论来解决行为人的刑事责任承担问题，似乎没有太大的障碍。但是，由于走私毒品罪与贩卖毒品罪同属于《刑法》第347条规定的走私、贩卖、运输、制造毒品罪的选择性罪名，走私和贩卖毒品作为危害性相当的两种并列行为，且在法定刑一致的情况下，无所谓此重彼轻的问题，因而并不能适用牵连犯关于择一重罪处断的原则（或者没有牵连犯理论适用的余地）。根据2000年4月4日《全国法益审理毒品犯罪案件工作座谈会纪要》（以下简称《2000年纪要》）的规定，“对行为人对同一宗毒品实施了两种以上犯罪行为并有相应确凿证据的，应当按照所实施的犯罪行为的性质并列确定罪名。罪名不以行为实施的先后、危害后果的大小排列，一律以刑法条文规定的顺序表述，如对同一宗毒品，既制造又走私的则以‘走私、制造毒品罪’定罪，但不实行并罚”，同时2008年12月1日《全国部分法院审理毒品犯罪案件工作座谈会纪要》（以下简称《2008年纪要》）对此作了进一步明确的强调，即“刑法第三百四十七条规定的走私、贩卖、运输、制造毒品罪是选择性罪名，对同一宗毒品实施了两种以上犯罪行为并有相应确凿证据的，应当按照所实施的犯罪行为的性质并列确定罪名，毒品数量不重复计算，不实行数罪并罚。对同一宗毒品可能实施了两种以上犯罪行为，但相应证据只能认定其中一种或者几种行为，认定其他行为的证据不够确实充分的，则只按照依法能够认定的行为的性质定罪”。应当说，上述“纪要”已经明确地解决了本罪与贩卖毒品罪（还包括运输毒品罪和制造毒品罪）竞合时的定性难题，亦即行为人对同一宗毒品实施了走私、贩卖两种行为的，只要均有相应的确实充分的证据证实的，就应当按照所实施的犯罪行为的性质并列确定罪名。

如上所述，基于出入中越边境十分便利，实践中行为人往往以卖出为目的直接出境或者入境购买毒品后返回境内（包括越南籍人员入境我国购买和中国籍人员出境越南购买），在中越边境毒品犯罪中这样的情况属于常见现象。此种情形下将行为人确定为走私、贩卖毒品罪，应当说不存在认定上的难题。需要探讨的是，按照事先达成的合意，行为人将毒品直接运输或者携带出境贩卖给确定的购毒者（包括特情引诱下的“买家”），此时既有走私毒品的行为，又有贩卖毒品的行为，在这种双方买卖毒品的意图确定且交易人特定的情形下，行为人究竟是只成立贩卖毒品罪，还是应以走私、贩卖毒品罪定性，实践中存在不同的处理意见。一种意见认为，对于购买者向确定的境外毒品出售者发出购买邀约，要求对方直接将毒品携带至境内交易的情形，由于境外的出售方走私毒品的故意居于被动的地位，甚至是被引诱走私，此时应以处于主动性的购买者的行为为标准定性，即境外的出售方应以贩卖毒品罪论处（如果有证据证明购买者是以贩卖为目的而购买的，则双方均构成贩卖毒品罪），对其不再定走私毒品罪；另一种意见则认为，对这种情形不能以行为人主动或被动作为定性的标准，其与刑法规定不符，也与刑法理论相去甚远。事实上，毒品交易的一方即使是被邀约贩卖毒品的，行为人也是故意犯罪，亦即其非法将毒品运输或携带出入境在主观上是明知的，其故意的本质没有变，不可能教唆犯罪者是故意，而被教唆者实施犯罪的是过失。因此，应当根据出售毒品的一方携带运输或携带毒品实际出入境这一事实，将其定性为走私、贩卖毒品罪，而不是仅定性为贩卖毒品罪。我们且以黄某某等贩卖、运输毒品案为例，[①]就该问题作一细致的甄别与探讨。

崇左市人民检察院指控，2016年4月29日17时10分许，被告人黄某某、蒙某携带5块毒品海洛因（净重1759克，含量68.5%至73.6%不等）从越南经广西龙州县水口镇合平村那荷屯中越边境925号（旧28号）界碑附近的便道进入我国境内，在与我国公安民警乔装的“买家”交易时被抓获。

公诉机关认为，被告人黄某某、蒙某违反我国有关毒品管理的规定，明知是毒品而贩卖、运输，其行为触犯了《刑法》第347条第2款第（1）项之规定，应当以贩卖、运输毒品罪追究其刑事责任。

被告人黄某某的辩护人提出的辩论意见是：被告人黄某某的行为只构成运输毒品罪不构成贩卖毒品罪。

经审理查明，2016年4月29日下午，在广西龙州县水口镇合平村那荷屯中越边境925号界碑附近，被告人黄某某、蒙某相互协助进行贩卖毒品，按照事先安排，蒙某与他人持毒品在附近等候，黄某某则与另一名男子先行与边防公安民警乔装的“买家”在汽车上接头并查验资金，得到确认后两人返回再由黄某某与蒙某携带5块毒品海洛因前往与“买家”交易，在靠近“买家”汽车时，黄某某让蒙某拿毒品先在附近山上等候，由其重新去确认“买家”。黄某某再次确认后，返回招呼蒙某携带毒品下山。当天17时许，当黄某某与蒙某携带毒品与“买家”在汽车上交易时被公安民警人赃

① 参见广西壮族自治区崇左市中级人民法院(2017)桂14刑初18号刑事判决书。

俱获。被查获的5块毒品净重共1759克，海洛因含量分别为73%、73.6%、68.8%、70.4%、68.5%。

一审法院认为，被告人黄某某、蒙某违反中华人民共和国法律，明知是毒品而贩卖、运输，其行为触犯了《刑法》第347条第2款第（1）项规定，构成了贩卖、运输毒品罪。公诉机关指控的罪名成立。在共同犯罪中，被告人黄某某起主要作用，为主犯，应按照其参与的全部犯罪处罚；被告人蒙某起次要作用，为从犯，可以从轻处罚。关于本案的定性，法院认为，经查，被告人黄某某与蒙某明知是毒品海洛因而相互配合，携带毒品海洛因进行贩卖，而在贩卖过程中经历了携带毒品运送的过程，因此，他们的行为构成贩卖、运输毒品罪。

此案的出售方肯定属于携带毒品入境至我国贩卖无疑，其事实实际上已为本案法律文书所载的查实的证据所证实。一是“抓获经过”。证实“2016年4月29日，龙州县公安局水口边防派出所接到特情报告称，有2名越南籍毒贩持毒品在中越边境925号（旧28号）界碑附近急于寻找买家出售。后经汇报上级部门，崇左市公安局禁毒支队指示派出所民警装扮成购买毒品的老板将越南毒贩引出，于当天17时10分左右将被告人蒙某、黄某某抓获，并当场缴获疑似海洛因5块”。二是“现场勘验笔录、现场图及照片”。证实“案发现场位于广西龙州县水口镇合平村那荷屯中越边境925号（旧28号）界碑附近”。三是“被告人黄某某供述及辩解”。其供认：“……在路上‘阿某2’跟我说是要去中国看钱，当我们越过中越925号界碑的时候，‘阿某2’叫我跟他一起到界碑附近的山上等，他说还没有人来。过了20多分钟以后，‘阿某2’接了一个电话以后跟我说老板到了，然后我和‘阿某2’就经过一座小桥，走了一段路看见有一辆白色的小车慢慢开来，我想我们要找的人应该是在那辆车上。然后我就跟着‘阿某2’跑过去上了那辆小车。‘阿某2’就问那辆车上的人带钱没有，他说要先看到钱才能拿货过来交易，接着那辆车上的人就打开一个包给我们看钱，我在他们谈话的过程中听到包里有35万元。

‘阿某2’问车上的人能不能先拿钱回去再拿货过来，对方说要拿货过来才给钱，然后我就说货已经在附近了，如果你们不给钱的话，越南那边的货主是不会给货的，对方说没有货怎么给钱。然后‘阿某2’就带着我一起离开了。‘阿某2’对我说，如果刚才拿货过来的话，现在就已经得钱回越南了。后来‘阿某2’就把他的摩托车钥匙交给我叫我往原路开回去，而他就往山上走去。我拿到摩托车以后开出去不远就看到‘阿某3’跟‘阿协’站在他们的小轿车旁边。我跟‘阿某3’说如果刚才拿货过去现在我都能拿钱回来了。‘阿某3’说如果是这样的话就让‘阿协’跟你一起去吧。然后‘阿某3’就叫‘阿协’到旁边的树从里面去拿了一个盒子过来，然后‘阿协’就开摩托车载我，由我拿着那个盒子，一起往925号界碑那条路开去。快到边境的时候，‘阿协’就把车停在一座山脚下，我们就往界碑方向走去，走了大概二三十米远后，我就把盒子交给‘阿协’。越过界碑以后走了一段距离，我看见之前那辆白色的小车停在那里，然后我就跟‘阿协’说我先去看看是不是刚才那辆车，你到附近的山上等我，‘阿协’就拿着盒子在附近的一座山上等我。我走到小车附近看见是原来那辆车，就走到‘阿协’所在的那座山脚下叫‘阿协’拿货下来，然后‘阿协’拿着那个盒子从山上跑下来走上车，我就站在小车门口，‘阿协’就把盒子交给车上的人，车上的人就打开盒子并拿出两块货来闻，在我们交易的时候，就被你们中国公安抓获了。”

虽然“抓获经过”和“现场勘验笔录、现场图及照片”显示为“案发现场位于广西龙州县水口镇合平村那荷屯中越边境925号（旧28号）界碑附近”，但“附近”无疑处于我国边境一侧，因为由我国警方装扮的购买毒品的“老板”不可能进入越南境内引诱被告人黄某某等人交易毒品。而且，被告人黄某某的“供述及辩解”已明显证实本案的“交易点”是在我国边境一侧。尽管被告人黄某某携带毒品入境我国的距离不长，但毕竟已入境我国，完成了走私毒品应有的实行行为。所以本案应当依走私毒品、贩卖毒品罪追究被告人黄某某和蒙某的刑事责任。同时，该案显示从边境入境我国的“交易点”距离不长，即使将这一不长的距离确定为运输毒品，也不是运输毒品罪中的“运输”，而是走私毒品的应有行为（具体理由见下述）。由此，本案中的被告人黄某某和蒙某实施了走私和贩卖两个行为，应构成走私、贩卖毒品罪，而不是贩卖、运输毒品罪。可见，司法机关以及辩护人对本案的定性均存在疑问，同时上述第一种观点并不可取，第二种观点则值得赞同。

二、本罪与运输毒品罪的关系

由于本罪是将毒品非法转移进出国（边）境的行为，所以实施本罪的过程中无疑要包括运输毒品，那么本罪与运输毒品罪究竟如何区分，便成为司法实践需要厘清与厘定的问题。

理论上一般认为，运输毒品罪中的“运输”的范围仅限于我国领域内，运输毒品进出境或者实施跨国运输毒品的行为，实际上属于走私的范畴，不应再定性为运输毒品罪中的“运输”。[①] 问题是，走私毒品中的“运输”也会发生在我国领域内，例如，走私毒品出境的，从国内始发地到边境这一段，走私毒品入境的，从进入我国境内至目的地这一段，均为在我国领域内运输。那么这种情形下究竟是单以走私毒品罪或者运输毒品罪论处，还是依走私、运输毒品罪处断，实践中产生了不同的意见。按照上述理论，尽管走私毒品中的“运输”发生在我国领域内，但此“运输”是走私毒品中应有的行为，包括在走私毒品的“走私”行为中，所以也应认定为走私毒品罪而非运输毒品罪，也不能定为走私、运输毒品罪。基于此，司法实践中

① 参见高铭暄、马克昌主编:《刑法学》，北京大学出版社、高等教育出版社 2017 年版，第 594 页；张明楷:《刑法学（下）》，法律出版社 2016 年版，第 1144 页；马克昌主编:《百罪通论（下卷）》，北京大学出版社 2014 年版，第 1086 页；谢望原、赫兴旺主编:《刑法分论》，中国人民大学出版社 2011 年版，第 362 页；等等。不过值得注意的是，有的学者将运输毒品罪中“运输”的范围表述为“在我国领域内”或者“在我国境内”并不准确，应该表述为“在国（边）境内”。

对于此种情形的某些处理结论便值得商榷。例如，上述所举黄某某等贩卖、运输毒品案一案，从该案已查明的事实来看，被告人黄某某和蒙某从越南境内运输、携带毒品海洛因，经广西龙州县水口镇合平村那荷屯中越边境925号（旧28号）界碑附近的便道进入我国境内，在与我国公安民警乔装的“买家”交易时被抓获。应当说，被告人黄某某和蒙某携带毒品进入我国境内进行“交易”的行为，符合走私毒品罪的构成特征，同时其走私毒品的行为包含了运输毒品的行为，亦即从越南境内将毒品运输至中越边境越南一侧附近，再从越南一侧携带毒品进入我国境内后至“交易”的白色小汽车处，均为被告人走私毒品行为不可或缺的组成部分。所以，本案中的两被告人实际实施的是走私、贩卖毒品两个行为，应以走私、贩卖毒品罪追究被告人的刑事责任。而该案的一审法院在对被告人及其辩护人提出的意见进行综合分析时认为，“被告人黄某某与蒙某明知是毒品海洛因而相互配合，携带毒品海洛因进行贩卖，而在贩卖过程中经历了携带毒品运送的过程，因此，他们的行为构成贩卖、运输毒品罪”，[①] 显然将走私毒品中的“运输”与运输毒品罪中的“运输”予以等同处理，这与上述刑法理论不符，因而其处理结论存在疑问。

笔者认为，现实中不可能存在完全“零距离”走私毒品的情形，行为人只有将毒品非法转移进出国（边）境才能认定为走私，即使是未遂，甚至双方就是在国（边）境线上正中央交接的情形，走私的一方也需要使毒品向国（边）境方向移动，因此走私毒品犯罪中必定包括运输毒品的行为在内，上述学界关于运输毒品进出境实际上属于走私的范畴，而不应定性为运输毒品罪中的“运输”的观点，是值得赞同的，亦即本罪中的“运输”与运输毒品罪的“运输”是两个不同性质的行为。另外，关于实施本罪中的“运输”行为的性质，在理论上和实践上还与实施其他走私罪中的“运输”行为的定性相吻合。例如，走私的武器、弹药、假币、珍贵动物及其制品等

---

① 参见广西壮族自治区崇左市中级人民法院(2017)桂14刑初18号刑事判决书。

货物、物品进境后，走私行为人一般都会对上述走私物实施运输、邮寄（或物流快递）等的行为，而这些行为本身可能或必然触犯非法运输、邮寄枪支、弹药罪，运输假币罪，非法运输珍贵野生动物、珍贵野生动物制品罪，等等。对于上述走私行为的延续或后行为，理论上一般认为其是发生在整个走私行为链条中的不同阶段，或者是整个走私行为不可或缺的有机组成部分，也就是说，它们实际上均属于走私一个行为，而非独立的行为，所以对这些行为就不需要另行单独评价。张明楷教授就认为："走私武器、弹药的行为，可能同时触犯非法买卖、运输、邮寄、储存枪支、弹药罪，由于走私行为包含了运输、邮寄、储存等行为，所以，凡是符合走私武器、弹药罪的犯罪构成的，不再认定为非法运输、邮寄、储存枪支、弹药罪。"[①] 马克昌教授等学者认为，走私武器、弹药、假币进入国内后，又实施了运输等行为，实际上是走私武器、弹药、假币行为的延续，仍应以走私武器、弹药罪，走私假币罪论处，不应再定其他罪。[②] 而司法实践也同样采取了与理论界相同的立场。我们暂且以唐某某、何某走私珍贵动物一案为例，该案经审理查明，2015年4月7日13时30分许，被告人唐某某受人雇请，与骆某贵（另案处理）驾驶桂N××××× 黑色马自达小车到东兴市环城路附近的空地等待装货。被告人何某与他人各自驾驶摩托车，到东兴市北郊十四队码头从一艘越南方向开过来的铁壳船上过驳用白色网袋装的穿山甲，何某装载了5只，然后各自驾驶摩托车到环城路附近的空地，将穿山甲过驳到马自达小车上，唐某某和骆某贵驾驶马自达小车行至那梭镇沟尾附近一空地，又将穿山甲过驳到桂A××××× 的本田奥德赛商务车上。随后，唐某某和骆某贵驾驶商务车前往华石镇高速公路入口，准备前往广东交货。16时许，二人驾车行驶至高速公路入口附近被东兴海关缉私分局民警查获，当场抓获唐某某，并

---

① 张明楷：《刑法学（下）》，法律出版社2016年版，第749页。

② 参见马克昌主编：《经济犯罪新论——破坏社会主义经济秩序罪研究》，武汉大学出版社1998年版，第124—125页。

在奥德赛商务车上缴获26只活体穿山甲。经鉴定，上述穿山甲中20只为马来穿山甲，6只为中国穿山甲，均属于国家二级重点保护动物。法院最后认为，被告人唐某某、何某故意违反海关管理法规，逃避海关监管，与走私罪犯通谋，提供运输方便，参与走私穿山甲，其行为均已构成走私珍贵动物罪，公诉机关指控的罪名成立。① 此案中，被告人何某先是从越南装有走私穿山甲的船舶上过驳了5只，然后将穿山甲过驳到了被告人唐某某和骆某贵驾驶的马自达小车上，而后被告人唐某某又将穿山甲过驳到本田奥德赛商务车上，随后在准备前往广东交货的路上被查获。自被告人何某接运穿山甲始，被告人将走私物在我国境内已运输了较长的距离，而司法机关最后并没有考虑被告人同时触犯非法运输珍贵野生动物罪。可见，司法实践中并没有将走私物入境后的运输行为作为单独的行为处理（而是作为走私行为的一部分）。基于上述分析，对于被告人黄某某、蒙某定性为贩卖、运输毒品罪的质疑是有道理的，根据该案的事实，应当将两被告人的行为定性为走私、贩卖毒品罪。

显然，司法机关对裴某某和杨某某走私毒品一案的定性就不存在任何疑问。该案查明的事实及最后判决结果为：②

经审理查明，2014年4月6日，被告人裴某某与杨某某商定去越南取毒品海洛因带回中国广东电白县。当日，被告人裴某某和杨某某从广东电白县乘车到达广西东兴市并偷渡到越南。2014年4月13日早上，被告人裴某某、杨某某携带毒品从越南芒街偷渡进入我国东兴市，后在东兴市搭乘一辆粤K×××××号牌的班车欲返回电白县。当日中午，该班车行驶至防城港市防城区高速公路收费站口时被公安民警拦下。公安民警当场抓获被告人裴某某、杨某某，并从裴某某所携带的一个布袋内查获5块疑似毒品海

① 参见广西壮族自治区防城港市中级人民法院(2015)防市刑二初字第48号刑事判决书。

② 参见广西壮族自治区东兴市人民法院(2015)东刑初字第60号刑事判决书。

洛因，共净重175.4克。经检验，所查获的5块疑似毒品中均检出海洛因。

法院认为，被告人裴某某、杨某某违反我国毒品管理法规，明知是毒品而非法将其运输、携带进入我国境内，其行为已构成走私毒品罪。公诉机关指控的罪名成立。最后，被告人裴某某和杨某某犯走私毒品罪，均被判处有期徒刑15年，并处没收个人财产人民币3万元。

此案经庭审质证查实的“被告人的供述”所显示的具体内容为：（1）被告人裴某某供述，案发7日前，其提议和杨某某去越南找其“干妈”的朋友“阿猛”拿毒品“白粉”带回中国广东电白县，杨某某表示同意。当日，其和杨某某从广东电白县乘车到达东兴市，再从东兴市坐船偷渡到越南芒街市，最后乘车到达越南北江省北江市“阿猛”的家中，并在“阿猛”家中住了下来。数天后，其和杨某某从“阿猛”处拿到毒品后，携带毒品开始从越南返回中国广东。二人于2014年4月13日早上从芒街市坐船偷渡进入东兴市，然后在东兴市搭乘一辆班车欲返回广东电白县。班车行驶过防城港市区后不久遇公安民警上车检查，公安民警从其所携带的一个袋子内查获5块毒品“白粉”。（2）被告人杨某某供述，2014年4月6日，被告人裴某某向其提议去越南找她的“干妈”的朋友拿毒品海洛因带回中国广东电白县，其表示同意。当日，被告人裴某某和其从广东电白县乘车到达东兴市，再从东兴市坐船偷渡到越南芒街市，最后乘车到达裴某某“干妈”的朋友的家中，并在朋友家中住了下来。数天后，被告人裴某某和其从裴某某“干妈”的朋友处拿到毒品，并经其亲自验货后，携带毒品开始从越南返回中国广东。二人于2014年4月13日早上从芒街市坐船偷渡进入东兴市，当日9时30分许，在东兴市搭乘一辆由东兴市开往电白县的班车，后在经过防城港市防城区时被公安民警查获，公安民警从裴某某的袋子内搜出5块毒品海洛因。

从该案查明的事实来看，被告人裴某某、杨某某携带毒品从越南芒街偷渡进入我国东兴市后，在东兴市搭乘一辆粤K××××× 号牌的班车至防城港市防城区高速公路收费站口时被公安民警拦下并当场抓获，其运输毒品已有40公里左右的距离（笔者注），该案的公诉机关指控两被告人仅犯走私毒品罪，并得到法院的支持，说明二司法机关均没有将东兴至防城港市防城区高速公路收费站口这一段的运输进行单独评价，而是作为包含在走私毒品行为中予以认定，这无疑是正确的。

实践中，走私毒品人往往委托或雇请他人非法将走私的毒品运输或携带出入境至目的地，对于受托人或受雇人究竟如何定性，值得探讨。例如罗某某走私、运输毒品一案即为适例，该案公诉机关的指控、辩护人的意见、庭审查明的事实及法院判决的结果分别为：①

防城港市人民检察院指控，2012年9月14日，被告人罗某某伙同其他越南人从越南芒街市经中国广西东兴市春兰码头偷渡入境，乘坐从东兴市开往阳江市的客车，当其行至防城港市高速公路收费站时被防城港市公安局港口区边防支队民警人赃俱获，从其身体大腿内侧缴获两块可疑毒品，净重694克。经检验，可疑毒品均检测出海洛因，含量分别为40.28%和40.48%。公诉机关认为，被告人罗某某明知是毒品而予以走私、运输，其行为触犯了《刑法》第347条第2款第（1）项的规定，应当以走私、运输毒品罪追究其刑事责任。

被告人罗某某辩称其不知道携带的是毒品。其辩护人辩称：被告人罗某某是受人雇请进行运输，既不是毒品的所有人，也不是买家卖家，其单纯的运输行为具有从属性和辅助性，应当认定为从犯。

经审理查明，2012年9月14日，被告人罗某某受越南籍男子卑某某的委托，帮其带毒品送至中国广东省阳江市。当日，被告人罗某某伙同其他越南人从越南芒街市经中国广西东兴市春兰码头偷渡入境，乘坐从东兴市开往阳江市的客车，当其行至防城港市高速公路收费站时被防城港市公安局

---

① 参见广西壮族自治区防城港市中级人民法院（2013）防市刑二初字第35号刑事判决书。

民警抓获。次日，公安民警从其身体大腿内侧缴获两块可疑毒品，净重694克。经检验，可疑毒品均检测出海洛因，含量分别为40.28%和40.48%。

法院认为，被告人罗某某明知是毒品而予以走私、运输，其行为已构成走私、运输毒品罪。关于被告人罗某某主观上是否明知携带的是毒品的问题。经查，根据最高人民法院、最高人民检察院、公安部《关于办理毒品犯罪案件适用法律若干问题的意见》第2条关于认定被告人主观明知的规定，被告人罗某某有以下三个方面符合：1. 被告人罗某某供述卑某某给其1100元人民币作为路费，与其付出的劳动明显不等值，属于获取不同寻常的高额报酬；2. 被告人罗某某将毒品藏在大腿内侧，属于采用高度隐蔽的方式携带和运输毒品；3. 被告人罗某某采取偷渡的方式入境，行程路线绕开检查点，具有躲避检查的故意。关于被告人罗某某能否认定为从犯的问题。被告人罗某某供述提到的卑某某没有到案，本案没有其他证据证实是共同犯罪，应依照被告人罗某某的犯罪事实由其承担相应的刑事责任，故辩护人认为被告人罗某某是从犯的意见不能成立。最后，被告人罗某某以犯走私、运输毒品罪，被判处有期徒刑15年，并处没收个人财产人民币1万元，附加驱逐出境。

此案对于被告人罗某某行为的定性出现了争议。被告人罗某某的辩护人认为，被告人罗某某是受人雇请进行运输，既不是毒品的所有人，也不是买家卖家，其单纯的运输行为具有从属性和辅助性，应当认定为从犯，那么从辩护人的这一观点可以看出，其认为被告人仅构成运输毒品罪；而公诉机关和法院则均认定被告人构成走私、运输毒品罪。笔者认为，从该案的法律文书载明的被告人的身份信息（即被告人罗某某，男，傣族，越南五年级文化）来看，可以肯定的是，被告人属于越南公民无疑，其通过偷渡的方式非法携带毒品入境我国，其走私毒品的行为也当属无疑。由此，不管被告人是受他人委托或雇请，还是所谓的单纯运输毒品行为，基于非法携带毒品入境的事实，其均应构成走私毒品罪，因而辩护人的关于被告人仅构成运输毒品罪的观点并不可取。那么，司法机关对被告人定性为走私、运输毒品罪，又是否妥当呢？笔者认为，如果按照查明的事实“被告人罗某某受越南籍男子卑某某的委托，帮其带毒品送至中国广东省阳江市”，那么卑某某就是走私毒品犯罪人，被告人罗某某与其构成本罪的共犯；如果按照法院最后认定“被告人罗某某供述提到的卑某某没有到案，本案没有其他证据证实是共同犯罪，应依照被告人罗某某的犯罪事实由其承担相应的刑事责任”，那么被告人单独实施了非法携带毒品入境我国的犯罪行为，也构成走私毒品罪。如上所述，行为人携带毒品入境我国后的运输行为，是走私的后续行为，应为走私行为的一部分，所以本案中的被告人罗某某并不构成运输毒品罪，而是只构成走私毒品罪。由此，司法机关对本案的定性也是存在疑问的。

另外，实践中虽然有一定证据显示行为人实施了走私毒品的行为，但是现有证据的证明力达不到确实充分的程度，此种情形下对于行为人究竟如何定性，也是一个值得探讨的问题。如覃某某等运输毒品案：[①]

广西壮族自治区崇左市人民检察院指控，2017年3月6日晚，被告人覃某某与黄某某携带现金到越南购买到10块毒品后，由黄某某携带并乘坐刘某某驾驶的桂G××××× 长安牌越野车、覃某某乘坐桂A××××× 马自达轿车在前带路，前往南宁市，途经南友高速公路崇左服务区时被查获，民警还从覃某某身上查获冰毒2小包、麻古6粒。经称量，10块毒品净重3522.2克，2小包冰毒10.5克、6粒麻古0.5克。经检验，10块毒品均为海洛因，含量为67.9%—72.7%；冰毒和麻古均检出甲基苯丙胺成分。公诉机关认为，被告人覃某某、黄某某、刘某某明知是毒品而运输，其行为触犯了《刑法》第347条第2款第（1）项的规定，构成了运输毒品罪。三被告人构成共同犯罪，被告人覃某某、黄某某系主犯，被告人刘某某系从犯。

被告人覃某某辩称，其没有与黄某某到越南购买毒品，被查获的10块

---

① 参见广西壮族自治区崇左市中级人民法院(2017)桂14刑初83号刑事判决书。

毒品不是其的，其身上被查获的毒品是其用来自己吸食，其行为只构成非法持有毒品罪，不构成运输毒品罪。

经审理查明，2017年3月6日21时许，覃某某携带现金跟黄某某一起购买到10块毒品后，返回到广西壮族自治区龙州县水口镇和平村附近，覃某某叫被告人刘某某接应。后黄某某携带10块毒品乘坐刘某某驾驶的桂G××××× 长安牌越野车，跟随在由陈某驾驶的搭载着覃某某、王某某的桂A××××× 马自达轿车一起前往南宁市。3月7日1时许，当两车行驶至南友高速公路崇左服务区时被民警拦截检查，民警先从刘某某驾驶的车上查获毒品海洛因10块，随后又从覃某某身上查获冰毒2小包、麻古6粒。经称量，10块毒品净重3522.2克，2小包冰毒10.5克、6粒麻古0.5克。经检验，10块毒品海洛因含量为67.9%—72.7%；冰毒和麻古均含甲基苯丙胺成分。

法院认为，被告人覃某某、黄某某、刘某某违反我国对毒品的管理规定，明知是毒品仍然非法运输，其行为构成了运输毒品罪。公诉机关指控覃某某、黄某某、刘某某犯运输毒品罪事实清楚，证据确实充分，指控的罪名成立。最后法院以被告人覃某某犯运输毒品罪，判处死刑，缓期2年执行，剥夺政治权利终身，并处没收个人全部财产；以被告人黄某某犯运输毒品罪，判处无期徒刑，剥夺政治权利终身，并处没收个人全部财产；以被告人刘某某犯运输毒品罪，判处有期徒刑15年，剥夺政治权利4年，并处没收个人财产人民币5万元。

从此案查明的事实来看，对于被告人究竟如何定性的确是一个需要仔细甄别与确定的问题。虽然公诉机关指控被告人“到越南购买到10块毒品”，但其最后并没有将被告人的行为定性为走私毒品罪，而是以运输毒品罪向法院起诉。同时，虽然法院也支持了公诉机关指控的罪名，但是在对事实查明的表述上其却有意回避了10块海洛因的来源。这说明两司法机关均在认定被告人是否构成走私毒品罪的问题上存在疑虑。

我们先分析一下本案中的“被告人的供述及辩解”。(1)被告人黄某某的供述及辩解（附同步录音录像）：2016年年底，刘某某带我和“阿嘛”到越南玩，我跟“阿嘛”要了联系电话。过了春节，“阿嘛”打电话问我是否可以找到海洛因，我说现在不能。2017年3月4日或者5日，“阿嘛”又打电话问我要10块毒品，我就跟他说先帮他找找看。3月5日晚，刘某某打电话跟我说“阿嘛”要来，我就打电话给“阿嘛”叫他过来。3月6日早上，“阿嘛”打电话跟我说到了。11时许，我驾驶摩托车到越南联系毒品，越南那边说白天交易不了，要等21点左右，于是我返回，并和“阿嘛”他们在和平村那里等时间。18时许，刘某某来到。19时许我们一起吃饭后“阿嘛”就跟他带来的两个人去休息了，我和刘某某回家。21时许，我打电话叫“阿嘛”到我家这里来，“阿嘛”来到后，叫我到他的车上拿钱，我在他的车尾厢里拿到钱后放到刘某某的车上，然后我、刘某某、“阿嘛”3个人乘坐刘某某驾驶的车去和平村，路上“阿嘛”对我说纸箱里有74万元，然后他又给我1万元现金。到和平村后，由我驾驶摩托车跟“阿嘛”带着钱进越南要毒品，刘某某在和平村那里等我们。我和“阿嘛”到越南买到10块毒品后回到刘某某那里，把毒品放到刘某某车上的副驾驶座位脚踏处，然后我去放摩托车。接着刘某某驾驶车辆往科甲方向行驶，没走多远和“阿嘛”一起来的两个人驾驶车辆把“阿嘛”接走，“阿嘛”交代刘某某行走路线后就跟那两个人走了，我们跟在后面，其间，“阿嘛”打电话问刘某某到哪里了之类的话，后来我们在新和服务区碰头，然后继续跟着“阿嘛”的车走，到了一个服务区后，“阿嘛”的车被公安拦下检查，我们的车也被检查，当公安人员问我脚垫处那袋东西是什么并叫我下车检查时，我害怕就跑，当场被抓，刘某某也被当场抓了。（2）被告人刘某某的供述及辩解（附同步录音录像）：2016年10月，我和妻子回娘家时在宾阳跟狱友潘桂文吃饭，当时狱友覃某某也在场，覃某某问我是否可以找到海洛因，我说不知道。我回龙州后几天，覃某某跟一名男子到龙州，我带他们去越南吃饭，黄某某也去，他们相互留了电话号码。他回去后十几天，打电话跟我说听黄某某说可以找到毒品，叫我核实一下，我联系黄某某后黄某某说他没有钱，他叫我叫覃某某出钱。我跟覃某某说了后，他说可以，但要我们送到南宁给他，他给我们3万元报酬。2017年2月18—20日那段时间，我听黄某某说，他联系覃某某拿钱来要货，后覃某某自己驾驶一辆大众车拿78万元现金到黄某某家，黄某某进越南拿了样品出来给覃某某验货，覃某某验货后说货不行，钱先放在黄某某那里，等有好货再下来，当晚他就回去了。2017年3月5日中午，黄某某跟我说越南那边找到好货了，已叫覃某某下来。当天我去崇左考试，是黄某某接待他们。16时许，我回到龙州县后，通过微信问覃某某在哪里，他说在和平关卡那里，现在越南那边过不去。晚上覃某某和他的两个朋友、黄某某在我租的房子里吃饭，然后我们就各自散了，覃某某说有活干再通知我。22时许，覃某某微信通知我去接黄某某，我驾驶长安车去到关卡处没有看见他们，就继续往前开约1公里，看见黄某某手上拿着一个黑色塑料袋跟覃某某站在路边，旁边还有一辆红色摩托车。黄某某把手上的袋子放到我车上，叫我沿科甲方向走。覃某某的车走在我们前面，一直沿着龙州县逐卜镇到大新县雷平镇，然后上那合高速公路，路上黄某某跟我说袋子里是10块海洛因。我们两车在新和服务区加油后继续沿高速公路走，3月7日1时许到达崇左服务区时被公安人员拦车检查，因毒品放在黄某某座位前脚垫处，黄某某慌了逃跑，被当场抓获，我也被带回公安机关问话。

应当说，根据上述黄某某和刘某某的供述，的确在诸多方面可以显示出本案涉及的10块海洛因是从越南购买。比如，黄某某供述其"驾驶摩托车到越南联系毒品，越南那边说白天交易不了，要等21点左右""到和平村后由我驾驶摩托车跟'阿嘛'带着钱进越南要毒品"以及"我和'阿嘛'到越南买到10块毒品后回到刘某某那里，把毒品放到刘某某车上的副驾驶座位脚踏处"，等等；又比如，刘某某供述"黄某某进越南拿了样品出来给覃某某验货，覃某某验货后说货不行""2017年3月5日中午，黄某某跟我说越南那边找到好货了"，等等；再比如，本案中出现的"科甲""和平村"及"和平关卡"等村名、地点均处于中越边境的我国一侧，离中越边境线十分近。笔者认为，如果在临陆地边界区域运输、收购、贩卖毒品作为准走私的情形处理，那么完全可以推定各被告人构成走私毒品罪。当然，刑法只规定了在内海、领海、界河、界湖区域的准走私情形，所以本案对被告人就无法作出推定并以走私毒品罪定性。鉴于本案所涉10块海洛因的来源只有被告人的供述，没有其他证据佐证，所以司法机关均在认定被告人是否构成走私毒品罪的问题上存在疑虑，是有道理的。

针对司法实践中出现的上述问题，《2008年纪要》第1条第1款明确规定:《刑法》第347条规定的走私、贩卖、运输、制造毒品罪是选择性罪名，对同一宗毒品实施了两种以上犯罪行为并有相应确凿证据的，应当按照所实施的犯罪行为的性质并列确定罪名；对同一宗毒品可能实施了两种以上犯罪行为，但相应证据只能认定其中一种或者几种行为，认定其他行为的证据不够确实充分的，则只按照依法能够认定的行为的性质定罪。据此，在上述案件中，鉴于被告人运输毒品具有相应的确凿证据，而走私毒品的证据则不够确实充分，司法机关最后对被告人以运输毒品罪追究刑事责任，无疑是正确的。

第二章 贩卖毒品罪

第一节　贩卖毒品行为的认定

一、“贩卖”的内涵及其认定

关于何为本罪的“贩卖”，在理论界存在不同的理解，有的理解即使相近，在表述上也存在差异。例如，有的认为：“贩卖毒品，是指有偿转让毒品的行为。有偿转让毒品，即行为人将毒品交付给对方，并从对方获取物质利益。”[①]有的认为，贩卖毒品中的“贩卖”，应当是以流通为目的且行为人能按照自己的意志进行有偿的转让毒品所有权的行为。其中，贩卖毒品要求对毒品具有流通目的，这是贩卖毒品罪的实质特征；贩卖毒品行为要求对毒品拥有事实上的控制权和处分权，且转让毒品事实上的所有权时是按照自己的意志进行的；贩卖应以有偿转让为其表现形式，即无偿提供毒品的行为不能认定为贩卖。[②]有的认为：“贩卖毒品，是指有偿转让毒品或者以卖出为目的而非法收购毒品的行为。”[③]有的认为，贩卖毒品，是指以批发、零

---

① 张明楷：《刑法学（下）》，法律出版社2016年版，第1142页。

② 参见张洪成、黄瑛琦：《毒品犯罪法律适用问题研究》，中国政法大学出版社2013年版，第94—96页。

③ 高铭暄、马克昌：《刑法学》，北京大学出版社、高等教育出版社2017年版，第594页。

售等方式有偿转让毒品的行为或者以贩卖为目的而收购毒品的行为。[①]有的认为，贩卖毒品中的“贩卖”，是指明知是毒品而非法销售或者以贩卖为目的而非法收买的行为。[②]

总结起来，上述前四种观点的共同点是均强调了贩卖毒品的“有偿性”，最后一种观点则没有明确这一要求；前两种观点认为贩卖仅指“转让”，亦即只有出卖毒品这一种行为，而后三种观点认为贩卖除出卖毒品以外，还包括为贩卖目的而收买（收购）的单纯的购买行为。

1994年12月20日颁布的最高人民法院《关于适用〈全国人民代表大会常务委员会关于禁毒的决定〉的若干问题的解释》对贩卖的定义是：“明知是毒品而非法销售或者以贩卖为目的而非法收买毒品的行为。”据此，贩卖毒品的行为方式具体包括如下两大类：一类是销售行为。根据销售毒品来源的不同，此类方式又分为两种情形。一种是先从他人处购买毒品，然后转手卖给别人，此种方式存在买和卖两个行为，是实践中最典型的贩卖毒品类型。另一种情形是将自己制造或者捡拾到的、家中祖传下来的毒品出售牟利的行为，此种情形只是单纯的卖出行为，没有“买”的行为。另一类是购买行为。此类行为要求行为人非法收买毒品必须是以贩卖为目的，亦即，以贩卖为目的的单纯收买行为也构成贩卖毒品罪。

对于上述司法解释给贩卖所作的定义，有的学者持肯定的态度，认为“实践中依据此司法解释来定义贩卖行为是合理的”。[③]不过，该司法解释将“以贩卖为目的而非法收买”的行为作为贩卖行为之一，从而导致在刑法理论上和司法实践中有将单纯购买毒品的行为作为本罪的未遂乃至既遂处理之嫌，所以，其也遭到了一些学者的反对。如有学者认为，单纯购买毒品的行为并不属于刑法的规制对象，因为《刑法》第347条仅规定了贩卖毒品罪，

---

① 参见贾宇主编：《刑法学》，中国政法大学出版社2017年版，第435页。

② 参见陈兴良：《规范刑法学（下册）》，中国人民大学出版社2013年版，第1034页。

③ 谢望原、赫兴旺主编：《刑法分论》，中国人民大学出版社2011年版，第361页。

而没有规定购买毒品罪。同时，“贩卖”毒品并不意味着必须先购买毒品再出卖毒品，例如，行为人拾得海洛因后出卖给他人的，肯定成立贩卖毒品罪。显然，贩卖毒品就是指出卖毒品，那么，购买毒品的行为就不是贩卖毒品的实行行为，亦即，出于贩卖目的而非法购买毒品的，属于贩卖毒品的预备行为。[①] 还有学者以《刑法》第 240 条为例进行分析后认为，由于刑法将以出卖为目的的“收买”和“贩卖”并列规定作为拐卖妇女、儿童罪的实行行为，所以这里的“贩卖”只能被规范地解释为出卖。而在贩卖毒品罪中，因《刑法》第 347 条并没有将“以贩卖为目的而非法购买毒品的行为”与“贩卖”并列规定，所以在解释论上就不能将“以贩卖为目的而非法购买毒品的行为”作为贩卖毒品的实行行为。该论者进一步指出，从本质上讲，以贩卖为目的而非法购买毒品的行为属于为贩卖毒品制造条件，是毒品犯罪的预备行为。因此，立法者不能将犯罪的预备行为与实行行为规定在同一法条，适用相同的法定刑，司法解释和学理解释更不能将犯罪的预备行为解释为犯罪的实行行为，否则，便违背了罪责刑相适应的公理性原则。[②]

笔者认为，不管如何界定本罪的“贩卖”，其归根结底就是出卖毒品。亦即，无论行为人是买进卖出，还是直接卖出（指自有毒品的情形），要构成本罪，所依据的最终的客观样态就是行为人出卖了毒品。就司法解释对“贩卖”的界定而言，其确立的“非法销售”与“以贩卖为目的而非法收买毒品”两种情形，虽然后者看似为单纯的购买行为，但因有“以贩卖为目的”的限定，其实际上最终还是要落到“贩卖”的原意（即买进毒品再卖出去）。所以归结起来，司法解释规定的两种情形最终也无非是出卖毒品，只不过对于“非法销售”毒品的情形，是以“现场”为认定依据，而“以贩卖为目的而非法收买毒品”的情形，要认定行为人构成本罪尚需证据证实其持

---

a 参见张明楷：《刑法学（下）》，法律出版社 2016 年版，第 1143 页。

② 参见李运才：《毒品犯罪的死刑限制与废止》，中国人民公安大学出版社 2013 年版，第 88—89 页。

“以贩卖为目的”的主观心态而已。

依笔者的理解，司法解释将“以贩卖为目的而非法收买毒品”确立为本罪的贩卖行为，其用意应当是指明该种行为也属于贩卖毒品的方式，其目的是将此种情形提前纳入刑法的视野，以达到严厉惩治和有效控制贩卖毒品犯罪的目标，因而是界定本罪“贩卖”的内涵层面的问题。亦即，该种行为也成立本罪，至于其是预备行为还是实行行为，购买行为实施完毕后是本罪的未遂还是既遂，则是另一个需要分析并予厘定的问题。但是，该解释将“非法销售”与“以贩卖为目的而非法收买毒品”两种行为作并列规定，的确有不尽科学、合理之嫌。因为，以贩卖毒品最终显示的客观样态“出卖”为坐标，“非法销售”显然是实行行为，而“以贩卖为目的而非法收买毒品”则不属于实行行为（应当是贩卖毒品的预备行为）。所以，将两种不同性质的行为并列规定，就会有将单纯购买毒品实施完毕的行为视为既遂的可能，[①] 而这无疑会造成刑法理论的混乱。同时，单纯的购买毒品的行为，要么不构成犯罪（例如吸食者购买不超过 10 克的海洛因仅用于自己吸食的），要么可能构成非法持有毒品罪（例如购买了 10 克海洛因并用于自己吸食的），要么可能构成运输毒品罪（例如购买 10 克以上海洛因虽不用于贩卖但进行运输且在运输途中被查获的），所以，此种情形下要成立贩卖毒品罪，就必须存在“以贩卖为目的”这一前提。而要解决这一前提，就要收集证据证实行为人具有这一“目的”，而这却恰恰成为司法实践中的一个“吃力不讨好”的难题，那就是耗费了司法资源，却可能得不到服众的结果。实际上，行为人购买毒品后是否真的用于贩卖，并不能仅从购买毒品这一行为作出直接认定，而是应当以行为人出卖毒品的客观行为为最终的认定标准。另外，司法解释如此规定还给司法实践带来了适用上的困境。笔者且以韦某

① 事实上有的学者以及实务界人士就是将购买毒品成功的行为直接认定为既遂，应当说，将“以贩卖为目的而非法收买毒品”从内涵层面延伸到本罪既遂、未遂的层面来对其加以理解或运用，是对该解释原意的一种曲解或误读。

某运输毒品案为例，[1]对此加以具体说明。

田林县人民检察院指控，被告人韦某某因为没有钱用，为了从中赚取差价，便想到要贩卖毒品。2017年7月23日，被告人韦某某来到百色市右江区，联系一名外号“卢哥”的男子，购买了2800元毒品，后搭乘一辆车牌号为桂L××××× 的面包车从百色市返回隆林各族自治县。当面包车行至隆百高速沙梨出入口时，被告人韦某某被公安人员当场查获。经称重和鉴定，从被告人韦某某身上查获的毒品可疑物净重10.33克，从中检出甲基苯丙胺。

对指控的事实，公诉机关当庭出示了相关证据，认定被告人韦某某违反国家对毒品的管制，非法运输毒品甲基苯丙胺10.33克，其行为已触犯《刑法》第347条第1款和第3款的规定，应当以运输毒品罪追究其刑事责任。

经审理查明，被告人韦某某因为没有钱用并欠贷款，为了从中赚取差价，便想到要贩卖毒品。2017年7月23日上午，被告人韦某某来到百色市右江区，联系一名自称“小卢”（卢哥）的男子，并通过罗某2（哥弟、哥第）手机微信转账2800元人民币到其手机，接着，被告人韦某某也通过其手机微信将该笔款转账到“小卢”的手机，向“小卢”购买了一包毒品，并携带该毒品搭乘一辆车牌号为桂L××××× 的“五菱”牌小型普通客车从百色市右江区返回隆林各族自治县。当天13时许，该车行至隆百高速沙梨收费站出入口时，被告人韦某某被公安人员当场抓获，公安人员从被告人韦某某身上查获毒品可疑物。经称重和鉴定，该毒品可疑物净重10.33克，从中检出甲基苯丙胺。

法院认为，被告人韦某某违反国家对毒品的管制规定，非法运输毒品甲基苯丙胺10.33克，其行为已触犯刑律，构成运输毒品罪，应依法追究其刑事责任。本案事实清楚，证据确实充分。公诉机关指控的罪名成立。法

[1] 参见广西壮族自治区田林县人民法院(2017)桂1029刑初175号刑事判决书。

院最后以被告人韦某某犯运输毒品罪，判处有期徒刑7年，并处罚金3000元人民币。

从查明的事实来看，此案是因“被告人韦某某因为没有钱用并欠贷款，为了从中赚取差价，便想到要贩卖毒品”而引发，应当说这完全符合“以贩卖毒品为目的而非法收买毒品”的要求，同时被告人是在购买毒品后的返回途中被查获，因而对被告人应以贩卖、运输毒品罪论处。但此案中，司法机关对被告人仅定性为运输毒品，而没有将贩卖毒品纳入其中一并追究被告人的刑事责任，这似乎有些难以理解。然而仔细推敲之下，这并不是司法机关的疏忽，而是出现了证据不够确实充分及难以调适的问题。其主要是：根据《2008年纪要》的要求：“对同一宗毒品可能实施了两种以上犯罪行为，但相应证据只能认定其中一种或者几种行为，认定其他行为的证据不够确实充分的，则只按照依法能够认定的行为的性质定罪。”而本案如果要将被告人购买毒品的行为定性为贩卖毒品而构成贩卖毒品罪，那么此时因其尚未出售毒品，显然仅以“被告人韦某某因为没有钱用并欠贷款，为了从中赚取差价，便想到要贩卖毒品”的想法为依据认定其是贩卖毒品，这未免有些勉强；同时，即使将“以贩卖为目的而非法收买毒品”确定为贩卖毒品的行为，那么购买毒品也应为贩卖毒品的预备行为（与众多学者一样，笔者也坚持出卖毒品是本罪的实行行为并以毒品实际交付为既遂的标准，具体理由见下述），而被告人是在从百色市右江区返回隆林各族自治县的途中被查获，其运输毒品已经有较长的距离，显然其运输毒品的行为已成立（不过此种情形属于未遂，具体理由见后述）。按规定，对同一宗毒品实施了两种以上犯罪行为并有相应确凿证据的，应当按照所实施的犯罪行为的性质并列确定罪名，此时就要将处于预备形态的贩卖毒品罪与处于未遂形态的运输毒品罪并列，对被告人以贩卖、运输毒品罪论处，但这样的处理结局无疑是尴尬的，亦即，最后对被告人的处理实际上还是以处于未遂的运输毒品罪发挥作用，而贩卖毒品罪在本案中的存在却可能只是徒有虚名。所以，本案中的司法机关最终并没有以“以贩卖为目的而非法收买毒品”为依据将被告人定性为贩卖毒品罪，而是仅以运输毒品罪追究被告人的刑事责任，可能是（或正是）基于贩卖毒品的证据不够确实充分以及为避免上述尴尬情形而所作的考虑。

由此看来，司法解释将“以贩卖为目的而非法收买毒品”确定为贩卖毒品的行为，不仅在本罪既遂、未遂的认定上给刑法理论造成了混乱，而且给司法实践带来了“以贩卖为目的”证明上的难题，同时也造成了适用上的困惑，这不能不说是一处“败笔”。另外，该规定实际上也不实用。因为如上所述，单纯购买毒品的行为不仅可能构成非法持有毒品罪，同时还可能构成运输毒品罪，亦即，对于此种行为的调控并不是没有现成的刑法资源，而且动用运输毒品罪同样可以达到严厉惩治此类毒品犯罪的目标。所以，该规定似有画蛇添足之嫌。相反，上述有学者将本罪的“贩卖”简洁地定义为“有偿转让毒品的行为”是完全正确的，因为该定义不仅符合“贩卖”的原意，且易于实践操作。同时，其涵摄面既宽广又精确，亦即，无论行为人基于何种目的、出于什么动机，只要是出卖毒品就可将其认定为贩卖，这样无疑可以避免司法解释关于“以贩卖为目的而非法收买毒品”情形下所导致的上述各种问题。

当然，既然司法解释已成定局，那就理应遵循并予执行，接下来的任务应是如何对“以贩卖为目的而非法收买毒品”加以运用。总括起来，其需要解决两大问题：一是以贩卖为目的而非法收买毒品的行为虽然构成贩卖毒品罪，但收买行为实施完毕是否为本罪的既遂；二是实践中究竟如何对“以贩卖为目的”作出判断。关于第一个问题，笔者将在下文进行具体探讨，而就第二个问题在此略抒己见。

有道是“解铃还须系铃人”，笔者认为，当下的权宜之计就是通过司法解释，围绕“以贩卖为目的”的认定，与“明知”毒品的确立一样也建立一套推定的规则体系。亦即，由于此种情形不像销售毒品那样有直接的证据证实（即现场的交易行为），而是需要通过其他的一些间接证据予以综合判断，所以必须要使用刑事推定的方法认定行为人非法购买毒品的目的是用于贩卖。我们暂以黎某维等贩卖、运输毒品一案为例，通过该案所展现的事实进行剖析与归纳，从中探寻出该案行为人“以贩卖为目的”的推定规则，并为他案在认定“以贩卖为目的”问题上提供示范性指导。该案公诉机关的指控、被告人辩解及辩护人的辩护意见、审理查明的事实、法院评析和最后判决结果分别如下：①

公诉机关广西壮族自治区崇左市人民检察院指控，2017 年 3 月 24 日 15 时许，被告人黎某维、黎某杆从广西南宁市横县前往凭祥市，以 17 万元人民币的价格向他人购买了 2 块毒品，后携带上述毒品搭乘桂 A××××× 出租车返回横县。当日 23 时许，当车辆行驶至南友高速公路崇左服务区（崇左往南宁方向）时，在此例行检查的公安民警当场在该车驾驶座位置下方查获 2 块疑似毒品，并抓获被告人黎某维、黎某杆。经称量，缴获的 2 块疑似毒品物共净重 701.8 克。经提取样品送检，从所送检材中均检出海洛因，含量分别为 70.8%、70.5%。

公诉机关认为被告人黎某维、黎某杆的行为触犯了《刑法》第 347 条第 2 款第（1）项的规定，构成贩卖、运输毒品罪。

被告人黎某维和黎某杆均辩称其不构成贩卖毒品罪；被告人黎某维和黎某杆的辩护人均辩称两被告人不构成贩卖毒品罪，仅构成运输毒品罪，且属于犯罪未遂。

经审理查明，2017 年 3 月 24 日 15 时许，被告人黎某维、黎某杆从广西南宁市横县搭乘一辆车牌号为桂 A××××× 的出租车前往凭祥市。19 时许，二人乘车到达凭祥市市区后，以 17 万元人民币的价格向他人购买了 2 块毒品，并携带上述毒品再次搭乘桂 A××××× 出租车返回横县。当日 23 时许，当车辆行驶至南友高速公路崇左服务区（崇左往南宁方向）时，在此例行

① 参见广西壮族自治区崇左市中级人民法院 (2017) 桂 14 刑初 77 号刑事判决书。

检查的公安民警当场在该车驾驶座位置下方查获2块疑似毒品，并抓获被告人黎某维、黎某杆。经称量，缴获的2块疑似毒品物共净重701.8克。经提取样品送检，从所送检材中均检出海洛因，含量分别为70.8%、70.5%。

法院对被告人及辩护人关于所犯罪名的问题作出如下评判：经查，被告人黎某维、黎某杆的供述相互印证证实两被告人携带毒资从横县到凭祥跟他人购买毒品后，再携带毒品乘车返回横县欲进行贩卖，途中被公安人员查获，且该事实有被查获的毒品实物、证人证言、所乘车辆通行的相关书证、电子证据予以证实，足以证实两被告人购买毒品并予以运输的事实，应以贩卖、运输毒品罪追究其刑事责任。对两被告人及其辩护人认为两被告人仅构成运输毒品罪，不构成贩卖毒品罪的意见不予采纳。

法院认为，被告人黎某维、黎某杆违反我国有关毒品管理的规定，贩卖、运输毒品海洛因，其行为触犯了《刑法》第347条第2款第（1）项之规定，构成贩卖、运输毒品罪。公诉机关指控被告人黎某维、黎某杆犯罪的事实清楚，证据确实充分，指控的罪名成立。最后，被告人黎某维和黎某杆均以犯贩卖、运输毒品罪，被判处无期徒刑，剥夺政治权利终身，并处没收个人全部财产。

本案中，两被告人均辩称其不构成贩卖毒品罪，二者的辩护人也均认为两被告人仅构成运输毒品罪，而不另构成贩卖毒品罪，其理由可能是本案的既有证据不能证实两被告人是为贩卖而购买毒品。应当说，法院就被告人所犯罪名的问题所作出的评判理由并不充分，所以辩护人的观点并不是没有任何道理。因为法院在对被告人关于所犯罪名的评判中，只有“被告人黎某维、黎某杆的供述相互印证证实两被告人携带毒资从横县到凭祥跟他人购买毒品后，再携带毒品乘车返回横县欲进行贩卖”与此相关，至于“被查获的毒品实物、证人证言、所乘车辆通行的相关书证、电子证据”等只能证明两被告人购买了毒品和运输了毒品，但是这些不能直接作为证实两被告人是“以贩卖为目的而非法购买毒品”的证据。由此，本案的关键，就是能否仅依据两被告人的供述直接认定其基于贩卖的目的而非法购买毒品，从而以贩卖毒品罪追究其刑事责任。显然，本案仅以被告人的供述相互印证为由认定其具有“贩卖毒品的目的”的力度是不够的（何况从被告人黎某杆的供述可以看出两被告人购买毒品用于贩卖的目的并不明显，见下述），因为那只是同类证据间的相互印证，并没有其他相关证据予以佐证。根据《刑事诉讼法》第55条第1款的规定，对一切案件的判处都要重证据，重调查研究，不轻信口供。只有被告人供述，没有其他证据的，不能认定被告人有罪和处以刑罚。2013年1月1日起施行的《最高人民法院关于适用〈中华人民共和国刑事诉讼法〉的解释》第61条规定，认定案件事实，必须以证据为根据；第64条规定，被告人“实施犯罪的动机、目的”，是应当运用证据证明的案件事实之一；第80条规定，对被告人供述和辩解应当着重审查的内容之一包括“被告人的供述和辩解与同案被告人的供述和辩解以及其他证据能否相互印证，有无矛盾”。所以，关于本案中两被告人购买毒品的目的是否用于贩卖，在没有直接证据证实的情况下，应该通过其他证据进行佐证，通过推定并予以充分的说理，才能认定其构成贩卖毒品罪，否则，似有强人所难而难以服众。

其实，本案并不缺乏可用于推定两被告人是为贩卖而非法购买毒品的资源。根据单纯购买毒品行为所具有的诸多特性以及本案所展现的诸多事实，笔者初步认为，可以通过以下要素的组成，并运用逻辑规则逐步推定行为人是否以贩卖为目的而非法购买毒品：一是查明购毒者是否为吸毒者。如果是吸毒者，且购买的是极少量毒品，则可以认定其属于自己吸食，不构成犯罪（除非发现其贩卖）。而从本案提供的“人体生物样本检测报告”来看，经提取被检测人黎某维、黎某杆的检测样本进行吗啡、氯胺酮、甲基安非他明成分检测，黎某杆的吗啡、甲基安非他明检测结果呈阳性，其余检测结果均为阴性。显然，该检测报告至少可以排除被告人黎某维购买毒品是用于自己吸食，从而基本排除两被告人购买毒品均用于自己吸食的可能。二是看购买毒品的数量。该案查明，两被告人以17万元人民币的价格向他人购买了共净重701.8克的2块毒品海洛因，这显然超出了合理吸食量而有违常理。亦即，即使查明两被告人均为吸毒者，但其也无法合理解释是仅用于自己吸食，当然也无法解释是作为收藏，甚至是欣赏之用，因此，本案中两被告人购买数量如此大的毒品，应当可以推定其是为贩卖而购买。三是剖析被告人的供述及其他证据。本案法律文书所载的被告人供述的内容分别为：（1）黎某维的供述。“2017年3月23日中午，我和黎某杆商量从横县去凭祥市购买毒品回到横县百合贩卖。3月24日中午，我联系黎某叫他开出租车送我们到凭祥市，之后黎某和一名女子就开出租车在横县搭我和黎某荣来到凭祥市，到了凭祥市后，我再到银行领了15000元，之后我和黎某杆共用17万元向一名绰号叫‘三弟’的男子购买了两块毒品海洛因，我们购买到毒品后，就到高速公路旁边的小路等黎某，而黎某就从凭祥上高速后开往南宁方向五六公里的路边接我和黎某杆，当时黎某杆就携带两块毒品上车，后就开往南宁方向，当我们来到南友高速公路崇左服务区时当场被公安人员抓获，公安人员当场在我们所搭出租车驾驶室座位底下查获两块毒品海洛因。”（2）被告人黎某杆的供述。“2017年3月24日11点钟左右，黎某维和一名不知名的女子驾驶一辆车牌号码为桂A×××××的蓝色大众牌出租车来到我家接我，当时黎某维跟我说‘走，备好几天吃的东西，出趟远门（黎某维所说的吃的东西是指毒品海洛因）’。当时黎某维也没有说要去哪里，但我听黎某维这样说心里也明白黎某维这是要带我去买毒品过来卖。……”从两被告人的供述来看，黎某维已经明确表明了其与黎某杆商量购买毒品是用于贩卖的，虽然黎某杆对此表白并不十分明确，但毕竟其说“心里也明白黎某维这是要带我去买毒品过来卖”，而且综合购买毒品的数量以及二者在购买、运输毒品过程中的配合进行分析，应当判断出黎某杆与黎某维一样，也具有“贩卖毒品的目的”，从而可得出两被告人供述能达到相互印证的结论。

综上，两被告人中只有一人为吸毒者，但购买701.8克的毒品海洛因显然已超出合理的吸食量，两被告人的行为均有违常理，且其在庭审中均对这种反常行为没有作出合理解释，同时两被告人的供述与其他相关证据在逻辑上具有自洽性，那么，根据已知的客观事实，应推定两被告人具有“贩卖毒品的目的”，从而以贩卖、运输毒品罪追究其刑事责任。如果本案在评判被告人所犯罪名时，以上述几点作为说理的依据，应当说就更能达到裁判说理的充分性，并能实现刑事司法效果与政治效果、社会效果统一的目标。

二、赠与毒品行为的定性

在中越边境地区，往往由中越两国贩毒犯罪分子共同实施犯罪的情形较多，其方式有的采取将毒品运输出入境后，留置在同伙处让同伙寻机出售。当行为人被抓获后为保护同伙，往往称该毒品是某人赠送的。如廖某贩卖毒品一案，被告人廖某供述称：其与一个叫“阿贤”的越南婆同居生活。十几天前（日期不记得了），“阿贤”和一名越南仔来到其家，“阿贤”跟其说其侄子从越南带出来的一袋冰毒，他们销不出去，让其拿去销售，卖得多少钱都归其。其就将这些冰毒带回家藏好。过几天后有个叫“阿某”的人通过“阿华”联系其说要买毒品，其跟‘阿某’联系试货并商量好交易冰毒的细节。二人约定交易价格为 50 元一克，其有 100 多克冰毒。2016 年 1 月 11 日，“阿某”叫其到亭亮乡交易，其带着冰毒到亭亮乡旧部队营房的一条小路附近跟“阿某”和他带来的老板交易时，被公安民警抓获。[①]

对于赠与毒品的行为能否构成本罪，理论上存在两种不同的观点。否定的观点认为，贩卖毒品是有偿转让，如果是无偿转让，如赠与、无偿提供给他人吸食等，则不属于贩卖毒品。[②] 肯定的观点则认为，赠与毒品应属

---

① 参见广西壮族自治区崇左市中级人民法院 (2016) 桂 14 刑终 105 号刑事裁定书。

② 参见张明楷：《刑法学（下）》，法律出版社 2016 年版，第 1143 页。另参见王联合：《毒品犯罪的几个疑难问题研究》，载《中国刑事法杂志》2003 年第 4 期。

于贩卖毒品的性质。其理由是：赠与和买卖的区分只是民法上对处分的理论区分，但并不影响交易对象占有转移事实的认定，更不影响毒品进入流通市场的事实评价和价值评价。换言之，赠与和买卖只有无偿和有偿的区别，只要行为人通过交易转移了毒品的占有，那么毒品的危害就从行为人的身心健康扩散为不特定人群的身心健康，其社会危害性是一样的。因此，贩卖毒品罪的行为应当扩大解释为所有转移毒品占有的行为，包括赠与毒品的行为。另外，如果认为赠与毒品的行为不构成贩卖毒品罪，更多毒品犯罪分子可以以无偿转让毒品提出抗辩，这明显是与毒品犯罪的防治对策相冲突的。①

实务部门似乎倾向于第一种观点，如莫某贩卖毒品案即为适例：②

广西壮族自治区乐业县人民检察院指控：潘某是被告人莫某的男朋友，莫某平时住在潘某租住的右江区城北凤凰巷乐居苑 ×× 栋 ×× 单元 ×× 号房。2017 年 11 月 25 日 15 时许，莫某用微信联系“阿兰”要购买毒品，随后潘某与莫某将“阿兰”接到自己的租房，三人一起吸食毒品。不久，黄某带着夏某、朱某找到莫某要购买毒品，莫某告知没有毒品卖，在旁的“阿兰”说自己帮联系毒品。约 1 小时后，“阿兰”拿得一包毒品回到租房，后来“阿兰”将毒品送给莫某。之后，夏某出资 100 元、朱某出资 150 元向莫某购买了 250 元毒品，随后，黄某、夏某、朱某三人将购买的部分毒品当场吸食。莫某、潘某、黄某、夏某、朱某被公安人员当场抓获，从夏某处扣押了 2 颗海洛因（分别净重 0.1 克和 0.06 克），从莫某处扣押毒资 250 元。经百色市公安局物证鉴定所鉴定，从夏某处扣押疑似毒品小零包均检出海洛因成分。

公诉机关认为，被告人莫某违反国家毒品管理制度，明知是毒品而贩卖，其行为触犯了《刑法》第 347 条之规定，犯罪事实清楚，证据确实、充分，

① 参见李永升主编：《刑法案例与规范》，中国法制出版社 2017 年版，第 389—390 页。

② 参见广西壮族自治区乐业县人民法院 (2018) 桂 1028 刑初 11 号刑事判决书。

应当以贩卖毒品罪追究其刑事责任。

经审理查明，2017 年 11 月 25 日 15 时许，莫某用微信联系“阿兰”要购买毒品，随后潘某与莫某将“阿兰”接到潘某租住的右江区城北凤凰巷乐居苑 ×× 栋 ×× 单元 ×× 号房，三人一起吸食毒品。不久，黄某带着夏某、朱某找到莫某要购买毒品，莫某告知没有毒品卖，在旁的“阿兰”说自己帮联系毒品。约 1 小时后，“阿兰”拿得一包毒品回到租房，后来“阿兰”将毒品送给莫某。之后，夏某出资 100 元、朱某出资 150 元，二人向莫某购买了 250 元的毒品。黄某、夏某、朱某三人将购买的部分毒品在潘某租住的房屋内当场吸食。随后，莫某、潘某、黄某、夏某、朱某被公安人员当场抓获，并从夏某处扣押了 2 颗海洛因（分别净重 0.1 克和 0.06 克），从莫某处扣押毒资 250 元。经百色市公安局物证鉴定所鉴定，从夏某处扣押疑似毒品小零包均检出海洛因成分。

法院认为，被告人莫某违反国家毒品管制法规，明知是毒品而故意贩卖，危害公民健康，破坏社会秩序，其行为已触犯我国刑律，构成贩卖毒品罪。公诉机关指控被告人莫某的犯罪事实清楚，证据确实、充分，指控其犯贩卖毒品罪成立，适用法律意见正确。最后法院以被告人莫某犯贩卖毒品罪，判处有期徒刑 8 个月，并处罚金人民币 2000 元。

此案中，当黄某带着夏某、朱某找到莫某要购买毒品，而莫某告知没有毒品卖时，在旁的“阿兰”主动帮联系毒品，约 1 小时后拿得一包毒品回到租房并“将毒品送给莫某”。从之后发生的事实来看，此案所涉贩卖的毒品的确可以定性为是“阿兰”赠与了被告人莫某。因为公安人员当场抓获莫某、潘某、黄某、夏某、朱某时，从夏某处扣押了 2 颗海洛因，从莫某处扣押了毒资 250 元，这说明此案中毒品交易的双方就是莫某（出卖方）与黄某、夏某、朱某（购买方）。根据本案的事实，暂且不论“阿兰”是否为侦查机关的特情，但是可以确定的是，司法机关并没有将其联系毒品并赠与毒品的行为认定为贩卖毒品而对其追究刑事责任。

笔者认为，如果将贩卖毒品确立为一种有偿转让的行为，那么赠与毒品的行为就一般不构成本罪。关于本罪究竟是否以“有偿”为条件，理论上存在不同的看法。例如，有学者就认为，与《刑法》第352条“非法买卖、运输、携带、持有未经灭活的罂粟等毒品原植物种子或者幼苗”中的“买卖”强调有偿性不同，贩卖则不以有偿性为条件，对于毒贩无偿为他人提供试验性新开发毒品的行为，由于其危害性与传统贩卖无差异，所以无偿提供毒品的行为要以贩卖毒品罪论处。[①]不过，中外学界大多数认为贩卖毒品是以有偿为条件。例如，上述我国学者给贩卖毒品的定义中，均有“有偿转让”的条件限制，这似乎成了我国的主流观点。在日本，学者在对走私鸦片烟罪中的“贩卖”进行定义时，也大多附有“有偿转让”的限制内容。例如，大谷实教授认为，所谓贩卖，是出于反复意思而有偿转让。[②]大塚仁教授也认为，所谓进行贩卖，仅指有偿地转让给不特定或者多数人。[③]

从语义上看，有偿是指“有报酬的，需付费的”。[④]由于贩卖毒品具有“交易”的性质，而且其核心用语是“出卖”，为此将“有偿性”作为贩卖毒品的条件，是与“交易”的特性以及“出卖”的核心用语相吻合的，同时也符合日常生活习惯及大众心理。另外，从司法解释给贩卖毒品的定义来看，其两种并列的行为“非法销售”和“以贩卖为目的而非法收买”也蕴含了“有偿性”的条件。因为，就前者而言，“销”有“出售（货物）”之义，“销售”就是指“卖出（货物）”；[⑤]就后者来讲，其将“贩卖”与“收买”作了一个前后照应的表述，即“收买”毒品后再“贩卖”，完全符合“贩卖”的原意（即买进再卖出），这无疑将重心放在了“出卖”这一点上。而既然是卖出或出卖毒品，那当然就要有回报，这与民法中的买卖合同具有有偿性的特点没有

① 参见高艳东：《贩卖毒品罪基本理论问题探析》，载《云南警官学院学报》2004年第1期。
② 参见［日］大谷实：《刑法讲义各论》，黎宏译，中国人民大学出版社2008年版，第386页。
③ 参见［日］大塚仁：《刑法概说（各论）》，冯军译，中国人民大学出版社2003年版，第480页。
④ 参见《新华词典》，商务印书馆2013年版，第1225页。
⑤ 参见《新华词典》，商务印书馆2013年版，第1107页。

本质上的差异（尽管贩卖毒品是犯罪行为）。同时，《2008 年纪要》和 2015 年 5 月 18 日最高人民法院发布的《全国法院毒品犯罪审判工作座谈会纪要》（以下简称《2015 年纪要》）在关于代购者能否构成贩卖毒品罪时所作的规定，似乎也倾向于贩卖毒品的“有偿性”。比如前者指出，代购者从中牟利，变相加价贩卖毒品的，对代购者应以贩卖毒品罪定罪；后者则对此进一步强调指出，行为人为他人代购仅用于吸食的毒品，在交通、食宿等必要开销之外收取“介绍费”“劳务费”，或者以贩卖为目的收取部分毒品作为酬劳的，应视为从中牟利，属于变相加价贩卖毒品，以贩卖毒品罪定罪处罚。由此，上述学者关于本罪的成立应以“有偿性”为前提的观点，是有其立论的基础的。但是，如果将“有偿性”作为贩卖毒品的条件，这似乎与立法的目的相悖。我国《禁毒法》第 1 条便开宗明义地指出，制定该法是“为了预防和惩治毒品违法犯罪行为，保护公民身心健康，维护社会秩序”，其第 21 条第 3 款规定，禁止非法生产、买卖、运输、储存、提供、持有、使用麻醉药品、精神药品。刑法之所以将走私、贩卖、运输、制造毒品等的行为规定为犯罪，无疑是为了保护国家对毒品的管理制度不受侵害。赠与人将毒品赠与他人，无论他人是用于自己吸食，还是用于贩卖，实际上均违背了《禁毒法》的规定。由此，刑法意义上的“贩卖”不能直接将民法上的“买卖”所具有的“有偿性”原则照搬套用。另外，《刑法》第 355 条的规定，也预示了贩卖毒品不应当具有“有偿性”的条件限制。该条规定，依法从事生产、运输、管理、使用国家管制的麻醉药品、精神药品的人员，向走私、贩卖毒品的犯罪分子或者以牟利为目的，向吸食、注射毒品的人提供国家规定管制的能够使人形成瘾癖的麻醉药品、精神药品的，依照本法第 347 条的规定定罪处罚。所以，上述学者关于赠与毒品的行为也应构成贩卖毒品罪的观点，也不无道理。

应当说，上述持“有偿性”的观点，注重的是贩卖毒品的形式侧面，而持“无偿性”的观点则倾向于贩卖毒品的实质侧面。究竟孰是孰非，我们暂且搁置不予深究，但在笔者看来，赠与毒品的行为是否一律构成贩卖毒品罪或者一律不构成贩卖毒品罪，不能一概而论，而是应分具体情形分别处理，这是应当肯定的。以上述所举莫某贩卖毒品一案为例，此案可以确定的一个事实是，“阿兰”是毒品的提供者。因为，莫某微信联系“阿兰”要购买毒品，随后其帮莫某联系并拿回贩卖给黄某、夏某、朱某三人的毒品，所以“阿兰”的行为是否构成贩卖毒品罪，是非常值得研究的。笔者认为，根据该案所查明的事实，“阿兰”与莫某应成立共同犯罪。因为，“阿兰”的“赠与”具有当场性，亦即其明知莫某要贩卖毒品给黄某、夏某、朱某三人，而主动请缨“说自己帮联系毒品”，而莫某并没有提出反对意见，那么二人实际上已达成了共同贩卖毒品的合意。同时，“阿兰”帮助莫某联系拿回了毒品并“送”给了莫某，由莫某具体实施了贩卖毒品的行为（即以莫某的名义贩卖毒品），因而二人实施了共同的贩卖毒品的行为。由此，二人的行为无疑符合刑法关于共同犯罪的规定，也与共同犯罪的一般刑法理论相适应，应以贩卖毒品罪对“阿兰”追究刑事责任。不过，“阿兰”的行为是一种帮助的性质，应对其以帮助犯（从犯）论处。

显然，如果赠与人在赠与毒品时不像上述案例中那样具有当场性（即赠与者、贩毒者及购毒者同时在场），且赠与人将毒品赠与他人之后即没有与受赠人有过关于毒品的见面或者联系，至于受赠人是用于自己吸食，还是用于贩卖，同时贩卖给谁，赠与人一概不知情、不清楚，那么此种情形下，受赠人将赠与的毒品贩卖的，就很难说赠与人与受赠人具有共同的贩卖故意，且也不能说其与受赠人实施了共同的贩卖毒品的行为，因而此时对赠与人肯定不能以贩卖毒品的共犯论处。

但是，如果赠与人在赠与毒品时，跟受赠人说“你拿去卖，卖得多少钱都归你”，此种情形下，赠与人是否构成贩卖毒品的教唆犯，则值得进一步研究。如上述所举廖某贩卖毒品一案，被告人廖某供述该案所涉毒品（冰毒）是一个与其同居生活的越南婆“阿贤”带回的一越南仔赠送给他的，赠与时并称“让其拿去销售，卖得多少钱都归其”。应当说，此案要认定“越南仔”为教唆犯并不妥当，因为廖某是否事前就有贩卖毒品的意图并不清楚，同时

"越南仔"只是说了"让其拿去销售，卖得多少钱都归其"这样的话，其教唆行为也并不明显。当然，如果廖某事前确实没有贩卖毒品的意图，而是在"越南仔"的教唆下，廖某才有了贩卖毒品的犯意，并积极实施了贩卖毒品的行为，那么，赠与人"越南仔"就要承担共同贩卖毒品的刑事责任无疑。

基于上述分析，可以得出一个基本的结论，那就是赠与毒品的人一般不能单独构成贩卖毒品罪，而是在帮助或者教唆受赠人的过程中可以构成贩卖毒品的共犯（帮助犯或教唆犯）。

三、陪同贩毒行为的定性

实践中，有的毒品犯罪分子为掩人耳目或者为自己提振信心，往往雇请、邀请或者利用他人陪同自己实施贩毒行为，这些情形下，陪同人是否一律能成立贩卖毒品罪，值得研究。

（一）雇请他人陪同贩毒的情形

在雇请他人陪同行为人一同贩毒的情形下，雇请人要向陪同人支付适量的佣金，一般会明确告知陪同人是陪其去贩毒，亦即陪同人事先对雇请人的雇请目的是明知的。对此，陪同人能否与雇请人构成贩卖毒品罪的共犯，实践中存在不同的认识。一种观点认为，陪同人明知雇请人将要实施贩毒行为而答应陪同，说明其有帮助雇请人实现贩毒目标的主观意愿，因而双方就贩毒实施了共谋并具有了共同犯罪的故意，其陪同行为也体现了双方共同犯罪行为的实施，同时双方形成了利益共同体，因而符合我国刑法关于共同犯罪规定的条件，应构成贩卖毒品罪，以帮助犯论处；另一种观点则认为，陪同人只是为了获得佣金而答应陪同，并不是为了帮助雇请人贩卖毒品，亦即，其只关注为获得报酬而完成陪同行为，至于雇请人贩卖毒品是否成功则与其无关，双方并没有任何的利益纠葛，更没有形成所谓的利益共同体。所以，只要陪同人在陪同过程中没有实施任何与贩卖毒品有关联的行为，其单纯的陪同行为并不构成贩卖毒品罪。

笔者赞同后一种观点。因为，如果雇请人雇请的目的是得到陪同人的帮助，那么陪同人无疑成立贩卖毒品罪的共犯，而且还不属于帮助犯，而是实行犯，但此种情形没有任何探讨的必要。这里探讨的是，陪同人在明知雇请人是去贩毒的情况下实施了与贩毒没有任何关联的单纯陪同行为，是否与雇请人成立共犯的问题。显然，在单纯陪同的情形下，二者具有各自不同的动机和目的，即雇请人雇请陪同人可能是为了提振信心，也可能是为了掩人耳目，从而使贩毒最后取得成功；而陪同人则可能是为了得到佣金，也可能是出于顺便游玩的想法。由此，基于二者的动机与目的不同，双方不会产生共同犯罪的前提，也不会形成所谓的利益共同体。因为，“所谓共同犯罪故意，是指各行为人通过犯意联络，明知自己与他人共同实施犯罪会造成某种危害结果，却希望或者放任这种危害结果发生的心理态度”[①]。“所谓共同犯罪行为，是指各犯罪人的行为都指向同一犯罪，彼此联系、互相配合，成为一个有机统一整体，它们与犯罪结果之间都存在着因果关系。”[②]显然，雇请人与陪同人虽然为二人共行，但前者的目标是去贩毒，而后者的目标是完成陪同行为而获取报酬，二者可谓“同行异梦”，各得其所。亦即，二者并不为了贩毒这一共同的目标同谋同行，当然就无所谓共同犯罪的产生。有论者在对2007年发生的李某以500元作为筹资雇王某（女）陪同贩毒案中，就王某的行为能否认定为贩卖毒品罪的共犯时认为，王某的行为属于贩卖毒品罪的共谋共同正犯。因为，王某明知李某雇用其陪同是为了贩毒，而表示同意，这实际上是二人就共同贩卖毒品进行的通谋，按照共谋共同正犯的相关原理，李某实施了贩卖毒品的实行行为，即使是王某在李某贩卖毒品的过程中未参与实施任何的帮助或实行行为，由于二人事先通谋，使得二人变成“同心一体”的共同意思主体，李某着手贩毒的

---

① 陈志军:《共同犯罪的理论与实践》，中国人民公安大学出版社2012年版，第53页。

② 陈志军:《共同犯罪的理论与实践》，中国人民公安大学出版社2012年版，第51页。

行为，也应当看作王某贩毒的着手。即便是王某在李某贩毒过程中没有实施贩卖毒品的帮助行为，但其“陪同”对李某的贩毒行为也在心理上起到了强化和支持作用，有利于李某贩卖毒品行为的顺利实现，故王某的“陪同”行为对李某贩卖毒品罪具有原因力，完全应当按照共同犯罪来处理。[①]笔者对这一观点并不赞同。因为，所谓“共谋”，是指参与共同犯罪的行为人就着手实施某种犯罪之前而事先进行的商量、筹划，而雇请人与陪同人并不是为贩毒而共谋，他们的“共谋”实际指向的是陪同人是否答应陪同以及陪同的报酬问题，所以，二者缺乏犯罪“共谋”的前提。同时，在单纯陪同的情况下，陪同者只是陪同雇请人一同前往交易毒品，但并不能一概肯定陪同人到了毒品交易现场（在雇请人与他人交易毒品时，陪同人也许在宾馆休息或者在外面游玩），即使到了交易现场，其至多也只是目击了雇请人与他人交易毒品的过程而已，而没有实施与毒品交易有任何实质关联的行为，因而要认定陪同人与雇请人为“共同正犯”难以成立。当然，如果陪同人在陪同过程中实施了与贩卖毒品有关联的行为，就不再是单纯陪同，而是与雇请人形成了“一同”，无疑构成贩卖毒品罪的共犯。比如，在陪同过程中为雇请人出谋划策（如交流毒品交易的时间、地点、数量、价格、种类、方式以及毒品交易中应注意的事项、如何逃避追查等），帮助雇请人联系交易对方（如在途中因雇请人开车不方便打及接听电话而帮助雇请人与对方联系或通话），为雇请人交易毒品时提供协助（如望风、探路等），为雇请人提供交通工具（即陪同人自己提供交通工具搭载雇请人前往毒品交易地点），雇请人与他人交易毒品暂时没有成功时而为其策划或提供条件并促使最后成功交易，帮助雇请人验货或者接受钱款，毒品交易成功后帮助雇请人携带毒品，等等，如有上述行为之一，陪同人应与雇请人成立贩毒的共犯。

---

① 参见宁积宇:《贩卖毒品罪共犯疑难问题探析》，载《河南公安高等专科学校学报》2009 年第 4 期。

（二）邀请他人陪同贩毒的情形

邀请他人陪同贩毒，与雇请他人陪同相类似。相同的是，陪同人也是事先明知邀请人去实施贩毒行为而答应陪同，并完成了陪同行为；不同的是，雇请型陪同需要向陪同人支付佣金，而邀请型陪同则是陪同人全程“免费”。

邀请型陪同的陪同人一般与邀请人是朋友关系，其之所以答应陪同，主要是基于朋友的“面子”考虑（当然也有其他的动机和目的）。尽管邀请陪同情形下，邀请人不向陪同人支付报酬，但在陪同人的主观“明知”与客观“陪同”行为两个方面与雇请型陪同具有共通性，所以二者并没有本质的差异。由此，此种情形下对于陪同人的定性问题，当然与雇请情形的处理规则是一样的。亦即单纯的陪同不与邀请人成立贩毒的共犯，但陪同中实施了任何与贩毒有关联的行为的，就成立共犯。

（三）主动陪同贩毒的情形

实践中有的陪同人与贩毒者是同居一起的男女朋友关系，出于各种动机或目的，一方明知对方是去贩毒而主动陪同。此种情形下，如果陪同人为对方的贩毒行为提供了协助的，当然成立共犯无疑。其认定的难点在于，由于陪同人与对方是同居关系并有经济上的牵连，那么在单纯陪同的情况下，陪同人能否成立贩毒的共犯。对此，实践中存在着三种不同的观点。第一种观点认为，如果陪同方的生活来源主要或者全部依靠贩毒一方，其主动陪同的目的肯定是希望对方既安全又能交易毒品成功而赚钱，从而形成了真正意义上的“利益共同体”。基于此，陪同人的主动陪同，不仅事先在双方之间形成了犯意的共同，而且其陪同行为对对方的贩毒行为产生了强化与支持的作用，完全符合共同犯罪的成立条件，对陪同人应以贩卖毒品罪的共犯论处。第二种观点认为，虽然陪同人与贩毒方存在利益上的瓜葛，但不能即以此作为认定陪同人成立贩毒共犯的依据，因为利益的共同性不能当然推演出具有共同的犯罪故意。第三种观点认为，能否认定陪同人构成共犯，要看陪同人与贩毒者同居的时间长短以及陪同的次数多少。如果同居时间较长或者经常陪同，说明双方以贩毒作为主要生活来源而形成了利益上的共同体，并具有了共同的贩毒故意，因为此时双方均怀有贩毒成功的目的，如果同居时间不长，或者偶尔陪同，则不应考虑陪同人成立贩卖毒品罪的共犯。

上述观点几乎均以共同利益的存在与否作为判断陪同人能否成立贩卖毒品共犯的标准，这是值得商榷的。正如第二种观点所言，利益上的共同并不能必然推演出犯罪的共同。如果以此为标准，那么丈夫在外犯罪，妻子就要连坐，其父母也要同罪，因为他们均直接或可能与犯罪人具有利益上的牵连，但显然这样的结论是错误的。在陪同人与贩毒者属于同居的情形下，陪同人的主动陪同也许是“爱情”使然（即希望能时刻在一起），也许是出于游玩的心理，也可能是基于对方开车安全的考虑，等等。所以，笔者认为，此种情形下能否认定陪同人成立贩毒的共犯，应当还是与上述情形一样，从实质上（而不是从形式上）进行判断。亦即，单纯的陪同不与贩毒者成立贩毒的共犯，但陪同中实施了任何与贩毒有关联的行为的，则成立共犯，如杨某贩卖毒品一案就是适例：[①]

经审理查明，被告人杨某与被告人何某某系情人关系。2016年5月9日中午，被告人杨某、何某某共谋贩毒后，两人驾驶一辆车牌号为桂LY××××的东风日产牌棕色小轿车从靖西市携带毒品到那坡县欲贩卖给朱某（另案处理），后因故未能完成毒品交易。当日20时许，被告人杨某、何某某驾车返回靖西市途经那坡县高速公路收费站时，被那坡县公安局禁毒大队民警拦截检查，当场从坐在副驾驶位的何某某身上查获毒品甲基苯丙胺95克，从后排座位上查获毒品甲基苯丙胺0.8克。同月11日，民警在被告人杨某的指认下，在靖西市某小区某单元××号杨某的家中查获毒品海洛因一

① 参见广西壮族自治区百色市中级人民法院(2017)桂10刑初10号刑事判决书。

块净重 349 克、毒品甲基苯丙胺净重 292.6 克。同月 16 日，民警在被告人杨某的指认下，在杨某驾驶的桂 LY×××× 东风日产牌棕色小轿车的驾驶室 A 柱夹缝里查获一包毒品甲基苯丙胺净重 8.4 克。经鉴定，从被告人何某某身上查获的 5 包毒品（编号 J01、J02、J03、J04、J05）、轿车后排座位上查获的 1 包毒品（编号 J06）、轿车驾驶座 A 柱缝隙内提取的 1 包毒品（编号 J18）均检出甲基苯丙胺，其中 J01—J05 号毒品甲基苯丙胺含量为 47.5%—64.6%；从被告人杨某的住处查获的 1 块毒品（编号 J07）检出海洛因，含量为 71.8%；从被告人杨某的住处查获的 3 包毒品（编号 J08、J09、J10）检出甲基苯丙胺，含量为 44.9%—54.1%。

法院认为，被告人杨某、何某某以牟利为目的，共同贩卖毒品甲基苯丙胺 95.8 克，被告人杨某单独贩卖毒品海洛因 349 克、甲基苯丙胺 301 克，被告人杨某、何某某的行为已构成贩卖毒品罪。公诉机关指控被告人杨某、何某某所犯罪名成立。被告人杨某在伙同何某某贩卖毒品过程中起主要作用，系主犯，应当按照其所参与和组织、指挥的全部犯罪处罚。被告人何某某在参与被告人杨某贩卖毒品甲基苯丙胺 95.8 克过程中，听从杨某的安排，帮助联系买家、交易毒品，在共同犯罪中起次要作用，系从犯，应当从轻或者减轻处罚。法院最后以被告人杨某犯贩卖毒品罪，判处无期徒刑，剥夺政治权利终身，并处没收个人财产 5 万元；被告人何某某犯贩卖毒品罪，判处有期徒刑 13 年，剥夺政治权利 2 年，并处没收个人财产 2 万元。

此案中的被告人何某某与被告人杨某是情人关系，二者肯定存在同居且利益上具有牵连的事实，但显然认定何某某成立贩卖毒品的共犯，是基于其与杨某共同贩卖毒品的实质判断。具体表现在：其与杨某就贩卖 95.8 克毒品给朱某不仅进行了共谋，而且还帮助联系买家、携带毒品进入交易现场。所以，何某某的陪同行为完全是一种名义上的举动，其实质是与杨某共同实施了贩毒的行为，是共同犯罪的正犯。

当然值得注意的是，陪同人与贩毒者虽然是同居在一起，但其也未必对另一方的贩毒行为知情，实践中就有贩毒者就自己贩毒的行为对同居的一方全然隐瞒的情形，以至于相对方只知其在外做生意，却不知做何生意，对贩毒一事一直被蒙在鼓里，直至案发才知情。此时，在陪同人主动陪同贩毒者贩毒的过程中，哪怕对贩毒者的贩毒行为给予了帮助，也因其不知情而不能归为“有意”的行为，亦即对其不能客观归罪。

（四）利用他人陪同贩毒的情形

此种情形与上述雇请、邀请、知情的主动陪同三种情形不同的是，被利用人事先完全不知利用人是贩毒人，当然被利用人也可能会从中获得一些好处。根据目前的司法实践，贩毒人利用的对象一般是朋友或者近亲属，其利用的目的，有的是帮助开车，有的是充当掩护（这种情况多发生在利用近亲属中）。由于陪同人事先不明知利用人是贩毒人，所以陪同的开始阶段并不会发生对陪同人定性上的认定困难。但随着行为的不断扩展，在陪同的过程中发生了一些异样的客观事实，依据这些异样的客观事实能否认定陪同人构成贩卖毒品罪的共犯，则值得探讨。

例如，甲与乙是朋友关系，一天，甲跟乙说自驾去A市游玩，乙答应并开着自己的车与甲前往目的地。到达目的地后，甲并不有意游玩，也叫乙不要熄火停车，而是在车上与他人不断通话，并随着通话指挥乙开着车在A市街道不断变换地点。最后转到甲与他人约定的某处后，甲叫乙不要熄火只在车上等他，不久甲拿回一黑色塑料袋上车将黑色塑料袋放在车的后座，并跟乙说事情已经办完不游玩了，马上启程回去。在返回途中的某高速服务区，恰遇警察例行查车，从黑色塑料袋中发现有疑似毒品，当场将甲、乙抓获。经鉴定，疑似毒品为海洛因。应当说，此例中甲、乙到达A市后的系列行为就是异样的客观事实，如果通过进一步的调查，查明乙在这个过程中已经明显知道或者应当知道甲是在购买毒品的情况下，而仍然接受甲的指使或安排开车帮助甲，那么乙应当构成贩卖毒品罪的共犯（如果甲是以贩卖为目的而非法购买毒品）。

再如马某某贩卖毒品案，该案公诉机关的指控、证人证言、被告人供述及法院的判决分别节录如下：[①]

一、公诉机关指控

公诉机关广西壮族自治区崇左市人民检察院指控，2016 年 4 月 17 日 15 时许，被告人马某某携带 5 块毒品驾驶车牌号为桂 B××××× 的黑色长城哈佛越野车前往龙州县逐卜乡二级路牌宗村内相屯岔路口进行毒品交易，被公安民警当场抓获。民警当场在马某某驾驶的车上查获可疑毒品海洛因 5 块，总净重 1749 克。随后，民警在马某某家中搜到 3 块毒品，总净重 1042 克。经鉴定，从所送检材中均检出海洛因，含量为 60.3%—73.8%。公诉机关认为被告人马某某的行为触犯了《刑法》第 347 条第 2 款第（1）项的规定，构成贩卖、运输毒品罪。

二、证人证言

（一）证人潘某证言

2016 年 4 月 17 日上午，我跟我老公马某某一起开车去龙州县逐卜乡我家里面去看望我儿子，当时我坐的是我老公驾驶的一辆黑色的越野车。我们出发前我老公从家里面拿了一个袋子并告诉我说是装儿子的衣服，然后让我把那个袋子拿到车上去，这样我就将那个袋子拿到车上并放在了车的后排座上，那个袋子是之前我买来装儿子的衣服用的，后就由我老公马某某开车去逐卜看望儿子。到逐卜我家里后我先下车，我老公去停车，我没注意看那个袋子拿下车没有，我们在家里一起吃了中午饭，后我老公在家里玩手机睡着了，我就在外面跟别人聊天，之后不知道过了多久我老公就起来说回金龙镇去，这样我们就开车由逐卜往金龙行驶，当时我们是往逐卜乡三叉村方向行驶的，当我们的车行驶到三叉村路口的时候，路口附近有一辆车停在那里，但是我没有注意看是什么车，这时我老公将车停在对方车后面，他停好车后

① 参见广西壮族自治区崇左市中级人民法院 (2016) 桂 14 刑初 84 号刑事判决书。

就见前面那辆车旁边的那名男子叫我们，当时我也不知道是什么情况，我老公就说前面那名男子在叫我，然后就让我下车，这样我就下车往前面那辆车走去，当我还没有走到前面那辆车的时候就被你们公安民警抓获了。之后我老公在车上也被公安民警抓获了，当时还从我老公车上搜出了5块“白粉”，后公安民警还在我老公的房间木柜里面搜出了3块“白粉”。

在这之前，一直都是我老公在开车，然后我在副驾驶玩手机，他并没有跟我说什么。我见到他有打电话，但是我并不知道他跟谁联系，也没有注意到他跟对方说什么。放在我老公马某某车上的那个袋子里面装有“白粉”之前我并不知道，我是在被抓后才知道的。我也不知道有“白粉”放在房间的木柜里面。

（二）证人黄某（崇左公安边防支队侦查队人员）出具的情况说明

2016年4月15日，我支队接龙州大队金龙边防派出所报告，龙州县金龙镇贵平村的马某某手上有大量毒品海洛因急于销售，并找到我方“朋友”，提出让“朋友”帮他找购买毒品的下家。为此我支队成立专案组，并指派我与侦查队参谋郑某化装成购买毒品的下家与马某某联系，由我化装成老板，郑某化装成马仔。15日下午，“朋友”答复马某某已找到购买毒品的老板，到时把老板号码发给他，就由双方自行联系了。

2016年4月16日马某某向“朋友”问了我们的电话号码，而后马某某打电话给我确认我是不是要购买毒品的买家，我说是的。他问我现在到龙州没有，我说已经到了，我们约定好14点多在龙州县科甲封控点附近的三岔路口公路边见面谈毒品交易的事。我与郑某就出发前往商定的地点见面，到了14点多，马某某驾驶桂B××××× 长城牌越野车停在我们车后，他打电话确认我的车牌后就坐上我们的车，在车上我与马某某商定交易价格为每块海洛因7.6万元，一共交易5块，马某某提出交易时间定在4月17日白天，交易地点为龙州县逐卜乡的二级公路上随机交易，我们答应了。谈完后马某某就下车了。

2016年4月17日上午，马某某多次打电话给我，催促我们到逐卜乡二级公路尽快交易。我们说还没准备好，马某某说他早已经安排人看好路了，路上很安全，到时候交易他只跟他老婆两个人过来。为了打消我们的顾虑，他还说交易完他会再安排好路线避开检查，确保我们安全离开龙州。到了14点左右，马某某问我可以交易没有，我说我们已经驾驶昨天开的那辆车在去往逐卜乡二级公路的路上了，马某某说他和他老婆开着昨天那辆车也在路上，到时车到了就靠边停下来随机交易就可以了。14时30分左右我们按他的要求在逐卜二级路上慢慢开，过了20分钟左右我们看见马某某的车，我们当作没看到继续往前开，过了2分钟马某某打电话给我说他看到我们的车了，让我们掉头，我们就掉头回去，看见马某某的车停在二级公路逐卜乡牌宗村内相屯路口，我们就拐进路口30米处停车，马某某见我们的车拐进来他也驾车进来停在我们车后，我从副驾驶位下来，马某某坐在他越野车上，他老婆坐副驾驶座。我上车后马某某转过头来打开后排座位上的一个袋子，他说货在这里，我看见袋子里有5块毒品海洛因，我确认后就说好的，钱在车上，你们哪个看钱，马某某说他老婆看，我就先下车回到车上叫郑某发信号给外围的抓捕人员过来抓捕。我就在面包车车门那里假装整理钱拖延时间，过了半分钟左右，马某某的老婆就下车走过来，我们外围抓捕人员开车赶过来堵住马某某车尾，当场将马某某和他老婆抓获，并在马某某所驾驶的越野车后排座位上查获毒品海洛因5块。

三、被告人马某某的供述和辩解

案发前几个月，有一个越南籍男子问我能否在中国帮助销售毒品海洛因，我答应帮其找销路。后来经过几次联系，双方取得信任后，商定越南男子以每块7.2万元人民币卖给我，我拿过来卖掉赚差价，打算以每块7.6万元—7.8万元人民币转售。2016年4月15日，在龙州县金龙镇38号界碑（旧）附近我跟越南人要了8块毒品海洛因，每块7.2万元人民币。因为当时我没那么多钱，就只给了越南人1/3的毒资，剩下的2/3毒资等我把毒品海洛因卖出去之后再拿给他。因为之前我已叫一个中间人帮联系购买毒品的老板，2016年4月16日，中间人打电话给我说已经找到老板，并把老板的电话告诉我，让我打电话跟老板联系。我和老板电话联系后，定于第二天（2016年4月17日）在龙州县逐卜乡三叉村附近的一个路口交易毒品海洛因，每块价格7.6万元人民币。

2016年4月17日，我因为要携带毒品海洛因到逐卜乡，但又害怕路上遇到公安民警检查车辆，便叫上堂伯马某，让他开车走在我前面帮我“看路”，他确认安全后，我才敢走。当天9时许，我先让马某开车前往金龙镇金龙街，我估计他差不多到后，便打电话给他，问路面上是否安全，马某确认安全后，我便把藏于家中的8块毒品海洛因当中的5块放于一个黑色塑料袋内，再把黑色塑料袋放于一个浅色花纹的手提袋内，当时手提袋内已经放有4件衣物，我便将装有5块毒品海洛因的黑色塑料袋藏于4件衣物的中间。之后，我就将手提袋拿到我的越野车副驾驶位后排座椅上面放好。接着，我就开车载着老婆出发，前往金龙镇金龙街。随后，我让马某继续往大新县宝圩乡方向走，我远远地跟在他后面。就这样，我顺利通过宝圩乡宝圩街，再到龙州县逐卜乡逐卜街。接着，我带马某到我岳父岳母家休息。到了11点，我打电话问老板到哪里了，老板说他已经到了逐卜乡三联村附近。我就让马某开车先去“看路”，我开车载着老婆远远地跟在他后面。待准备和老板碰面的时候，我就跟老婆说：“等会，你去帮我看一下对面的车上是不是有钱。”她问我：“看什么钱。”我就说：“你不用管，看有没有钱就行了。”当我开车到了之前约好的地点龙州县逐卜乡二级路一“T”字形路口，就被公安民警抓获了。当场从我驾驶的越野车内搜出毒品海洛因5块。之后，公安民警依法对我家进行搜查，从家中二楼一个黄色的柜子里搜出毒品海洛因3块及现金14万元人民币。

四、法院判决结果

法院认为，被告人马某某违反了我国有关毒品管理的规定，明知是毒品海洛因而贩卖、运输，其行为触犯了《刑法》第347条第2款第（1）项的规定，构成贩卖、运输毒品罪。公诉机关指控被告人马某某犯罪的事实清楚，证据确实充分，指控的罪名成立。

此案只指控马某某一人构成贩卖、运输毒品罪，并没有将陪同人马某某的妻子潘某纳入处罚范围，而是作为证人对待。单从潘某的证言来看，其所称的整个陪同行为的确没有发现有较大的破绽，能够让司法机关找到作为处罚的依据，但是，从证人黄某的证言及被告人马某某的供述进行综合比较分析后发现，潘某的陪同行为并非如其本人所称的那样“干净”。亦即，就算潘某事先对其丈夫被告人马某某贩卖毒品之事不知情，但是后来发生的系列不正常行为，给人的直接感受是他们夫妻二人更是在贩毒上的配合，而不是单纯的陪同，因而是值得司法机关重视的。这一系列异常行为表现在：一是马某某请其堂伯马某开车在前面探路，坐在副驾驶座位的潘某要对此没有一点异样的感觉，是值得怀疑的。二是离开潘某父母家后，装儿子衣服的那个袋子还在车的后排座位上，并没有将装有衣服的袋子拿给其儿子，潘某对此不会不知，其行为同样值得怀疑。三是潘某称其与丈夫马某某是开车去其父母家看望儿子的，按理看完儿子后就理应回家，但是路上马某某与其堂伯马某以及与“买家”的系列通话，作为当地人，潘某应当能听懂他们的交流，因而要说其对此没有一点异样的感觉，也是不可能的。四是“买家”上到马某某的车后，马某某转过头来打开后排座位上的一个袋子，让“买家”验货时，潘某就在车上，对于一个陌生人上其丈夫的车、其丈夫转过头来打开后排座位上的一个袋子以及“买家”验货这样的举动，此时要说潘某仍然在淡定地玩手机，有谁能相信？而且当时“买家”与被告人马某某有过一番关于验货与验钱的对话，马某某对“买家”说“货在这里”，当“买家”确认袋子里有 5 块毒品海洛因后说“好的，钱在车上，你们哪个看钱”，马某某说让他老婆去看。这一番对话，潘某不仅听到，而且对当时将要发生的事情其肯定也明白。最重要的是，当时潘某按照马某某的安排去“买家”的车上验钱，尽管后来没有真正验到钱就被抓获，但是潘某的这一行动已经让其参与实施贩卖毒品的行为全部显现了出来。综上，司法机关并没有将潘某认定为本案贩卖毒品的共犯，是存在疑问的。

第二节　贩卖毒品罪的既遂与未遂

一、本罪既遂、未遂的理论与实践

（一）理论界的聚讼

在毒品犯罪中，贩卖毒品是最常见，也是危害最严重的犯罪之一，所以学界对本罪的既遂、未遂问题表现出了极大的热情和密切的关注，对其进行了诸多研究。学者们见仁见智，从买卖毒品双方接洽至最后交易成功这一过程中的每一个阶段都有相应的主张呈现，可谓观点纷呈，聚讼不休，难以达成共识。总结起来，主要有以下一些观点：

1.“意思说”。该观点认为，贩卖毒品的买卖双方意思达成一致，也即双方达成毒品买卖契约的，就应当认为构成既遂。[①]

2.“流通说”。该观点认为，贩卖毒品罪的既遂、未遂应以所贩卖的毒品是否进入流通领域为区分标准。亦即，只要行为人为实施贩毒行为而进行了购进、运输毒品，进入了公众生活领域，威胁到了不特定公众的身心健康，就应当认定贩卖毒品罪的既遂，并不必然要求行为人与毒品需求者的现实交易，更不需要交易最终完成。[②]

3.“带入说”。该观点认为，贩卖毒品行为的既遂，应当按照即成行为犯的标准确定。只要行为进入着手阶段，便可认定既遂。至于“着手”的确认，不妨定在“将毒品带进贩卖环节”，也即所谓的“人赃俱获”。[③]

---

① 参见于志刚:《毒品犯罪及相关犯罪认定处理》，中国方正出版社 1999 年版，第 130 页。

② 参见李永升主编:《刑法案例与规范》，中国法制出版社 2017 年版，第 389 页。

③ 参见郑伟:《毒品罪三疏两议》，法律出版社 2011 年版，第 84 页。

4. “交易进行说”。该观点认为：“贩卖毒品犯罪的既遂与否，应以毒品是否进入交易环节为准。至于行为人是否已将毒品出售获利，或是否已实际成交，不影响贩卖毒品罪既遂的成立。若行为人具有贩卖毒品的故意，由于意志以外的原因毒品未能进入交易环节，则以贩卖毒品罪未遂论处。”①

5. “行为完成说”。该观点认为，无论是买入毒品还是卖出毒品，只要买或卖的行为实施完毕，两者只居其一，就构成本罪既遂，而无须卖出获利。②

6. “实际交付说”。该观点认为，贩卖毒品罪既遂与未遂的认定，应以行为人是否实际交付毒品为标准，即实际交付毒品的，为既遂；正在交易未交付毒品即被查获的，为未遂。根据论证的角度的不同，该说又具体分为以下几种观点：

（1）“转让说”。此种观点认为，贩卖毒品是有偿转让毒品的行为，因此贩卖以毒品实际上转移给买方为既遂，至于转移毒品后行为人是否已经获取了利益，则并不影响既遂的成立。即使已经达成转移的协议，或者行为人已经获得了利益，但毒品没有实际转移的，也不宜认定为既遂。③该观点同时指出：贩卖毒品是指出卖毒品，因而出于贩卖目的而非法购买毒品的，不属于贩卖毒品的实行行为，而是贩卖毒品的预备行为（当然，可能同时触犯非法持有毒品罪）。所以，长期以来，刑法理论与司法实践都将为了出卖而购买毒品的行为认定为贩卖毒品罪的未遂乃至既遂，这种做法存在疑问。④

（2）“实害说”。此种观点认为，贩卖毒品作为下游犯罪，其与上游、中游的制造、走私、运输毒品的危害不同。后者只能对公众健康构成威胁，无法形成实害；而前者能直接危害公众健康。因此，对贩卖毒品这一下游毒品犯罪，不应以是否破坏了国家对毒品的管制秩序来形式地判断犯罪是否既遂，而应以能否直接危害公众健康来实质地判断贩卖毒品犯罪是否既遂。

---

① 张穹主编：《刑法各罪司法精要》，中国检察出版社2002年版，第751页。

② 参见陈兴良主编：《罪名指南（下册）》，中国人民大学出版社2008年版，第432页。

③ 参见张明楷：《刑法学（下）》，法律出版社2016年版，第1147页。

④ 参见张明楷：《刑法学（下）》，法律出版社2016年版，第1143页。

由于只有在毒品被卖出即毒品被实际移交时，才能直接危害公众健康，所以，应以毒品是否已经移交来区分贩卖毒品罪的既遂、未遂，尚未移交毒品的，属于贩卖毒品罪的未遂。①

（3）“构成要件要素齐备说”。此种观点认为，犯罪既遂是齐备了犯罪构成要件之全部要素的犯罪形态。而在贩卖毒品案件中，诸如毒品进入交易环节等行为只是说明行为具有可罚性的出现，并不是法益损害的现实化。因此，只有完成了毒品交付，才是齐备了犯罪构成要件之全部要素，是贩卖毒品的既遂。②

（4）“行为犯说”。此种观点认为，贩卖毒品罪是行为犯，其既遂并不要求造成物质性的有形的犯罪结果，而是以行为的“堆积”性或“积和”性为既遂的标志。这种“堆积”性或“积和”性，即按照法律要求和既遂形态对行为犯“量”和“质”的规定性。贩卖毒品行为必须是一个完整的行为，不是行为过程中的某一个片段，而且贩卖毒品行为并不是一着手即告完成，而是要有一个实行过程，要达到一定程度，才能视为贩卖毒品行为的完成，而这个“量”的规定性，就是毒品的实际交付。同时，毒品的实际交付，说明贩卖毒品行为已经对法益的侵害这一“质”的影响十分明显。所以，毒品的实际交付，是贩卖毒品行为真正的、实质意义上完成的标志，因而是认定贩卖毒品罪的标准。③

（5）“结果犯说”。此种观点认为，贩卖毒品罪是结果犯。因贩卖毒品行为包括贩与卖两种类型，所以其既遂以实际卖出毒品和以卖出为目的实际买入毒品为标志，而是否实际卖出和买入，则以毒品是否实际交付至对方的控制之中为判断标准，如果买卖双方只是达成买卖协议而尚未实际交

---

① 参见李立众：《犯罪未完成形态适用》，中国人民公安大学出版社2012年版，第135页。

② 参见李运才：《毒品犯罪的死刑限制与废止》，中国人民公安大学出版社2013年版，第134页。

③ 参见张建、俞小海：《贩卖毒品罪未遂标准的正本清源》，载《法学》2011年第3期。

付毒品的，不属于犯罪既遂。[①]

（6）“占有说”。此种观点认为，无论是为了贩卖毒品而低价买入，还是将低价买入的毒品再高价抛售，只要交易双方依买卖毒品意思一致，完成转移占有毒品即为既遂。转移占有不一定要现实地将毒品交付给购买人，也不要求购买人实际地控制拥有毒品，即购买人既可以是直接占有，也可以是间接占有。[②]

（二）实务界的对垒

目前涉及毒品犯罪法律适用的一些主要的司法解释[③]以及最高人民法院发布的三个“纪要”并没有对贩卖毒品罪的既遂、未遂问题作出明确规定，不过，时任最高人民法院副院长张军在2008年全国部分法院审理毒品犯罪案件工作座谈会上的讲话中指出：毒品交易双方约定交易地点后尚未见面，在路途中即被抓获的，对于卖方应认定为犯罪既遂，因为其是为卖而买入毒品；对于实践中出现的极为典型的未遂案件，应按照犯罪未遂来处理；在毒品犯罪既遂与未遂的认定上，应当以有利于依法严厉惩罚犯罪为原则。具体判定时如产生争议、把握不准的，应按照从严打击犯罪的要求，认定为既遂。[④]该讲话精神在司法实践中实际上已经得到了各级人民法院的普遍遵循与执行，亦即在审理贩毒案件中涉及既遂、未遂的问题时基本按照上述讲话的精神予以认定。我们可以从以下几个案例中得到证实：

---

① 参见谢望原、赫兴旺主编:《刑法分论》，中国人民大学出版社2011年版，第364页。

② 参见梅传强、胡江、赵亮编著:《走私、贩卖、运输、制造毒品罪立案追诉标准与司法认定实务》，中国人民公安大学出版社2010年版，第93页。

③ 这些司法解释主要有：1994年12月20日最高人民法院《关于适用〈全国人民代表大会常务委员会关于禁毒的决定〉的若干问题的解释》，2012年5月16日最高人民检察院、公安部《关于公安机关管辖的刑事案件立案追诉标准的规定（三）》，2016年4月11日最高人民法院《关于审理毒品犯罪案件适用法律若干问题的解释》等。

④ 参见张军:《在全国部分法院审理毒品犯罪案件工作座谈会上的讲话（节录）》，载最高人民法院刑事审判第一、二、三、四、五庭主办:《刑事审判参考（总第67集）》，法律出版社2009年版，第212页。

1. 卢某贩卖毒品案（在前往约定交易地点的途中被查获认定为既遂）：[①]

广西壮族自治区乐业县人民检察院指控：2017年6月19日，吴某电话联系被告人卢某要购买200元毒品，并约定在新化镇皈里村发达屯球场交易，随后，卢某在该地点以200元贩卖了8颗毒品给吴某；当天19时许，吴某又电话联系卢某要购买100元毒品，并约定在皈里村发达屯球场交易，20时许，卢某与吴某在前往约定地点途中被公安人员抓获，公安人员从卢某身上扣押了200元毒资和5颗疑似毒品小零包（净重0.09克），从吴某身上扣押了6颗疑似毒品小零包（净重0.1克）。经百色市公安局物证鉴定室鉴定，被扣押疑似毒品小零包均检出海洛因成分。

公诉机关认为，被告人卢某违反国家毒品管理制度，明知是毒品而贩卖，其行为触犯了《刑法》第347条第1款、第4款之规定，犯罪事实清楚，证据确实、充分，应当以贩卖毒品罪追究其刑事责任。

法院认为，被告人卢某违反国家对毒品的管理制度，明知是毒品而贩卖，危害公民健康，破坏社会秩序，其行为已触犯我国刑律，构成贩卖毒品罪。公诉机关指控被告人卢某的犯罪事实清楚，证据确实、充分，指控其犯贩卖毒品罪成立，适用法律意见正确，予以确认。最后，法院以被告人卢某犯贩卖毒品罪，判处有期徒刑8个月，并处罚金人民币2000元。

2. 阮某某贩卖毒品案（将毒品带入约定交易地点尚未交易时被查获认定为既遂）：[②]

经审理查明，2017年6月15日0时47分许，被告人阮某某接到购毒者何某要求购买50元“冰毒”的电话，后携带1小包毒品从其所居住的出租屋前往约定交易地点，其到达约定地点东兴市东兴镇解放东路福缘来便利店附近寻找何某准备交易毒品时被民警抓获。民警当场从阮某某身上缴

---

① 参见广西壮族自治区乐业县人民法院(2017)桂1028刑初88号刑事判决书。

② 参见广西壮族自治区东兴市人民法院(2017)桂0681刑初207号刑事判决书。

获可疑毒品 1 小包，从何某身上搜出毒资 50 元、黑色联想手机 1 台；从阮某某住处的桌面上搜出可疑毒品 2 小包及黑色诺基亚手机 1 台。经称量鉴定，上述可疑毒品分别净重 0.16 克、0.23 克、0.28 克，从中均检出甲基苯丙胺。

辩护人提出如下辩护意见：被告人阮某某尚未完成毒品交易，是犯罪未遂。

法院认为，被告人阮某某违反中国毒品管理法规，贩卖毒品甲基苯丙胺，其行为已构成贩卖毒品罪。公诉机关指控的罪名成立。关于被告人阮某某的辩护人提出犯罪未遂的辩护意见，经查，案发时被告人阮某某与购毒者何某均已到达约定交易地点，贩卖毒品行为既遂，两人无论是否完成交易均不影响该犯罪形态，故被告人阮某某辩护人的该辩护意见无法律依据，本院不予采纳。最后，法院以被告人阮某某犯贩卖毒品罪，判处有期徒刑 8 个月，并处罚金人民币 3000 元。

3. 王某某贩卖毒品案（交易正在进行时被查获认定为既遂）：[①]

广西壮族自治区靖西市人民法院审理靖西市人民检察院指控原审被告人王某某犯贩卖毒品罪一案，于 2017 年 12 月 29 日作出（2017）桂 1081 刑初 298 号刑事判决。原审被告人王某某不服，提出上诉。

原判认定，被告人王某某是一名以贩养吸的吸毒人员，其购买毒品后卖给其他吸毒人员牟利。2017 年 8 月 25 日，王某某在靖西市龙邦镇上敏村境屯其家门口欲将毒品海洛因可疑物贩卖给吸毒人员杨某时，被公安民警当场抓获，民警从王某某身上查获疑似毒品海洛因可疑物 3 小包。后从被告人王某某位于该屯 ×× 号家中的皮箱中查获疑似海洛因可疑物 2 小包，电子秤一个，塑料包装袋一批。在王某某身上查获的 3 小包海洛因可疑物净重 3.2 克，在其家中查获的 2 小包海洛因可疑物净重 6 克。经百色市公安局物证鉴定所鉴定，上述毒品可疑物均检出海洛因。

① 参见广西壮族自治区百色市中级人民法院 (2018) 桂 10 刑终 58 号刑事裁定书。

原判认为，被告人王某某违反国家对毒品的管理规定，贩卖海洛因，被公安机关当场缴获海洛因9.2克，其行为已构成贩卖毒品罪。公诉机关指控的犯罪事实清楚，证据确凿，罪名成立，予以支持。判决：被告人王某某犯贩卖毒品罪，判处有期徒刑2年，并处罚金人民币3000元。

原审被告人王某某上诉称，一审法院对其量刑过重，请求二审法院从轻处罚。

二审法院认为，上诉人王某某违反国家对毒品的管理规定，贩卖毒品海洛因9.2克，其行为已构成贩卖毒品罪。关于上诉人王某某提出一审判决量刑过重的上诉理由，经查，原审判决根据王某某的犯罪事实及其能如实供述自己的罪行等情节，对王某某在法定幅度内科以相应的刑罚，量刑并无不当，故其上诉理由不能成立，不予采纳。原判认定事实清楚，证据确实、充分，定性准确，量刑适当，审判程序合法。遂裁定：驳回上诉，维持原判。

4. 车某某贩卖毒品案（交易结束被查获认定为既遂）：①

经审理查明，2017年7月2日13时许，吸毒人员梁某联系被告人车某某欲购买毒品冰毒，双方并约定在龙州县龙州镇独山机耕路××号11万伏变电站水电生活区内进行交易。当天14时许，当车某某在约定地点将1小包疑似冰毒以100元的价格贩卖给梁某时被公安机关当场抓获，从梁某上衣左口袋查获1小包可疑毒品冰毒，从车某某身上查获100元毒资。经称重并鉴定，该小包疑似毒品净重0.25克，含甲基苯丙胺成分。

法院认为，被告人车某某零包贩卖1小包0.25克毒品甲基苯丙胺给吸毒者吸食，其行为已触犯了《刑法》第347条的规定，构成贩卖毒品罪。最后法院以被告人车某某犯贩卖毒品罪，判处有期徒刑7个月，并处罚金人民币2000元。

---

① 参见广西壮族自治区龙州县人民法院(2017)桂1423刑初146号刑事判决书。

5. 胡某某等贩卖、运输毒品案（购买方先付毒资并在前往交易途中被查获认定为既遂）：[①]

经审理查明，2015年10月4日，被告人张某某多次将现金通过银行转账给被告人胡某某，以购买毒品氯胺酮（俗称“K粉”）用于贩卖。同年10月6日，胡某某购买到“K粉”后，从广东省东莞市搭乘长途客车，于次日7时许到达防城港市防城区东兴路口，下车后又搭乘一辆摩托车到亲水湾小区附近准备向张某某交货，在支付车费时被民警抓获，当场从其携带的一个纸箱内，查获6包毒品“K粉”以及5包底粉。与此同时，张某某在抓获胡某某现场附近发现异常遂驾车逃跑，被民警追赶并在防城区河堤街将其抓获。经称量，查获的6包毒品“K粉”总净重5580克；经鉴定，均检测出氯胺酮成分，含量为51.7%—72.9%。

被告人张某某的辩护人提出：张某某属于贩卖毒品未遂。

关于被告人张某某贩卖毒品是否属于犯罪未遂的问题，法院所作的评判为：被告人张某某已将毒资支付给胡某某，被告人胡某某从广东携带毒品运送至防城港前往与张某某交易时被抓，毒品已经进入交易环节，不属于犯罪未遂。故被告人张某某的辩护人提出张某某贩卖毒品是犯罪未遂的意见不成立，不予采纳。

法院认为，被告人胡某某违反国家对毒品的管理规定，明知是毒品氯胺酮而予以贩卖、运输，其行为已构成贩卖、运输毒品罪。被告人张某某以贩卖为目的购买毒品，其行为已构成贩卖毒品罪。公诉机关指控的罪名成立。最后，法院以被告人胡某某犯贩卖、运输毒品罪，判处有期徒刑15年，剥夺政治权利3年，并处没收个人财产人民币6万元；以被告人张某某犯贩卖毒品罪，判处有期徒刑15年，剥夺政治权利3年，并处没收个人财产人民币5万元。

---

① 参见广西壮族自治区防城港市中级人民法院(2017)桂06刑初12号刑事判决书。

从上可以看出，在贩卖毒品既遂、未遂的问题上，无论贩卖行为处于何种情形，司法机关均认定行为人为犯罪既遂，可以说上述学界的任何一种理论观点都在司法实践中予以了呈现。在法院内部，虽然没有司法解释对贩卖毒品的既遂、未遂标准作出明确的规定，但是在上述最高人民法院领导的讲话精神的指导下，尽管审判部门在该问题上看似自由裁量，但并不像学界那样分歧严重，相反在该问题上可以说是达到了高度的统一，而且公诉机关也基本达到了与审判机关的统一，[①]因而在实务界，就该问题的争议双方主要体现在辩护人（律师）与司法机关（包括审判机关和公诉机关）之间的“对垒”。比如，娄秋琴律师就认为，“贩卖毒品以毒品实际上转移给买方为既遂”。[②]实践中，辩护人一般坚持以交易毒品的实际交付作为本罪的既遂标准，上述所举的5个案件中，案例2和案例5在有辩护人参与辩护的情况下，均提出了被告人贩卖毒品未遂的辩护意见。不过，从司法实践来看，笔者发现一个非常“有趣”的现象，就是在办理贩卖毒品的案件中，作为辩护的一方，基本上提出了被告人犯罪未遂的辩护观点，但是司法机关对此基本不予采纳，这似乎在实务界已经成为一个定律。在实务界辩护方与司法机关的争议中，笔者还发现有的辩护人提出了被告人属于“实行终了的未遂”的辩护观点，可见这一争议的激烈程度。例如何某某贩卖毒品一案，东兴市人民检察院指控，2016年8月26日凌晨，被告人何某某接到购毒者黄某要求购买毒品的电话后，到约定地点东兴市东兴镇××小区正门附近以200元的价格将1小包毒品卖给黄某，两人交易结束后被民警抓获。辩护人提出本案存在特情引诱的情节，且被告人何某某在共同

① 当然也偶尔存在公诉机关与审判机关意见不一致的情形。例如，浙江某基层检察院办理雷某等人贩卖毒品案，雷某等3人已经联系好买家，在等候交易过程中被公安机关查获，检察院以贩卖毒品罪（未遂）起诉，但法院认为三被告人已经着手实施贩毒，并已经与买家约定好毒品价格，应认定为既遂。参见宁积宇：《应以毒品是否交付作为贩卖毒品罪既遂、未遂判定的标准——对审判实践所持的质疑与批判》，载《法制与社会》2009年第28期。

② 娄秋琴：《常见刑事案件辩护要点》，北京大学出版社2018年版，第404页。

犯罪中作用较小，是实行终了的未遂犯。法院认为，被告人何某某违反国家毒品管理法规，贩卖毒品氯胺酮，其行为已构成贩卖毒品罪，公诉机关指控的罪名成立。关于辩护人所提被告人何某某在共同犯罪中起较小作用，且是未遂犯等辩护意见，经查与事实和法律不符，不予采纳。[①] 需要说明的是，所谓实行终了的未遂，是指行为人基于自身对事实的判断错误，虽然其着手实施了实行行为并且自认为实行行为已经实施完毕，但是实际上没有发生的情形。对于毒品买卖交易已经完成且毒品发生实际转移的行为，其并不发生当事人一方或者双方对交易事实判断错误的情形，所以在该案中辩护人提出的被告人属于“实行终了的未遂”的辩护观点，当然无法得到采纳。

二、笔者的立场

由于实践中侦查贩卖毒品犯罪常常采用特情介入的方法，所以本书将对一般情形与特殊情形下的本罪既遂、未遂问题分别进行探讨。

（一）一般情形下本罪既遂、未遂的具体确立

一般情形下本罪既遂、未遂的确立，应首先解决本罪究竟是举动犯、行为犯还是结果犯的问题。在理论界，除上述有学者明确表明了本罪属于行为犯或者结果犯的观点外，还有学者明确表明本罪属于举动犯。其认为，毒品犯罪的社会危害性巨大，而《刑法》一般将诸如危害国家安全、危害公共安全等一些社会危害性严重的犯罪的既遂标准提前，贩卖毒品罪也是如此。另外，在实务中，贩卖毒品的犯罪一般都比较隐蔽，能被抓获的，绝大多数都是毒品未能转移的，即正在成交时被抓获，如果要求毒品已经被买方控制，那么贩卖毒品的犯罪将几乎不再有既遂犯。所以，应当将贩

① 参见广西壮族自治区东兴市人民法院 (2016) 桂 0681 刑初 228 号刑事判决书。

卖毒品罪确定为举动犯。[①] 在实务界，司法机关则基本以本罪属于行为犯作为认定本罪既遂、未遂的依据。例如前述黄某某等贩卖、运输毒品一案，崇左市人民检察院指控，2016 年 4 月 29 日 17 时 10 分许，被告人黄某某、蒙某携带 5 块毒品海洛因（净重 1759 克，含量 68.5% 至 73.6%）从越南经广西龙州县水口镇合平村那荷屯中越边境 925 号（旧 28 号）界碑附近的便道进入我国境内，在与我公安民警乔装的“买家”交易时被抓获。针对公诉机关的指控，被告人黄某某的辩护人提出：被告人黄某某的行为只构成运输毒品罪不构成贩卖毒品罪；如果本案认定为贩卖毒品，那应该是贩卖未遂。法院对此评析时指出，贩卖、运送毒品罪是行为犯，只要进行贩卖、运输毒品的行为，无论是否完成均为既遂。[②] 又如上述所举黎某维、黎某杆贩卖、运输毒品案，针对庭审中两被告人的辩护人均提出该案属于犯罪未遂的辩护意见，一审法院对此作出评判时认为“毒品犯罪属于行为犯，一经实施即为既遂。两被告人系在购买到毒品后运输途中被查获，其行为应属于犯罪既遂。对辩护人认为两被告人属于犯罪未遂的辩护意见不予采纳”。[③] 刑法理论一般认为，举动犯是指行为人一经着手实施刑法分则某种犯罪的实行行为即为既遂的犯罪；而行为犯则是指行为人着手实施刑法分则某种犯罪的实行行为达到一定程度后为既遂的犯罪。可见，举动犯与行为犯的不同之处，就在于二者实施行为“程度”上的差异。亦即，前者以“着手实施实行行为”为既遂标志，而后者则以“着手实施实行行为后达到一定程度”为既遂标志。从理论的角度来讲，上述两案法院虽然认为本罪属于行为犯，但在评述中使用“一经实施”或者“只要进行贩卖”的词语，似乎更像是对举动犯所具有的特征的描述。

主张本罪属于举动犯的学者，其理由主要是认为本罪与危害国家安全、

---

① 参见贾宇主编：《刑法学》，中国政法大学出版社 2017 年版，第 435 页。

② 参见广西壮族自治区崇左市中级人民法院 (2017) 桂 14 刑初 18 号刑事判决书。

③ 参见广西壮族自治区崇左市中级人民法院 (2017) 桂 14 刑初 77 号刑事判决书。

危害公共安全等一些社会危害性严重的犯罪一样，其既遂的标准都需要提前。笔者认为，这一观点是值得商榷的。我们且以恐怖犯罪为例，应当说，在危害公共安全的犯罪中，恐怖犯罪算是危害性最为严重的一类。而且恐怖犯罪比毒品犯罪的危害性要大得多，因为其是直接危及公众生命的行为，而毒品犯罪至多是首先危及公众的健康。但即便如此，我国《刑法》也并没有一律将恐怖犯罪的既遂标准提前。比如，为严惩恐怖犯罪，《刑法修正案（九）》增设了准备实施恐怖活动罪，这说明在增设该罪名前，实践中并没有将准备实施恐怖活动犯罪的行为作为相应犯罪的着手行为对待，既然如此，其既遂的标准也不会随之提前，否则就没有必要再多此一举增设该罪。因此，将本罪归于举动犯的范畴，似乎难以成立。

如上所述，目前我国多数学者的观点，是坚持本罪的既遂应以毒品的实际交付（或者实际转移到买方）为标志。那么，以这个“交付”或“转移”毒品的事实的出现为依据，究竟是将本罪确立为行为犯还是结果犯呢?笔者认为，由于行为犯的既遂标志只是被定格在“实施犯罪行为达到一定法定程度”，而“交付”或“转移”毒品的事实实际已超过了行为犯既遂标准的要求，如此，根据本罪实行行为具有买卖性的特点，“交付”或“转移”毒品就理应为当然的法定结果，如果坚持本罪的既遂以毒品的实际交付为标志，那么应将本罪确立为结果犯。上述持本罪属行为犯的学者以行为的“堆积”性或“积和”性作为本罪既遂的标志，看似符合行为犯的特征，但是该观点最后还是以行为的“堆积”或“积和”所出现的质和量的结果（即毒品的实际交付）为既遂的表征，那么这实际上也并不是以行为的“堆积”或“积和”本身作为既遂的标志。由此，将本罪归于行为犯似乎也难以成立。

总体权衡之下，与上述多数学者一样，笔者亦主张应以毒品的实际交付这一法定结果的出现作为本罪既遂的标志（即主张本罪属于结果犯）。具体理由如下：

第一，本罪的“着手”应当确定在毒品的交易环节。

犯罪的“着手”是预备行为结束与实行行为开始的标志。对于何为“着手”，在外国刑法理论上出现了各种各样的学说，总括起来分为三大阵营，即主观说、客观说和折中说。主观说认为，只要行为能够表现出行为人的危险性格，犯罪即已着手。客观说认为，着手是指行为人所实施的行为，在客观上有可能导致符合构成要件的结果发生，或者对于刑法所要保护的法益有造成侵害的危险。其中形式的客观说认为，应以行为人开始实施符合构成要件的行为为实行的着手，而实质的客观说则认为，只有实施的行为具有引起结果的迫切危险性时，才属于实行的着手。在日本，实质的客观说已经发展成了多数说。折中说认为，在确定实行的着手时，只重视行为者的主观面或只重视行为的客观面都是不妥的，从而提倡从行为者的整体计划出发，以法益侵害的危险性是否迫切为基准来确定实行着手。[①] 目前，我国学者在对犯罪着手的认定上，多数采用了客观说。有的是持接近实质客观说中的结果说，即认为着手“这种行为已使刑法所保护的具体权益初步受到危害或面临实际存在的威胁”；[②] 有的是持实质客观说中的结果说，即认为未遂犯都是具体的危险犯，只有当行为产生了侵害法益的具体危险状态时才是着手，而具体危险状态的标志就是“侵害法益的危险达到紧迫限度（发生危险结果）时”[③]。与多数学者一样，笔者无疑亦主张只有当行为对刑法所保护的法益具有紧迫的危险或威胁这一节点时，才可认定为犯罪的着手。不过，如前所述，“公众健康”是认定毒品犯罪既遂、未遂标准上的参考坐标，因此，本罪的既遂标准应当结合其所威胁“公众健康”的程度来加以判断。就本罪而言，显然只能将其着手确定在交易环节，亦即，当买卖毒品的双方经事先达成一致且均到达约定的交易现场时，才真正使公众身体健康面临着紧迫的危险或威胁，从而才可以认定为本罪的着手。有必要强调的是，

---

① 参见陈家林：《外国刑法通论》，中国人民公安大学出版社 2009 年版，第 418—426 页。

② 高铭暄、马克昌主编：《刑法学》，北京大学出版社、高等教育出版社 2017 年版，第 154 页。

③ 参见张明楷：《刑法学（上）》，法律出版社 2016 年版，第 342 页。另参见周光权：《刑法总论》，中国人民大学出版社 2011 年版，第 187—188 页；陈兴良主编：《刑法总论精释（上）》，人民法院出版社 2016 年版，第 441—442 页。

理论界和实务界诸多人将行为人的行为对国家毒品管理制度的破坏确立为既遂的标准，是不正确的。笔者认为，对国家毒品管理制度的破坏，只是说明行为人构成毒品犯罪，但不能就此一律确定为毒品犯罪的既遂。

由上，上述“意思说”“流通说”和“带入说”均不能认为达到本罪着手的程度，更不能据此认定为既遂。因为，“意思说”仅仅是双方就毒品买卖达成一致意见而已，在行为人没有采取进一步的行动下，其单纯的“意思”行为很难说（或根本不可能）就已经威胁到公众健康。而且，行为人虽然达成合意，但是行为人一方或者双方均有可能因某种原因导致毒品交易最后没有进行，或者某方自行决定不再交易，因而此时认定既遂显然阻止了犯罪未遂或者中止的产生，所以，此种观点存在着自身难以解决的问题。“流通说”虽然有外化的实际行为，相比“意思说”离对公众健康的侵害稍前进了一步，但其认为只要行为人为实施贩毒行为而进行了购进、运输毒品，进入了公众生活领域，就威胁到了不特定公众的身心健康，就应当认定贩卖毒品罪的既遂，其实际是不要求行为人将毒品带入交易现场，甚至是将既遂认定的节点置于购进毒品后返回的运输途中，这种连具体的交易人都尚未确定，就以“威胁到了不特定公众的身心健康”的名义将犯罪认定为既遂，也无疑有过于提前之嫌，且其也人为阻止了未遂或中止的产生。“带入说”不仅明确了交易对象，而且行为人已经将毒品带入了交易现场，虽然其比“流通说”离对公众健康的侵害又接近了一步，但这也只是卖方单独到达交易现场而已，此时还说不上真正的交易。因为，交易毕竟是买卖双方的行为，在买方尚未到场的情况下，交易是否发生还处于未知状态，假如买方因某种原因没有按照约定到交易地点，那么交易就无法产生，也就无侵害公众健康可言。同时，此时如要将卖方认定为既遂，那么无疑与“意思说”“流通说”一样，实际上也人为地排除了未遂，甚至是中止的产生。另外，按照该观点，只要行为人将毒品带入了约定的交易地点即为既遂，而最后交易是否实际进行或者成功则在所不问。可是，此处所谓的“人赃俱获”只是将出卖人与毒品俱获而已，如果交易的对方不在现场或者并没有去交易地点，实际上并不发生真正意义上的“人赃俱获”（应当说，所谓的“人赃俱获”是指对交易双方及毒品一并查获的情形），所以将此种情形认定为既遂，显然不符合情理。显然，“交易进行说”要求交易的双方均在现场，其所体现的才是真正意义上的“人赃俱获”的情形。但如上所述，毒品交易环节只是着手的开始，所以该观点将正要进行交易的行为认定为既遂也是不能成立的。综上，买卖双方意思达成一致、买方购进毒品并运输以及卖方单独将毒品带入交易现场的行为，均不能认定为本罪实行行为的着手，至多是本罪的预备行为（买卖双方意思达成一致的行为甚至不能认定为预备行为），而且上述行为所体现的犯意尚有一定的模糊性，还未完全达到主客观相一致的状态，因此，“意思说”“流通说”及“带入说”均不可取；而“交易进行说”虽然达到了本罪的着手，但在毒品尚未实际交付前被查获的，只能是未遂而不是既遂，所以此种观点也并不能得到赞同。

如上所述，司法解释将“以贩卖为目的而非法收买毒品”作为贩卖毒品的行为，是解决单纯非法购买毒品情形下能否构成本罪的问题，由于“以贩卖为目的而非法收买毒品”的行为最后还是要落到“贩卖”的原点，因此为贩卖而非法购买毒品的行为只能作为本罪的预备行为，那么上述“行为完成说”“占有说”及“结果说”中将非法购买毒品成功的行为视为本罪的既遂，实际上是对司法解释的误读，因而是不正确的。具体来说，犯罪的既遂与犯罪的构成是两个不同的概念，非法购买毒品的行为仅是犯罪的成立（预备），但并不是犯罪的既遂，正如没有将他人杀死不属于既遂却成立故意杀人罪（未遂）一样。不过上述三种观点至少认可本罪实行行为的着手是在交易阶段，这一点是值得肯定的。由此，上述理论界“实际交付说”中的“转让说”“实害说”“构成要件要素齐备说”及“行为犯说”尽管各自论证的角度不同，但因均认为本罪的着手实行阶段是在交易环节，坚持以毒品的卖出（无论是何种情形的贩卖）亦即以毒品的实际交付为既遂标准，因而这些观点均是可取的。需要说明的是，这里的“实际交付”是指卖方将毒品转移给了买方而失去了毒品的控制权，至于买方如何控制或占有毒品则在所不问（即直接占有或间接占有均为毒品的实际交付）。同时，“实际交付”排除了已支付毒资而没有拿到毒品的情形。因为，对于先付毒资的情形，其只是一种预订毒品的性质，但毒品并没有真正出现，亦即这种订购毒品的行为是否最后能实际发生交易还是未知状态，在卖方手头暂时没有毒品的情况下，其即使收到买方的毒资，但其最后是否能真正拿到或拥有毒品尚未肯定，所以毒资的支付肯定还不能作为着手的开始，仍然要待买卖双方到约定的地点交货时才能认定为着手。

基于上述分析，当买卖毒品的双方就毒品的价格已事先达成一致且均到达约定的交易地点见面，此时应为本罪实行行为的着手，双方正要交易或者正在交易（卖方和买方均分别将毒品及毒资拿出来，但还在各自的手中）时被查获的为未遂，买方的毒资交给了卖方同时卖方的毒品交给了买方的，则为既遂（此时实践中的标志性表现是：警方从买方的身上搜出所购买的毒品，从卖方身上搜出所卖的毒品的毒资）。如果买卖双方事先没有商讨好价格或者交易地点，而是偶然相遇临时决定交易的，那么双方商讨价格的行为即为着手的开始。

第二，与制造毒品罪的既遂、未遂相比，本罪应以毒品的实际交付为既遂标志。

《2015 年纪要》强调“要继续依法严惩走私、制造毒品和大宗贩卖毒品等源头性犯罪”，可见，尽管最高人民法院发布的三个“纪要”均着重体现了依法从严惩处毒品犯罪的指导思想，但是并没有失宽严相济的刑事政策。即在犯罪类型方面，明确要将制造毒品与贩卖毒品等源头性毒品犯罪作为重点惩处的对象。而根据最高人民法院发布的指导案例以及《2008 年纪要》的要求，应当说制造毒品罪并没有被以举动犯或者行为犯对待。

首先，最高人民法院发布的刑事审判指导案例（第 486 号）朱海某等制造、贩卖毒品案中，被告人朱海某等人初期从武汉“小李”处购得制造 K 粉的原材料氯胺酮碱，但因技术、制造方法等问题，制造出来的 250 余克成品普遍较差，在色泽、味道、功效等方面均不像 K 粉，其中的 140

余克被丢弃，其余供自己或送人吸食，成品全部灭失。在提供制毒原料的“小李”身份不明，致使制毒原料无法提取和送检鉴定的情况下，依据各被告人对于前期的制毒行为完全供认，多名证人证实前期从朱海某等人处购买过K粉吸食的事实，从有利于被告的原则出发，审理该案的法院将被告人朱海某等人初期制造出来的所谓250余克成品K粉认定为犯罪未遂。其裁判的理由是：制造毒品罪，是指非法利用毒品原材料加工、提炼、配制毒品的行为，包括从毒品原植物中提炼毒品和利用化学合成方法加工、配制毒品的行为。制造毒品罪是结果犯，行为人只有制造出刑法规定的毒品才能构成犯罪既遂，因行为人意志以外的原因未能制造出毒品的，构成犯罪未遂。因为，根据《刑法》第347条第1款的规定，制造毒品，无论数量多少，都应当追究刑事责任。该条第2款、第3款、第4款根据毒品数量的多少，配置了相应的法定刑。根据《刑法》该条规定，对“无论数量多少”，应理解为首先是有“数量”，因为没有“数量”，就不存在“多”与“少”的问题。因此，只有制造出具有一定“数量”的毒品，才构成制造毒品罪的既遂。如果制造毒品失败，即行为人已购入制毒原材料并已开始制造但没有制造出成品的，因缺乏毒品数量要求，制毒行为没有产生法定的犯罪结果，根据《刑法》总则的相关规定，该行为应认定制造毒品罪的未遂。[①]

其次，《2008年纪要》规定：“已经制造出粗制毒品或者半成品的，以制造毒品罪的既遂论处。购进制造毒品的设备和原材料，开始着手制造毒品，但尚未制造出粗制毒品或者半成品的，以制造毒品罪的未遂论处。”显然该规定根据不同情形为制造毒品罪安排了两种既遂标准，一是已经制造出粗制毒品。这里所指的“粗制毒品”是针对“精制毒品”而言的，但其并不能归属于“假毒品”的范畴，而是属于等次较低的范围。亦即在色泽、

① 参见最高人民法院刑事审判第一、二、三、四、五庭主办：《中国刑事审判指导案例（05卷）》，法律出版社2017年版，第375—376页。

味道、含量等方面与等次较高的毒品有所差距，但也有一定真的成分，也有一定的功效。二是已经制造出半成品。相对于前者而言，此处所称的“半成品”无疑是指“精制毒品”完成前的物品，是属于等级较高的毒品的范畴。而无论是“粗制毒品”还是“半成品”，总之我们可以看出，该规定是将产品的出现作为制造毒品罪既遂的标志，因为这不仅给国家的毒品管理制度造成了实然的破坏，而且公众的身体健康也面临着实际的威胁。由此，该规定无疑是科学、合理的。另外，2012 年 5 月 16 日发布的《最高人民检察院、公安部关于公安机关管辖的刑事案件立案追诉标准的规定（三）》第 1 条第 7 款也规定，购进制造毒品的设备和原材料，开始着手制造毒品，尚未制造出毒品或者半成品的，以制造毒品罪（未遂）立案追诉。虽然该规定在对待制造毒品罪既遂、未遂的认定上与《2008 年纪要》相比存在一定的差异，同时二者与上述指导案例也存在一定不同甚至是矛盾，但是至少证明最高司法机关在对待制造毒品行为的既遂问题上是理性的，不至于将“只要制造已经启动，即属既遂，而不问制造设备是否已经安装完毕，或者毒品是否已经生产出来”的那种“将毒品原料带入制造环节”[①] 的情形认定为该罪的既遂。

相比之下，从体系的角度分析，既然最高司法机关将贩卖毒品与制造毒品均作为源头性犯罪予以严惩的对象，那么贩卖毒品罪的既遂，也不至于将行为人为实施贩毒而进行的购进、运输毒品的行为（“流通说”）、将毒品带进贩卖环节的行为（“带入说”）以及将买卖毒品的双方进入交易环节的行为（“交易进行说”）作为其既遂的标志，更不能将贩卖毒品的买卖双方意思达成一致的行为（“意思说”）作为本罪的既遂标志。

第三，以预备犯或未遂犯处罚贩卖毒品犯罪，同样可以满足罪责刑相适应原则的要求。

针对严重的贩卖毒品犯罪，《刑法》虽然没有设置准备实施贩卖毒品罪

---

① 郑伟:《毒品罪三疏两议》，法律出版社 2011 年版，第 85 页。

的独立预备罪类型，但是，《刑法》总则第22条第2款规定了预备犯的处罚原则，即"对于预备犯，可以比照既遂犯从轻、减轻或者免除处罚"。尽管司法实践中并不一律处罚预备犯，但是对于罪质严重的毒品犯罪的预备犯应当作为不予处罚的例外，且司法解释也明确规定了处罚毒品犯罪的预备犯。例如，2012年5月16日发布的《最高人民检察院、公安部关于公安机关管辖的刑事案件立案追诉标准的规定（三）》第1条第7款规定，为了制造毒品而采用生产、加工、提炼等方法非法制造易制毒化学品的，以制造毒品罪（预备）立案追诉。第5条第3款也规定，为了走私制毒物品而采用生产、加工、提炼等方法非法制造易制毒化学品的，以走私制毒物品罪（预备）立案追诉。同时，《刑法》总则第23条第2款还规定了未遂犯的处罚原则，即"对于未遂犯，可以比照既遂犯从轻或者减轻处罚"。显然，刑法为预备犯和未遂犯安排的是"可以型"的从宽量刑情节。"可以情节"是指法律规定的对量刑结果或然产生影响的情节，它与"应当情节"不同的是，其并不会对量刑结果产生必然的影响，法官在裁量刑罚时，既可以根据这些情节决定处刑的轻重，也可以不根据这些情节决定处刑的轻重。这是因为，"可以情节"与犯罪的社会危害性程度和犯罪人的人身危险性程度之间不存在必然的联系。[①] 因此，为了表示对毒品犯罪严厉惩治的决心，在对毒品犯罪的实际处理中，在不存在其他法定从轻、减轻或者免除处罚情节的前提下，完全可以对行为人作出一律不予从轻、减轻或者免除处罚的规定，以保持对毒品犯罪的高压态势，如此同样可以达到惩治的效果。例如，对于贩卖毒品的预备犯或者未遂犯，行为人贩卖海洛因10克的，在7年以上处刑，如果对行为人只予从轻而不予减轻处罚，那么行为人领受的刑罚量也最低为7年有期徒刑，这与既遂情形下的处罚结果一样或者大致相当，不会出现大的失衡现象。

第四，将本罪的"着手"提前会造成刑法理论的混乱，这将得不偿失。

---

① 参见马克昌主编:《刑罚通论》，武汉大学出版社2007年版，第337页。

如上所述，目前中外刑法理论一般将实行行为的着手确定在行为对犯罪对象具有紧迫的危险或威胁时。尽管毒品犯罪危害严重，但也不能一律置刑法理论于不顾。可以说，一项已达成共识的刑法理论，是很多刑法学人倾注心血的结果。而为了严厉惩治毒品犯罪的需要，就可以随意，甚至是故意抛弃已达成共识的刑法理论，这是典型的“头痛医头，脚痛医脚”的“西医”式的治理方法，也是刑法唯工具主义的观念的体现，[①]同时也是刑罚绝对报应的理念的根基在作怪。应当说，为了有效惩治与控制毒品犯罪，我们有很多的方法可以运用，而刑罚只是其中的一种手段而已。正如我国台湾学者林山田先生所言，犯罪是亘古以来，长存于人类社会，而无法只以严刑重罚加以禁绝的社会现实。为了处理犯罪，制定刑法条款并加以执行，固然会有具体而立即可见的成效。可是面对犯罪问题，却不可只依赖刑法，过度迷信或依赖刑罚。正如在对抗疾病中，除了医药系统用以医疗业已发生的疾病之外，尚需建构公共卫生系统，用以预防疾病的发生一样，在抗制犯罪中，除了刑事司法体系使用刑法，惩处业已发生的犯罪之外，尚需建构社会安全体系，实行一系列预防犯罪的措施，以减少犯罪的发生。[②]孟德斯鸠也早就说过：“常常存在这么一种情形：立法者想要革除某种弊病时，往往只想到革除弊病本身，眼睛死死盯着这件事，而看不到所采措施的负面效应。”[③]

实际上，为达到有效惩治毒品犯罪的目标，无论在规范层面，还是政策层面，我们已经给了足够的心理上的包容和方法上的支持。例如，在技术侦查措施尚未正式法定化的情况下，《2000年纪要》及《2008年纪要》就均对特情介入给予了正面肯定，指出：运用特情侦破案件是依法有效打击

① 有学者就指出：“法律工具主义虽然有其合理性，但不可绝对工具主义化；同理，刑法工具主义亦具有正当性，但刑法过分工具主义化必将导致国家刑罚权的恶性膨胀和公民个人权利与自由的严重萎缩。”谢望原：《谨防刑法过分工具主义化》，载《法学家》2019年第1期。

② 参见林山田：《刑法通论（下册）》，北京大学出版社2012年版，第428—429页。

③ ［法］孟德斯鸠：《论法的精神（选译本）》，钟书峰译，光明日报出版社2012年版，第90页。

毒品犯罪的手段。同时，“纪要”对“犯意引诱”和“数量引诱”也均予以了支持，只不过对属于“犯意引诱”和“数量引诱”的被告人应当从轻处罚，无论毒品犯罪数量多大，都不应或者一般不应判处死刑立即执行而已。可以说，我国长期以来在打击毒品犯罪的过程中，特情介入的方法得到了广泛的运用，司法实践中出现了许多运用特情介入的案例。实际上，我国一直到2012年修订《刑事诉讼法》时才正式将技术侦查措施法律化。根据现行《刑事诉讼法》(2018年10月26日第十三届全国人民代表大会常务委员会第六次会议第三次修正)第150条第1款的规定，公安机关在立案后，对于危害国家安全犯罪、恐怖活动犯罪、黑社会性质的组织犯罪、重大毒品犯罪或者其他严重危害社会的犯罪案件，根据侦查犯罪的需要，经过严格的批准手续，可以采取技术侦查措施。根据《刑事诉论法》第153条规定，为了查明案情，在必要的时候，经公安机关负责人决定，可以由有关人员隐匿其身份实施侦查。但是，不得诱使他人犯罪，不得采用可能危害公共安全或者发生重大人身危险的方法。对涉及给付毒品等违禁品或者财物的犯罪活动，公安机关根据侦查犯罪的需要，可以依照规定实施控制下交付。”公安部于2013年1月1日起施行的《公安机关办理刑事案件程序规定》第262条第2款规定了诱惑侦查的合法性认定标准，即“隐匿身份实施侦查时，不得使用促使他人产生犯罪意图的方法诱使他人犯罪，不得采用可能危害公共安全或者发生重大人身危险的方法”。依照上述规定，我国法律对引诱他人犯罪的特殊侦查手段是持否定态度的。但是，2012年新刑诉法颁布之后，《2015年纪要》对此并没有作出相应的调整或者修改，亦即目前司法机关仍然对诱惑侦查采取了支持的态度。诱惑侦查毕竟有侵犯人权的可能，所以应当审慎适用。有学者就指出，《欧洲人权公约》以及法国《刑事诉讼法典》对特殊侦查行为所设定的三大原则，值得我国借鉴：程序法定原则，即诱惑侦查的适用必须严格遵循法律所规定的适用范围及程序细则，否则构成程序无效事由，所获得的证据应予以排除；比例原则，即诱惑侦查的适用应与犯罪行为的严重程度成比例，原则上系犯罪侦查的最后手段，仅在唯一且不可替代的情况下适用；司法审查原则，即侦查人员在实施诱惑侦查前应向检察官或预审法官通报，在获得批准后方可适用，否则构成程序无效事由，所获得的证据应予以排除。[①] 应当说，特情介入作为允许的侦查手段，已经大大地给司法机关打击毒品犯罪提供了方法上的支持。另外，刑事推定也在打击毒品犯罪中得到大量适用。例如，对于行为人主观上是否明知是毒品的问题，无论是最高人民法院的“纪要”，还是其他的司法解释均列举了诸多可以推定行为人“明知”是毒品的情形。而推定的运用无疑大大地减轻了司法机关的证明责任，可以说其已是对证据裁判原则的突破，在现代法治要求下这也是给了其足够的包容的体现。

综上，在为惩治毒品犯罪提供如上诸多便利的情况下，应当就没有理由再在达成共识的刑法理论上做“文章”。具言之，在认定本罪实行行为的着手上，应当坚持确定在对公众健康具有紧迫威胁的毒品交易环节，以避免造成刑法理论的混乱。否则，以严厉惩治毒品犯罪的名义，而以牺牲刑法理论作为代价，将得不偿失。因为刑法理论从此就不再具有安定性，也就不再具有指导实践的功能，当然刑法理论也就不再具有活力甚至有衰竭的危险。

第五，从入罪判断的方法上分析也应以毒品实际交付为既遂标准。

就“以贩卖为目的而非法收买毒品”的情形，对于出卖人来说已经将毒品交付给了买方，此时认定出卖方属于既遂，没有任何问题。但就购买方来说，在其购买毒品后尚未贩卖的情况下，就一律认定其为犯罪既遂，这未免过于提前。有学者强调，在犯罪认定的过程中，客观事实与主观事实的判断顺序不能颠倒，应当严格地坚持先客观事实后主观事实的认定原则。[②] 笔者认为，如果按照此种入罪的判断方法，显然对于购买毒品者就应当要

---

① 参见施鹏鹏：《诱惑侦查及其合法性认定——法国模式与借鉴意义》，载《比较法研究》2016年第5期。

② 参见陈兴良：《刑法的知识转型（方法论）》，中国人民大学出版社2012年版，第130页。

待其实际出卖所购买的毒品时才能最终认定其为“以贩卖为目的而非法收买毒品”，当然，也只能在其交付毒品后才能认定为既遂。

《2015 年纪要》规定：“贩毒人员被抓获后，对于从其住所、车辆等处查获的毒品，一般均应认定为其贩卖的毒品。确有证据证明查获的毒品并非贩毒人员用于贩卖，其行为另构成非法持有毒品罪、窝藏毒品罪等其他犯罪的，依法定罪处罚。”也就是说，如果行为人能够合理解释从其住所、车辆等处所查获的毒品不是用于贩卖，其就可以摆脱贩卖毒品罪这一重罪的追究。值得注意的是，上述规定只是表明那些从行为人住所、车辆等处查获的尚未出卖的毒品可以计入到行为人贩卖毒品的总数量中而已，但在司法实践中，司法部门不仅将这些毒品一律计入行为人贩卖毒品的数量内，而且还将此与已经贩卖的毒品一并认定为既遂，这无论如何是难以服众的。我们且以蔡某某贩卖毒品上诉一案为例。该案原判认定，2017 年 7 月 20 日 10 时许，被告人蔡某某在家中将 0.28 克毒品甲基苯丙胺以 100 元价格销售给吸毒人员曾某，交易完成后被民警当场抓获，民警在蔡某某身上缴获毒资 100 元，在蔡某某二楼房间内缴获毒品甲基苯丙胺 15.23 克、麻黄素 0.34 克、甲基苯丙胺和氯胺酮混合物 1.75 克、银面黑底电子秤一台；在曾某身上缴获“冰毒”0.28 克。原判认为，被告人蔡某某违反国家对毒品的管理规定，贩卖毒品数量较大，其行为已构成贩卖毒品罪。蔡某某以贩养吸，其被查获的毒品数量应认定为其犯罪的数量。一审以被告人蔡某某犯贩卖毒品罪，判处有期徒刑 7 年 6 个月，并处罚金人民币 1 万元。蔡某某对一审不服提起上诉。二审法院认为，上诉人蔡某某违反国家对毒品的管制规定，贩卖甲基苯丙胺等毒品，数量较大，原判根据蔡某某贩卖毒品的事实、性质、情节和对社会危害程度作出的判决，适用法律正确，定罪准确，审判程序合法，在法定刑的幅度内判处其有期徒刑 7 年 6 个月，并处罚金人民币 1 万元并无不当，应予维持，遂驳回上诉，维持原判。[①] 此案中，查明被告人已经出

① 参见广西壮族自治区北海市中级人民法院 (2018) 桂 05 刑终 37 号刑事裁定书。

卖的毒品是 0.28 克，尚未出卖的毒品是 17.32 克（其中甲基苯丙胺 15.23 克、麻黄素 0.34 克、甲基苯丙胺和氯胺酮混合物 1.75 克），这样，将尚未出卖的 17.32 克毒品计入到被告人的总贩卖毒品数量中，就使被告人贩卖毒品的数量达到了较大，从而要按照《刑法》第 347 条第 3 款的规定处 7 年以上的有期徒刑。而如此的处理结果，无论如何都会感到有些不合情理。也就是说，在行为人还没有贩卖毒品的客观事实之下，就急于将行为人在住所、车辆等处查获的毒品主观推定为贩卖，这的确有些勉强，甚至有客观归罪之嫌。或许上述规定依据的是行为人曾经贩卖过毒品，从而以已知的事实推理出现存的毒品肯定也是用于贩卖（未知事实），但这一推理的结果并不具有必然性。因为，我们并不能肯定行为人就一定会出卖尚未出卖的毒品，其或许不再出卖，也可能将毒品送与他人。所以，如果坚持先客观后主观的判断方法，此种情形对行为人就只能径直以非法持有毒品罪或者窝藏毒品罪定罪处罚。当然，从严厉惩治毒品犯罪角度出发，作出上述如此的推定即便是获准允许的，但也应依照"存疑有利于被告"的原则，对于从行为人住所、车辆等处查获的尚未出售的毒品部分，不能一律按照犯罪的既遂处理，只能以预备犯处罚，唯有如此，才能体现公平与公正，也才能符合罪责刑相适应的原则。可见，从以上这一角度来分析，本罪的既遂也只能以实际交付毒品为标志。

第六，司法实践中在毒品实际交付后查获的案例并不少。

有人担心，如果以毒品的实际交付为本罪既遂的标准，那么本罪在实践中将会出现大量的未遂犯。但从实证的角度来看，大可不必为此担忧。事实上，目前行为人多数采取的是"化整为零"式的零包贩卖毒品的方法，许多是属于双方交易完成后抓获的情形，此种情形最具标志性的事实表现就是"从购买人身上查获所购买的毒品，从出卖人身上查获出卖毒品所获得的赃款"。同时，在特情介入下也存在许多待毒犯交付毒品后再实施抓捕的案例（尽管此种情形较多是未实际交付毒品就抓获贩毒人，从而给行为人留下犯罪未遂的"辩点"），而且只要侦查机关在实战中方法运用得当，实际交付毒品后抓捕的情形将会越来越多（当然，特情介入下应一律按未遂处理，具体理由见下述）。我们且以农某某等贩卖、运输毒品案为例，[①] 该案就是在民警乔装购买毒品者与出售方交易中发生实际交付毒品的代表。经审理查明，被告人农某某受他人指使携带毒品驾驶车牌号桂F ××××× 的面包车行至大新县路段，与闭某军（已判刑）等人进行毒品交易。在交易过程中闭某军被公安人员当场抓获，毒品海洛因60块也被当场查获，农某某逃脱。经随机抽取10份样本进行检验，均检出海洛因成分，含量为49.8%至71.6%。另查明，公安机关在崇左市友谊大道银州小区将被告人农某某抓获。在经庭审举证、质证予以证实本案事实的证据中，证人证言及被告人供述相互印证，证实本案所涉毒品已实际交付给了"买家"。（1）民警个人自述材料。其证明了"其与特情一起与犯罪嫌疑人闭某勇、闭某军接触，由闭某军带路至农某某所驾驶的白色车上查验放在车上的毒品海洛因，以及交货后成功抓捕闭某军，农某某逃脱"的过程。（2）特情人员证言。其证实："……过了两天阿某1勇他们要求尽快交易，于是其就带民警分别驾驶银灰色宝马轿车及白色路虎越野车到大新县路段与阿某1勇、阿某2军见面。阿某1勇先数了民警带去的500多万元现金，然后由3名民警和阿某1勇在那里等，阿某2军带我和另外两名民警驾驶路虎越野车去拿毒品。……我们到一片甘蔗地的一个路口，看见里面有一辆白色面包车，阿某2军让送货人开面包车出来交易，但对方不同意，我们就走路进去，路虎车则跟在我们后面，我跟一名民警上了那辆白色面包车验货，阿某2军坐到车的副驾驶座位，送货男子坐在驾驶座位。车上驾驶座位后面有一个行李袋和一个纸箱，民警就开始验货，验完货后，对方要求把毒品拿到我们的路虎车上，我们把毒品搬到路虎车上后，还没见外围民警来到。阿某2军则说交易完了，可以叫那边拿钱了。这种情况下，民警就动手抓人，但只抓到阿某2军，送毒品的那名男子跑掉了。"（3）被告人农某彪的供述。其供述的内容为："……就按农某宁的指示开车到指定地方，接着就有3个人从公

---

① 参见广西壮族自治区崇左市中级人民法院(2017)桂14刑初70号刑事判决书。

路那边走往我停车的地方，他们后面还跟着一辆白色的车，这时农某宁打电话给我，告诉我这几个走进来的就是来要货的人。他们 3 个人走到我的车旁边，我摇下车窗和他们点头示意，我叫他们上车谈，一个坐到副驾驶室，另外两个人就坐在后排两侧位置上，上车后坐在后面的两个人就说要验货，问我要刀，我说我没有刀，坐副驾驶的那个人说他有刀，然后就掏出一把刀递给后排的人，后排那两个人就把后排座位中间的纸箱和袋子里面的东西倒出来，我才看到是一块一块绑在一起的毒品，然后他们就数了一下一共有 60 块毒品，接着他们就选了其中一块毒品，拿刀挑出包装里面的白粉，看过货之后他们又把这 60 块毒品装好，装好之后他们就想把这批东西搬到他们的车里，我就说等一下，先打个电话，我就打电话给农某宁，问他是否能把东西给他们，农某宁在电话里说可以把东西给他们了，还说顺便让他们把这辆拉毒品的面包车开走。我就对他们说可以了，副驾驶那个人说他要把车开走，我就说可以，然后我就下车了，坐后排的两个人就开始把毒品拿到他们车上去了……”上述证据相互印证，显然证实了毒品已实际交付的事实（即已将毒品搬到民警车上再实施抓捕）。

第七，毒品买卖的“双务性”要求本罪以实际交付毒品为既遂。

与走私、运输、制造、非法持有毒品等不同的是，贩卖毒品是通过交易行为实现的，这一“交易”的特性，就决定了该罪的实施过程必须要有买方和卖方的存在（而走私、运输、制造、非法持有毒品可以是行为人单独实施或者只能由行为人单独实施）。亦即，贩卖毒品是对向行为，出卖方和以贩卖为目的的购买方是对向犯，在刑法理论上此属于必要的共同犯罪情形。虽然司法实践中一般将卖家与买家认定为上下家关系，而不属于共同犯罪。但笔者认为，并不能一律否认毒品买卖存在共同犯罪的可能，所以此种做法存在疑问（具体见下述）。[①] 而

① 当然，如果购买极少量毒品用于自己吸食的，因行为人不构成犯罪，此时买卖双方不属于共同犯罪，所以此种情形下称为对向犯似乎并不合适。但有学者认为，由于这种犯罪以存在购买方的行为为要件，故刑法理论仍然称之为对向犯。参见张明楷:《刑法学（上）》，法律出版社 2016 年版，第 386 页。

贩卖毒品既然是共同犯罪，那么根据目前的一般理论，买卖毒品的双方不仅需要达成买卖的合意（共同犯罪的故意），同时还需要践行合意的实际行动（即实施共同的犯罪行为），而且此处的“实际行动”明显需要体现出双务行为（即卖方交付毒品而买方支付对价的毒资）的性质，否则双方就没有任何实施毒品交易行为的必要。因为，既然是“交易”（而不是赠与），出卖方就必须要抛出毒品才能达到牟利的目标（除非其一开始欲利用毒品交易实施诈骗），而购买方支付对价的目的就是要拿到毒品。所以，毒品交易必须要以毒品的实际交付才能体现出其“交易”的性质，当然也只有实际交付了毒品才能使公众健康所受到的威胁具有实然性。基于此，就买卖毒品达成意思一致的行为（“意思说”），其至多是行为人具有了贩卖毒品共同犯罪的故意，因此时尚未实施贩卖毒品的行为，无法论及共同犯罪，更不能认定为贩卖毒品的既遂。就行为人为实施贩毒而进行的购进、运输毒品的行为（“流通说”或者“行为完成说”），虽然按目前规定其为实施贩卖而进行的购进并运输毒品的行为构成贩卖毒品罪（或贩卖、运输毒品罪），但是，既然是为贩卖而购进毒品，那么其既遂的形态就应在出售给他人的这一环节或过程中厘定。而且，在毒品交易中，如果对于出卖的一方按既遂处理，而对于为贩卖而购买的一方也按既遂处理，应当说这并不公平。所以，为了使本罪的既遂、未遂认定标准能达到统一，应将购买方既遂、未遂的认定置于其出售给他人的环节中进行。另外，在行为人购进并运输毒品的过程中，其交易的对象（即毒品购买方）尚未出现，甚至连交易的对象都没有确定，由于贩卖毒品这一必要的共同犯罪没有发生，因而犯罪的既遂也就无从谈起。就将毒品带进贩卖环节的行为（“带入说”）而言，此时虽然已确定交易的对象，但如果购买毒品的一方因各种原因没有赴约，那么将出售方认定为既遂显然也是与必要共同犯罪的理论不符的，因为此时作为对向犯的购买者并没有出现。至于买卖毒品的双方进入交易环节的行为（“交易进行说”），因此时双方正在交易，无疑已成立贩卖毒品的共同犯罪。但如上所述，此时尚属于着手阶段，只能说明行为已经对公众的健康有了紧迫的危险或威胁，此时被抓获的，因毒品尚未实际交付，只能按照未遂处理，所以“交易进行说”尚不符合毒品买卖的“双务性”要求。综上，想要满足毒品买卖的“双务性”要求，只有将实际交付毒品的行为作为本罪既遂的标志。

（二）特情介入下本罪既遂、未遂的确立

从广义上讲，特情介入包括控制下交付、特情贴靠（接洽）和特情引诱 3 种情形。按照 1988 年《联合国禁止非法贩运麻醉药品和精神药物公约》的规定，所谓控制下交付，是指在一国或多国的主管当局知情或监督下，允许货物中非法或可疑的麻醉药品、精神药物运出、通过或运入其领土，以期查明犯罪的人的一种侦查技术。这里的控制下交付，是针对在国内实施的贩卖毒品的行为人而采取的一种特殊侦查措施，它是指侦查机关在知道行为人存在贩卖毒品行为的情况下，有意让其继续实施毒品交易并对其实施监控，待其交易时一举将其抓获的情形。所谓特情贴靠（接洽），又称机会提供，是指对已持有毒品待售或者有证据证明已准备实施出售毒品的贩毒者，侦查机关使用特情人员与其取得联络，并乔装“买家”与贩毒者交易时将其抓获的情形。此种情形不存在引诱的问题，所以在对行为人具体量刑时不需要加以特殊考虑。例如，《2008 年纪要》就特别指出，此种情形下“应当依法处理”。特情引诱包括犯意引诱和数量引诱。所谓犯意引诱，是指行为人本没有实施毒品犯罪的主观意图，而是在特情诱惑和促成下形成犯意，进而实施毒品犯罪的情形；所谓数量引诱，是指行为人只就其原本所持的毒品数量实施毒品犯罪的故意，在特情引诱下实施了超过其原有毒品数量的毒品犯罪的情形。特情引诱还可以继续演化成为双套引诱（或双重引诱）和间接引诱。前者是指特情为行为人既安排上线（卖家），又提供下线（买家）的情形；后者是“指受特情引诱的被告人的行为又引起了原本没有毒品犯意的其他人产生毒品犯罪故意，并实施了毒品犯罪行为”[①] 的情形。正如

---

① 徐宏、李春雷:《毒品犯罪研究》，知识产权出版社 2016 年版，第 122 页。

《2000年纪要》所称，由于特情引诱下“存在被使用的特情未严格遵守有关规定”的情况，所以《2008年纪要》进一步地特别强调：对因犯意引诱实施毒品犯罪的被告人，根据罪刑相适应原则，应当依法从轻处罚，无论涉案毒品数量多大，都不应判处死刑立即执行；对因数量引诱实施毒品犯罪的被告人，应当依法从轻处罚，即使毒品数量超过实际掌握的死刑数量标准，一般也不判处死刑立即执行；对于双套引诱下实施毒品犯罪的，处刑时可予以更大幅度的从宽处罚或者依法免予刑事处罚；对被告人受特情间接引诱实施毒品犯罪的，参照上述原则依法处理。

从上可以看出，与一般毒品交易情形相比，由于特情介入下毒品“交易”表现出较明显的可控性，亦即包括毒品交易的人员、时间、地点、价格、毒品种类及数量等均可在特情人员的控制范围内，因而此种情形的既遂、未遂标准是否有别于一般的毒品交易行为，值得研究。在理论界，很多学者认为，对于特情介入情形下查获的毒品犯罪，无论何种情形均应一律认定为未遂，对此基本不存在争议。如有论者认为，在利用特殊侦查措施、侦查机关对毒品交易过程进行监控的情况下，交易行为无论如何是不会对社会管理秩序造成危害的，而且其也不存在将毒品流入社会、危害公众健康的可能，亦即没有对本罪的法益构成现实的侵害或者威胁，因而无论从哪个角度看，都不能将此种情形下嫌疑人的犯罪行为认定为既遂，一般最多也就是犯罪未遂，有时甚至可能是不能犯的未遂。[①]但在实务界，却存在较明显的分歧，这种分歧主要来自辩护人与司法机关的“对决”。前者认为，在特情引诱情形下，行为人一般会构成贩卖毒品罪的未遂；[②]而后者则是遵循与一般的贩卖毒品行为既遂、未遂认定标准一致的原则，亦即，无论是交易成功，还是正在交易，甚至尚未正式交易就被查获，均被认定为既遂。

① 参见张洪成、黄瑛琦：《毒品犯罪法律适用问题研究》，中国政法大学出版社2013年版，第120页。另参见李立众：《犯罪未完成形态适用》，中国人民公安大学出版社2012年版，第133页。

② 参见娄秋琴：《常见刑事案件辩护要点》，北京大学出版社2018年版，第405页。

例如，上述所举马某某贩卖、运输毒品案，该案可谓是尚未正式交易即抓获被告人并将其认定为犯罪既遂的代表。因为，该案证据显示，虽然“买家”到马某某的车上验了“货”，但从被告人马某某的妻子潘某的证言看，其是在去“买家”的车上看钱（即确定“买家”是否真的有购买毒品的钱）还没有走到“买家”那辆车的时候即被抓获的，同时从证人黄某（崇左公安边防支队侦查队人员）出具的情况说明来看，其在马某某车上验完“货”后回到自己的车上叫郑某发信号给外围的抓捕人员过来抓捕，当马某某的妻子走过来看钱时，外围抓捕人员开车赶过来堵住马某某车尾，当场将马某某和其妻子抓获。显然，两个证人证言相互印证，证实了该案所涉毒品的交易并没有真正开始的事实。又如前述黄某某等贩卖、运输毒品一案，该案是被告人与警察乔装的“买家”正在交易时被抓而将被告人认定为犯罪既遂的适例。该案经审理查明，2016 年 4 月 29 日下午，在广西龙州县水口镇合平村那荷屯中越边境 925 号界碑附近，被告人黄某某、蒙某相互协助进行贩卖毒品，按照事先安排，蒙某与他人持毒品在附近等候，黄某某则与另一名男子先行与边防公安民警乔装的“买家”在汽车上接头并查验资金，得到确认后两人返回再由黄某某与蒙某携带 5 块毒品海洛因前往与“买家”交易，在靠近“买家”汽车时，黄某某让蒙某拿毒品先在附近山上等候，由其重新去确认“买家”。黄某某再次确认后，返回招呼蒙某携带毒品下山。当天 17 时许，当黄某某与蒙某携带毒品与“买家”在汽车上交易时被公安民警人赃俱获。[①] 而农某某贩卖毒品一案则是特情介入下交易成功而将被告人认定为犯罪既遂的典型：[②]

崇左市人民检察院指控，2015 年 10 月 28 日，被告人农某某为获取 5000 元报酬，答应帮助“真老板”（另案处理）在毒品交易过程中收钱、点

① 参见广西壮族自治区崇左市中级人民法院 (2017) 桂 14 刑初 18 号刑事判决书。

② 参见广西壮族自治区崇左市中级人民法院 (2016) 桂 14 刑初 32 号刑事判决书。

钱。当天17时许，“真老板”携带毒品驾驶车牌号为桂A×××××的小轿车搭载农某某前往广西龙州县金龙镇贵平村板探屯路段与公安民警乔装的“老板”交易毒品。在交易过程中，公安民警实施抓捕，“真老板”逃脱，民警当场抓获农某某，并查获可疑毒品18块，总净重6290克。经鉴定，从随机抽样送检的10份检材中均检出海洛因，含量为48.9%—62.5%。

公诉机关认为，被告人农某某的行为触犯了《刑法》第347条第2款第（1）项之规定，构成贩卖毒品罪。

被告人农某某的辩护人对指控的罪名无异议，但辩称，本案存在特情引诱，“广东老板”是公安民警，“小黄”是特情人员，在交易前后毒品都在公安机关的监控之下，农某某的行为属于犯罪未遂。

经审理查明，2015年10月28日中午，被告人农某某为获取5000元报酬，答应帮越南人“真老板”（在逃）在交易毒品过程中看钱和清点钱。当天16时许，农某某到广西龙州县金龙镇贵平村板探屯路段与特情和公安民警乔装的“老板”见面，确认“老板”带来购买毒品的钱后告诉了“真老板”。17时许，“真老板”携带毒品驾驶车牌号为桂A×××××的小轿车搭载农某某和特情前往金龙镇贵平村板探屯路段与公安民警乔装的“老板”交易。在交易过程中，公安民警实施抓捕，“真老板”逃脱，民警当场将正在清点钱的农某某抓获，并查获毒品18块，总净重6290克。经鉴定，从随机抽样送检的10份检材中均检出海洛因，含量为48.9%—62.5%。

关于犯罪未遂问题，法院评判如下：经查，综合本案的证据可以证实，“真老板”已将18块毒品交给了“老板”，“老板”也将毒资交给农某某，农某某在数钱的过程中被抓获，因此毒品已交给“老板”，毒资也交给了农某某，双方的毒品交易已完成，故构成贩卖毒品的既遂。

法院认为，被告人农某某违反我国对毒品的管理制度，明知是毒品海洛因仍进行非法贩卖，其行为已触犯《刑法》第347条第2款第（1）项的规定，构成贩卖毒品罪。公诉机关指控被告人农某某犯贩卖毒品罪的事实清楚，证据确实、充分，指控罪名成立。法院最后以被告人农某某犯贩卖毒品罪，判处无期徒刑，剥夺政治权利终身，并处没收个人全部财产。

从法院的评判可知，本案的毒品出卖方“真老板”已将18块毒品交给警察乔装的购买方“老板”，而“老板”也将毒资交给了被告人农某某，双方已经完成了毒品交易行为，从理论上看被告人已构成本罪的既遂（值得一提的是，此案是司法机关极少以毒品交易完成为依据认定本罪既遂的案例），应当说，此案在已经实际交付毒品的情况下，辩护人再提出被告人属于犯罪未遂的意见，似乎有“胡搅蛮缠”之嫌。但是在这种情况下，辩护人仍然坚称被告人为未遂，这并不能简单地将辩护人的辩护归于“胡搅蛮缠”之列，只能说明在特情介入下本罪的既遂、未遂问题非常值得研究。笔者认为，该案的辩护人提出的辩护意见是有道理的，并主张在特情介入下，本罪应一律以未遂处理。具体理由是：

首先，犯罪既遂形态的形成是行为人在实施犯罪过程中自身追求的自然结果，而不能是他人有意操控而导致。有学者指出：“作为一种完成形态犯罪，既遂犯应当是指行为人在犯罪意思支配下所实施的犯罪行为，已经具备了刑法分则所规定的某种犯罪构成全部要件的犯罪形态。”① 显然，此处的“犯罪意思支配”指的是行为人本人的主观故意以及其直接追求的某种目的。所以，某种犯罪的既遂，在不存在片面帮助共犯的前提下，只能是在行为人依着其本人目标的支配并操作下完成。而在特情介入下，毒品交易之所以成功，实际上是相关特情人员（包括联络人及乔装买家的警察等）的精心布局并在具体实施过程中操作得当之故。例如，李某某贩卖毒品案中特情人员凌某某的证言证实：2015年9月，其通过朋友认识李某某，李某某向其说手头上有货，问其能不能找到销路。后其把该情况反映到龙州县公安局禁毒大队，禁毒大队的领导让其跟李某某保持联系，伺机破案。10月6日左右，其按照禁毒大队领导的指示打电话给李某某说已经找到老板，李

① 马克昌主编:《犯罪通论》，武汉大学出版社2006年版，第488—499页。

某某问其要多少货，其说要2块，并说要拿样品给老板看。10月12日，李某某打电话给其说，她已经跟货主拿到样品，让其过去看。其就找了欧某1假扮其老婆跟其一起来到凭祥市夏石镇和李某某拿了两粒样品。10月13日，其和化装成老板的民警驾驶一辆小轿车来到凭祥市夏石镇，把车停在夏石镇糖厂门前路边后，其打电话给李某某让她过来看钱，李某某看好钱后，就打电话叫别人送货过来，过了十几分钟，有一男一女驾驶摩托车过来，后来外围的公安民警过来把他们抓住，并当场缴获1块毒品海洛因。[①] 显然，该案在破获前相关特情人员不仅进行了精心的准备，而且毒品交易的整个过程基本由特情把控，“引导”毒犯一步步进入交易现场并将其抓获。相反，如果没有特情的介入，行为人的毒品交易则有不成功的可能，这在实践中并不少见。例如，上述所举杨某等贩卖毒品案，被告人杨某、何某某共谋贩毒后，两人驾驶一辆小轿车从靖西市携带毒品到那坡县欲贩卖给朱某，后因故未能完成毒品交易。事实上，在特情介入下，案情的进展是在犯罪分子以外的人的操作下进行的，显然这种他人的人为操作使犯罪人不能把控自己的犯罪进程，应是一种违背犯罪规律的表现，因此，唯有将特情介入下的贩毒行为认定为犯罪未遂，才能与理论、法律以及实际相符。

其次，在特情介入下，无论“交易”是否实际完成均不能成立犯罪既遂。假如毒品“交易”没有完成（即在双方并没有交付毒品和给付毒资的情况下将毒犯抓获），那么按照上述一般情形下以实际交付毒品作为本罪既遂的要求，显然此种情形下不属于犯罪的既遂；如果实际完成了毒品“交易”（即交付了毒品和给付了毒资），那么此时也不能作为真正意义上的犯罪既遂，因为，这本身就是由特情人员导演的一场“毒戏”，亦即毒品即使“交易”完成，毒品最后也只能落到警察手里，不会也不可能流入社会，同时所谓的毒资也不会受损（从而使毒犯没有得逞）。因此，对于特情介入下完成毒品“交易”的情形，这只能在形式上（或表面上）破坏国家对毒品的

---

① 参见广西壮族自治区崇左市中级人民法院(2016)桂14刑初51号刑事判决书。

管制秩序，但是其实质上并不会也不可能对公众健康形成实害。所以，其只是构成犯罪，但不属于既遂。可以这样认为，在特情介入下，只要毒犯铁定选择与特情“交易”毒品，那么就不会有既遂的可能。实践中，对于已持有毒品且急于出售的贩毒者，有的在特情介入后已经十分明确或者笃定要与特情人员“交易”，而且还显示出急于交易的愿望，此种情形下，特情最后将行为人抓获是自然之事。例如，上述所举马某某贩卖毒品案，证人黄某（崇左公安边防支队侦查队人员）出具的情况说明：“2016 年 4 月 15 日，我支队接龙州大队金龙边防派出所报告，龙州县金龙镇贵平村的马某某手上有大量毒品海洛因急于销售，并找到我方‘朋友’，提出让‘朋友’帮他找购买毒品的下家。为此我支队成立专案组，并指派我与侦查队参谋郑某化装成购买毒品的下家与马某某联系，由我化装成老板，郑某化装成马仔。……2016 年 4 月 17 日上午，马某某多次打电话给我，催促我们到逐卜乡二级公路尽快交易。我们说还没准备好，马某某说他早已经安排人看好路了，路上很安全，到时候交易他只跟他老婆两个人过来。为了打消我们的顾虑，他还说交易完他会再安排好路线避开检查，确保我们安全离开龙州。到了 14 点左右，马某某问我可以交易没有，我说我们已经驾驶昨天开的那辆车在去往逐卜乡二级公路的路上了，马某某说他和他老婆开着昨天那辆车也在路上，到时车到了就靠边停下来随机交易就可以了。……”[1] 显然，被告人马某某实际已经被特情“套牢”，如此情形的特情介入意味着行为人的犯罪行为不会得逞，其当然应被认定为犯罪未遂。

最后，由于他人人为的操作可能阻止了犯罪中止的产生，因而作为“回报”，理应将特情介入下实施毒品“交易”的行为一律按照犯罪未遂对待。《2000 年纪要》指出：“因特情介入，其犯罪行为一般都在公安机关的控制之下，毒品一般也不易流入社会，其社会危害程度大大减轻，这在量刑时，应当加以考虑。”《2008 年纪要》认为：“对已持有毒品待售或者有证据证明

① 参见广西壮族自治区崇左市中级人民法院 (2016) 桂 14 刑初 84 号刑事判决书。

已准备实施大宗毒品犯罪者，采取特情贴靠、接洽而破获的案件，不存在犯罪引诱，应当依法处理。”另外，对于特情引诱的情形，按照上述两个“纪要”的要求也只是对行为人予以从轻处罚而已。从上可见，在特情介入下对行为人刑事处罚的公平性是存在疑问的。我们以特情贴靠为例，当特情人员与毒犯确定毒品交易的时间以及地点后，假如毒犯在前往交易地点的路上或者接近交易地点时，其突然选择退出不愿继续与特情交易，但特情立功心切，不断联系并催促毒犯从而使毒犯选择了继续交易，那么这无疑人为地阻止了犯罪中止的产生，因此《2008年纪要》规定在特情贴靠情形下对于行为人一律不作任何的从宽处理，这并不公平。由于采取特情贴靠的手段侦破毒品案件，也是因特情的主动作为促成与毒犯“交易”而将毒犯抓获，所以最后对行为人的处罚多少要考虑给予一定的“优待”，亦即以犯罪的未遂“换取”行为人可能会出现的犯罪中止，这应当是符合情理的。

第三节　本罪的共同犯罪问题

一、本罪主从犯的区分

在贩卖毒品的共同犯罪中，贩卖毒品的数量和共同犯罪人到案的状况成为主从犯区分容易受影响或者干扰的两个因素。具体来说，在行为人贩卖毒品数量很大并且有共同犯罪人没有到案的情况下，司法实践中很容易对到案的被告人作出不予区分主从犯的处理，或者在部分共同犯罪人没有到案的情况下，有的司法机关往往不作为共同犯罪处理，而对到案的被告人实际上作为主犯处理。对此，《2008年纪要》特别作了如下强调：一是“共同犯罪中能分清主从犯的，不能因为涉案的毒品数量特别巨大，就不分主从犯而一律将被告人认定为主犯或者实际上都按主犯处罚”；二是“毒品犯罪中，部分共同犯罪人未到案，如现有证据能够认定已到案被告人为共同犯罪，或者能够认定为主犯或者从犯的，应当依法认定”。据此，上述两个因素不应当也不能影响或者干扰本罪共同犯罪的认定及其犯、主从犯的划分。可以说，上述情形一般是发生在受雇或者受指使者到案而主谋者没有到案的场合，此时如果不将行为人的行为认定为共同犯罪且不予主从犯的区分，这对受雇或者受指使者来说是极为不公平的。当然，在实践中，在查明到案的被告人是在指使或者雇请他人实施贩卖毒品的情况下，而不将被指使人或者受雇人作为共同犯罪处理的现象也是不公平的表现。例如，袁某某贩卖毒品一案，该案经审理查明，2017 年 6 月上旬开始，被告人袁某某向班某提供毒品供其销售，2017 年 6 月 22 日 12 时许，班某在德保县城关镇莲城大街往武装部岔路口，以 50 元的价格向吸毒人员王某贩卖 1 粒毒品海洛因，后王某被民警查获，民警在王某身上缴获其刚从班某处购买的毒品海洛因疑似物 1 粒，经过秤，净重 0.06 克。当日 15 时许，袁某某在商业大院又交给班某 6 粒毒品海洛因去销售，后班某于当日 16 时许被民警抓获，民警在班某身上缴获毒品海洛因疑似物 7 粒，经过秤，净重 0.44 克。经鉴定，从班某、王某身上缴获的毒品疑似物中均检出海洛因。一审法院认为，被告人袁某某违反国家毒品管理法规贩卖毒品，其行为已触犯《刑法》第 347 条第 4 款之规定，公诉机关指控的犯罪事实清楚，证据确实充分，指控的罪名成立。最后法院以被告人袁某某犯贩卖毒品罪，判处有期徒刑 8 个月，并处罚金人民币 3000 元。[①] 显然，本案中的受雇者班某应当与被告人袁某某构成本罪的共犯（可以将其认定为从犯），但本案并没有对其追究刑事责任是值得质疑的。

《2008 年纪要》指出：“在毒品共同犯罪中，为主出资者、毒品所有者或者起意、策划、纠集、组织、雇佣、指使他人参与犯罪以及其他起主要作用的是主犯；起次要或者辅助作用的是从犯。受雇佣、受指使实施毒品犯

---

① 参见广西壮族自治区德保县人民法院 (2018) 桂 1024 刑初 10 号刑事判决书。

罪的，应根据其在犯罪中实际发挥的作用具体认定为主犯或者从犯。”据此，毒品共同犯罪中的主犯有两种：一是为主出资者、毒品所有者或者起意、策划、纠集、组织、雇佣、指使他人参与犯罪的人；二是除第一种主犯之外的“其他起主要作用”的人。对于第一种主犯类型，只要查明行为人符合上述各项情形中的一项或者几项的，一般可以将其认定为主犯。在具体应用中，如果共同犯罪人中有的没有归案，那么这种主犯主要是依靠到案被告人提供的各行为人的电话以及银行账户，通过对毒犯之间的电话、微信或者短信等通信交流以及资金来源流转等情况进行比对予以确定。亦即，对于案件中所提供或者掌握的诸如手机电子数据鉴定报告、银行账户、电话单记录等证据，在逐笔比对毒犯之间在银行中的资金往来状况，并逐条分析毒犯之间的通话、微信或 QQ 聊天的记录及相互交流的情况后，从中厘定毒品的所有者，毒资的真正提供者，贩毒的主动发起者，策划、纠集、组织者以及雇用或指使他人参与犯罪的人等事实，从而将其认定为该案的主犯，相反者或者上述属主犯的情形存疑者，则可以将其认定为从犯。实践中，对于单纯的不以牟利为条件的贩毒居间人，一般应将其认定为从犯；对于陪同贩毒的人（包括受雇人、受邀人、被利用人等），如果在陪同过程中超出单纯的陪同行为，实施了与贩毒相关联的行为，一般认定为从犯。另外，在中越边境地区，有的贩毒分子雇用边民为其送货、验货、验资、看守毒资、清点毒资等，被雇的边民为获取报酬跟毒犯一块实施贩毒，这样的情形下其在共同犯罪中当然是起次要或者辅助的作用，因而应认定其为从犯。如上述农某某贩卖毒品一案，被告人农某某为获取 5000 元报酬，答应帮越南人“真老板”在交易毒品过程中验资和清点毒资，法院最后将其认定为从犯无疑是正确的。不过值得注意的是，对于受雇佣、受指使者在共同犯罪中的地位问题，由于《2008 年纪要》规定“应根据其在犯罪中实际发挥的作用具体认定为主犯或者从犯”，所以由此可以解读出，并不是一律将受雇佣、受指使者排除在主犯范围之外，亦即，即使是受雇者、受指使者也并不是当然的从犯，也可以将其作为“其他起主要作用”的情形认定为主犯。

在受雇、受指使情形下，虽然贩卖者服从于雇主或处于他人的支配之下，但由于受雇者或者受指使者在实施贩毒犯罪活动中往往表现出积极地参与贩卖毒品的行为，因而对这类行为人究竟是认定为主犯还是从犯有时难以作出判断，从而成为本罪主从犯划分上的难点之一，也是实务界争议的焦点。比如，在实践中，有的参与者不仅为购毒人联系毒品来源，还亲自陪同或者引领购毒人到卖毒者处购买毒品，此种情形主从犯的区分就难度较大。笔者试举一例：甲欲购买毒品，联系乙帮寻找毒品卖家。当乙告知甲已找到毒品卖家时，甲以不熟悉卖家以及路况为由，请求乙驾驶自有小车陪同其共同前往购毒，承诺事成之后给予6000元好处费。于是乙驾驶自己的小车搭载甲到卖家处购买了10万元的毒品海洛因，在返回途中被执行毒品查缉任务的民警当场抓获。此例中，作为居间人乙当然与购毒者甲成立本罪的共犯无疑（准确地讲，双方是构成贩卖、运输毒品的共同犯罪），但对居间人乙究竟是以主犯还是从犯处理，是存在一定疑惑的。因为，按照《2008年纪要》，“在毒品共同犯罪中，为主出资者、毒品所有者或者起意、策划、纠集、组织、雇佣、指使他人参与犯罪以及其他起主要作用的是主犯”，甲作为出资、起意、策划、纠集、组织和雇佣者，其当属主犯无疑，而乙显然不属于上述所列情形的任何一种，但其是否属于“其他起主要作用”的情形，则值得探讨。有一种观点认为，根据《2015年纪要》的规定，居间介绍者实施为毒品交易主体提供交易信息、介绍交易对象等帮助行为，对促成交易起次要、辅助作用的，应当认定为从犯；对于以居间介绍者的身份介入毒品交易，但在交易中超出居间介绍者的地位，对交易的发起和达成起重要作用的被告人，可以认定为主犯。而在此例的共同犯罪中，乙不仅积极为甲联系毒品来源，同时为获得6000元的好处费还亲自驾车搭载甲前往购毒，可见，乙并不是帮助犯，而是实行犯，而且在共同犯罪中积极作为，其作用也并不见得次于甲，因而应将其与甲一起划为主犯之列。笔者认为，将乙认定为主犯并不妥当。因为，在实践中，居间介绍行为分为主动型和被动型两种。前者是指居间者为了赚取非法报酬主动为需出售或者购买毒品的人寻找购毒者或者毒品并牵线搭桥从中斡旋使毒品交易成功的行为；后者是指应他人的请求帮助寻找、联系毒品卖家或者买家的行为。居间行为的作用是能够促成毒品买卖双方交易，从而使毒品流通处于实然层面。而此例中，乙之所以联系毒品，是因为受甲的委托；其之所以驾车与甲一同前往，是因为甲许诺给其6000元的好处费。因此，乙是被动型的居间者（并非发起者），同时还是帮助者、受雇者。具体来说，在购买毒品中其受托为甲联系毒品，虽然其亲自驾车陪同甲前往毒源地购毒，但毒品具体交易的双方实际是甲和售毒者，那么乙应属于购买毒品的帮助犯；毒品交易成功后，由于乙继续搭载甲返回，所以在运输毒品中其应是受雇的实行犯。而购买毒品中乙是帮助犯并为当然的从犯，同时运输毒品中乙又是受雇者（且非独立实施者），其要比甲的作用小，所以总体来看，应将乙认定为从犯。又如陈某乙贩卖毒品案：[①]

防城港市港口区人民法院审理防城港市港口区人民检察院指控被告人陈某乙犯贩卖毒品罪一案，于2016年7月26日作出（2016）桂0602刑初79号刑事判决。原审被告人陈某乙不服，提出上诉。

原判认定，2016年4月3日，一名绰号“大眼九”的男子给了十几小包毒品“K粉”叫陈某乙帮送货，并许诺其可以从中免费吸食。2016年4月4日，陈某乙以每包50元的价格分别卖了4次共计9小包毒品“K粉”给陈某丙。当日22时许，陈某乙与陈某丙在企××镇××大道柏悦酒店××号房进行第4次毒品交易后被公安当场抓获。从陈某丙身上缴获2小包净重0.52克毒品氯胺酮，从陈某乙的身上缴获3小包净重分别为0.32克、0.36克、0.35克毒品氯胺酮及毒资100元、OPPO手机1部。

原判认为，被告人陈某乙明知是毒品而多次贩卖给他人，其行为已构成贩卖毒品罪。被告人陈某乙多次贩卖毒品给他人属于情节严重。被告人

① 参见广西壮族自治区防城港市中级人民法院(2016)桂06刑终123号刑事裁定书。

陈某乙归案后如实交代其犯罪事实，是坦白，可以从轻处罚。判决：被告人陈某乙犯贩卖毒品罪，判处有期徒刑3年，并处罚金人民币1万元。

上诉人陈某乙上诉称：（1）其帮“大眼九”送毒品给购毒人员，是从犯；（2）其只贩卖毒品2次，请求二审法院改判。其辩护人提出相同的辩护意见。

经审理查明，原判认定上诉人陈某乙4次贩卖毒品氯胺酮给陈某丙的事实清楚，证据确实充分，所采纳的证据亦经一审法院庭审举证、质证，可以作为定案的依据。

关于上诉人陈某乙是不是本案从犯的问题，二审法院的评判是：陈某乙在本案中独立完成4次贩卖毒品的行为，系贩卖毒品的实行犯，即使其确系帮他人贩毒，在共同犯罪中也起主要作用，是主犯，上诉人陈某乙及其辩护人提出是从犯的辩护意见，本院不予采纳。

二审法院最后认为，上诉人陈某乙违反国家毒品管理法规，明知是毒品而多次贩卖，其行为已构成贩卖毒品罪。原判定性准确。根据《刑法》第347条第4款规定，贩卖毒品情节严重的，处3年以上7年以下有期徒刑，并处罚金。上诉人陈某乙贩卖毒品4次，属情节严重，一审法院已在法定量刑幅度内对其判处最低刑罚，再要求从轻处罚于法无据。原判认定事实清楚，定罪准确，量刑适当，审判程序合法，应予维持。遂裁定：驳回上诉，维持原判。

本案认定的事实是一名绰号“大眼九”的男子以免费吸食毒品作为交换条件，给了十几小包毒品“K粉”叫陈某乙帮送货，可以看出，“大眼九”与被告人是雇主与雇员的关系。所以，被告人及其辩护人以此为由均提出，其是帮助“大眼九”送毒品给购毒人员，在共同犯罪中应属于从犯。法院对此没有采纳的理由是被告人属于实行犯，且其独立完成了4次贩卖毒品的行为，因而即使其是帮“大眼九”送货，在共同犯罪中也起主要作用。笔者认为，被告人在一天之内帮助“大眼九”共4次将9小包毒品“K粉”送（卖给）陈某丙，的确表现出了非常积极的实施贩卖毒品的行为，且属于《刑法》第347条第4款规定的“情节严重”，因而法院将其认定为主犯并非没有道理。不过，本案单以被告人属于实行犯即确立其为主犯，似乎尚有进一步探讨的余地。首先，被告人虽然是吸毒者，但并不一定一开始就有贩卖毒品的犯意，为此“大眼九”就有可能是教唆犯。亦即，如果被告人是在被教唆之下产生帮助“大眼九”送货的犯意的，那么这种被动性的犯罪行为在共同犯罪中是可以往小的作用方向倾斜考虑的。其次，被告人作为吸毒者，其受“大眼九”控制的可能性很大。因为其一旦不帮助送货，就会有“断毒”的可能，由此，被告人为了能免费吸食毒品，宁愿帮助“大眼九”实施运送毒品的冒险行为，而“大眼九”也正是利用被告人吸毒这一弱点，以免费吸毒作为交换条件，怂恿、指使其帮助送货。所以从这个角度分析，双方似乎并不是单纯的雇佣和被雇佣的关系，而是表现出一种精神上的控制与被控制的关系。如果这种控制使被告人的意志自由达到受限的程度，那么可以将其归为胁从犯的范畴。最后，虽然被告人4次为“大眼九”送了共计9小包毒品“K粉”给陈某丙，客观上表现出了积极的实行行为，但是，这4次是在一天内完成的，而且又是送给同一购买对象，这与不同时间针对不同购毒对象的场合实施贩毒所表现出的主观恶性是不一样的。同时，被告人仅仅是为“大眼九”送货，关于贩卖毒品的对象、价格、交易地点等均由“大眼九”或者购毒者决定。因此，被告人即使积极实施了贩卖毒品的行为，但此种“积极”具有表象性，不具有实质性，因而可以将其认定为起次要作用的从犯。综上，本案辩护人提出被告人是从犯的辩护意见也并非没有道理。

二、本罪能否存在对向犯的探讨

长期以来，实务界就毒品的出卖方和购买方是否为共同犯罪一直存在争议，争议一般发生在辩护人与司法机关之间。其具体表现为：辩护人认为毒品的买卖双方是共同犯罪，因而在某些情形下应该区分主从犯；而司法机关（主要是审判机关）则认为，卖家与买家属于上下家关系，双方不属于共同犯罪，因而不存在区分主从犯的余地，应按照各自的犯罪分别承担刑事责任。如下2个案例便是上述争议的例证。

案例一：胡某某等贩卖、运输毒品案[①]

经审理查明，2015年10月4日，被告人张某某多次将现金通过银行转账给被告人胡某某，以购买毒品氯胺酮（俗称“K粉”）用于贩卖。同年10月6日，胡某某购买到“K粉”后，从广东省东莞市搭乘长途客车，于次日7时许到达防城港市防城区东兴路口，下车后又搭乘一辆摩托车到亲水湾小区附近准备向张某某交货，在支付车费时被民警抓获，当场从其携带的一个纸箱内，查获6包毒品“K粉”以及5包底粉。与此同时，张某某在抓获胡某某现场附近发现异常遂驾车逃跑，被民警追赶并在防城区河堤街将其抓获。经称量，查获的6包毒品“K粉”总净重5580克；经鉴定，均检测出氯胺酮成分，含量为51.7%—72.9%。

被告人胡某某的辩护人提出：被告人胡某某是从犯。

法院认为，被告人胡某某违反国家对毒品的管理规定，明知是毒品氯胺酮而予以贩卖、运输，其行为已构成贩卖、运输毒品罪。被告人张某某以贩卖为目的购买毒品，其行为已构成贩卖毒品罪。公诉机关指控的罪名成立。被告人胡某某与张某某属于贩卖毒品的上下家关系，不属于共同犯罪，辩护人提出胡某某是从犯的意见不成立，本院不予采纳。最后，法院以被告人胡某某犯贩卖、运输毒品罪，判处有期徒刑15年，剥夺政治权利3年，并处没收个人财产人民币6万元；以被告人张某某犯贩卖毒品罪，判处有期徒刑15年，剥夺政治权利3年，并处没收个人财产人民币5万元。

---

① 参见广西壮族自治区防城港市中级人民法院(2017)桂06刑初12号刑事判决书。

案例二：赵某某等贩卖、运输毒品案[①]

崇左市人民检察院指控，2017年3月8日22时许，被告人赵某某电话联系被告人农某某购买1块海洛因，并叫被告人何某某驾驶2轮摩托车到宁明县跟农某某交易并接取毒品。何某某跟农某某购买1块毒品后，将毒品运到宁明县边防检查站往宁明县城方向约1公里的公路边交给赵某某。随后，农某某与赵某某碰面，3人聚集时，公安民警将农某某、赵某某当场抓获，何某某逃脱。公安民警在赵某某驾驶的宝马汽车驾驶室座位上查获1块毒品，在赵某某外套右边口袋查获1小包毒品，分别净重352克和2.6克。经送检鉴定，从检材中均检出了海洛因，含量分别为68.6%和69.1%。2017年4月13日12时许，公安民警在何某某家中将何某某抓获。

公诉机关认为赵某某、农某某、何某某的行为触犯了《刑法》第347条第2款第（1）项之规定，应当以贩卖、运输毒品罪追究赵某某、何某某的刑事责任，以贩卖毒品罪追究农某某的刑事责任。

被告人农某某的辩护人辩称，农某某与赵某某是共同犯罪，不是上下家关系，其帮赵某某找毒品，是不同分工，且所起作用较轻，是从犯。

关于农某某与赵某某是否属于共同犯罪，是否是从犯的问题，法院评判如下：经查，根据被告人农某某、赵某某的供述，结合本案的其他证据，可以证实，赵某某以76000元向农某某购买一块毒品，农某某以75000元跟“阿左”买了一块毒品后交给何某某转交给赵某某，农某某从中赚取了1000元差价；而且，农某某卖给赵某某毒品的来源，以什么价格购进，均由农某某独自决定，无需跟赵某某商量，因此，农某某与赵某某是毒品上下家关系，不构成共同犯罪，不是从犯。农某某及其辩护人对此所作的辩护意见与事实不符，不予采纳。

法院认为，被告人赵某某、农某某、何某某违反国家有关毒品管理的规

---

① 参见广西壮族自治区崇左市中级人民法院(2017)桂14刑初85号刑事判决书。

定，贩卖、运输毒品，其行为均触犯了《刑法》第347条第2款第（1）项的规定，其中赵某某、何某某构成贩卖、运输毒品罪，农某某构成贩卖毒品罪。公诉机关指控赵某某、何某某犯贩卖、运输毒品罪，农某某犯贩卖毒品罪的事实清楚，证据确实、充分。在赵某某、何某某共同犯罪中，赵某某提出犯意，联系农某某购买毒品，出资并雇请何某某购买毒品，起主要作用，是主犯，应按其所参与的全部犯罪处罚；何某某受雇于赵某某，帮赵某某跟农某某购买毒品，起次要作用，是从犯，应当从轻、减轻或者免除处罚。被告人赵某某曾因犯盗窃罪被判处有期徒刑，刑满释放后5年内再犯应当判决有期徒刑以上刑罚，是累犯，依法应当从重处罚。被告人赵某某贩卖、运输毒品数量大，社会危害大，又是累犯，虽有以贩养吸和有如实供述情节，但主观恶性深，故给予从重处罚。被告人农某某贩卖毒品数量大，社会危害较大，鉴于其如实供述自己的罪行，依法给予从轻处罚；被告人何某某，贩卖、运输毒品数量大，鉴于其是从犯，主观恶性相对较小，依法给予减轻处罚。最后，法院以被告人赵某某犯贩卖、运输毒品罪，判处无期徒刑，剥夺政治权利终身，并处没收个人全部财产；被告人农某某犯贩卖毒品罪，判处有期徒刑15年，剥夺政治权利4年，并处没收个人财产人民币5万元；被告人何某某犯贩卖、运输毒品罪，判处有期徒刑13年，并处罚金人民币3万元。

上述两案中，辩护人均提出了毒品的出卖方与购买方成立共同犯罪的辩护意见，而法院最后均以买卖双方属于“上下家”关系为由，对辩护人的意见不予采纳。那么，对于买卖毒品双方究竟是以共同犯罪处理，还是以“上下家”为由否定共同犯罪的存在而各自论处？目前在理论上很少有人对此单独论及。尽管《2008年纪要》明确强调“没有实施毒品犯罪的共同故意，仅在客观上为相互关联的毒品犯罪上下家，不构成共同犯罪”，实践中司法机关也据此以买卖毒品双方属于“上下家”关系为由否定了本罪存在对向犯的可能，且已基本定型，但鉴于实践中存在着这样的争论，而且还不是极少数现象，所以还是有必要对此作一番较为深入的研究。

买卖毒品双方能否成立共同犯罪，实际上牵涉到刑法理论中对向犯的问题。对向犯又称对合犯、对行犯，是必要的共同犯罪的一种情形，其“是指以存在二人以上相互对向的行为为要件的犯罪”[①]，其特点是，“如缺少任何一方对向行为，犯罪就不能成立”[②]。我国《刑法》中的对向犯包括三种类型：一是同罪同刑，如重婚罪等；二是异罪异刑，如行贿罪与受贿罪等；三是只处罚一方，如贩卖淫秽物品牟利罪，只处罚贩卖者，不处罚购买者。关于本罪的买卖双方能否基于相互对向的行为成立共同犯罪，首先需要解决的是本罪的买卖行为是否为对向行为。

我国《刑法》中规定了较多与“买卖”“出售”“出卖”“购买”“销售”“倒卖”“贩卖”行为有关的对向犯。例如，涉及“同罪同刑”对向犯的罪名有：非法买卖枪支、弹药、爆炸物罪，非法买卖危险物质罪，买卖国家机关公文、证件、印章罪，非法买卖警用装备罪，非法买卖制毒物品罪，非法买卖毒品原植物种子、幼苗罪，等等；涉及“异罪异刑”对向犯的罪名有：出售伪造的增值税专用发票罪与购买伪造的增值税专用发票罪，非法出售增值税专用发票罪与非法购买增值税专用发票罪，等等；涉及“只处罚一方”对向犯的罪名有：销售伪劣产品罪，销售假药罪，销售劣药罪，销售不符合安全标准的食品罪，销售有毒、有害食品罪，非法出售发票罪，销售假冒注册商标的商品罪，倒卖车票、船票罪，倒卖文物罪，擅自出卖国有档案罪，贩卖淫秽物品牟利罪，等等。那么本罪的“贩卖”的双方能否与上述所列各罪一样成为对向犯呢？笔者认为，基于如下分析，毒品买卖双方可以成为对向犯，而成立必要的共同犯罪，理由是：

第一，毒品买卖双方缺少任何一方，本罪无以存在。如上所述，本罪的“贩卖”实际上已经由开始的“倒卖”发展为与“买卖”具有相同内涵的行为，亦即其包括了两种情形：一是出卖毒品（含购买毒品后出卖以及将自有的毒

① 张明楷：《刑法学（上）》，法律出版社2016年版，第386页。

② 林亚刚：《刑法学教义（总论）》，北京大学出版社2014年版，第513页。

品出卖）；二是以贩卖为目的而非法收买毒品。既然以贩卖为目的而非法收买毒品的行为也构成贩卖毒品罪，那么本罪就与上述非法买卖枪支、弹药、爆炸物等犯罪一样，买卖毒品的双方也会成为对向犯，亦即缺少一方就没有本罪存在的余地（当然可能构成其他毒品犯罪）。应当说，《2008年纪要》将毒品买卖双方确定为“上下家”关系从而否定买卖毒品双方成立共同犯罪并不准确。因为，买卖毒品是基于双方的合意，应具有共同的犯罪故意，并实际实施了共同的贩卖毒品的行为（即出售方与购买方均构成贩卖毒品的行为），因而符合我国《刑法》关于共同犯罪的规定。值得强调的是，毒品买卖虽然属于非法交易，但其本质也是一种合同，“上下家”只不过是毒品卖方（上家）和买方（下家）的俗称，并不能以此割裂双方在主观及客观上的共同联系，除非将司法解释中的“以贩卖为目的而非法收买毒品”的行为构成贩卖毒品罪的规定删除，或者在刑法中专门设置购买毒品罪这一罪名。

第二，吸毒者购买毒品即使依其购毒的数量不构成犯罪，但其可以成为贩卖毒品的教唆犯或者帮助犯。对于吸毒者购买极少量毒品（即毒品数量未超过《刑法》第348条规定的最低数量标准）只用于自己吸食的，此时本罪属于“只处罚一方”对向犯的类型，虽然从规范的层面而言吸食者不构成犯罪，但是在实然层面其可能成立贩卖毒品的教唆犯或者帮助犯，从而与出卖方成立共同犯罪。在国外，理论上将只处罚一方的情形称为片面的对向犯，对于刑法规定只处罚一方，而对另一方不处罚的行为能否作为任意的共犯直接根据刑法总则的规定将其作为教唆犯或者帮助犯处罚？对此理论上存在不同的观点。持否定观点的学者认为，在具有对向犯性质的A、B两个行为中，立法者仅将A行为作为犯罪类型予以规定时，当然预想到了B行为，既然立法者不设规定处罚B行为，就表明立法者认为B行为不具有可罚性。如果将对方以教唆犯或帮助犯论处，则不符合立法者的意图。[①] 如果法律规定的构成要件必须包含或必

① 参见张明楷：《外国刑法纲要》，清华大学出版社2007年版，第298页。

须以另一个主体的行为为前提，但法律并没有规定应对该主体进行处罚，那就意味着法律没有要处罚该主体的意思，否则就违背了罪刑法定原则。[①]持肯定观点的学者认为，如果不处罚的一方的参与行为超出了定型性、通常性的程度，就应以教唆犯、帮助犯论处。例如，如果对方并不出售淫秽物品，但购买者积极地推动对方，劝导其出售淫秽物品给自己的，购买者则成立教唆犯。[②]我国学者一般持肯定的观点。如有学者认为，虽然立法不明文规定处罚对方的行为，但并不意味着立法已经完全排除了在任何情况下将对方行为以该罪的共犯论处的可能。在对方行为非常明显地超过了通常的参与方式，对犯罪意图的产生起到关键作用或者对犯罪行为的实施起到重大的促进作用时，超出了法秩序的容忍范围，可以将其以教唆犯或者帮助犯论处。[③]另有学者认为，要判断“不罚一方”是否适用刑法关于共同犯罪规定来定罪，应当看“不罚一方”的行为表现是否属于对向行为的正常模式，如果其行为表现是反常的、过分的，超出了对向行为的正常模式，就应当适用刑法关于共同犯罪的规定追究其刑事责任。例如，教唆引诱没有贩卖毒品犯意的人贩卖毒品给他，就应当以贩卖毒品罪的教唆共犯对购买者追究刑事责任。[④]事实上，司法解释对“不罚一方”作为共犯处罚也作出了肯定性规定，如2001年4月10日实施的《最高人民法院、最高人民检察院关于办理生产、销售伪劣商品刑事案件具体应用法律若干问题的解释》第6条第4款规定：“医疗机构或者个人，知道或者应当知道是不符合保障人体健康的国家标准、行业标准的医疗器械、医用卫生材料而购买、使用，对人体健康造成严重危害的，以销售不符合标准的医用器材罪定罪处罚。”

① 参见[意]杜里奥·帕多瓦尼:《意大利刑法学原理(注评版)》，陈忠林译评，中国人民大学出版社2004年版，第350页。

② 参见张明楷:《外国刑法纲要》，清华大学出版社2007年版，第299页。

③ 参见陈志军:《共同犯罪的理论与实践》，中国人民公安大学出版社2012年版，第91页。

④ 参见林肃娅、候斌主编:《刑法学热点问题研究》，四川人民出版社2006年版，第19—20页。

就本罪而言，实践中并不能排除购毒者实施反常、过分的教唆或帮助行为。例如，毒瘾发作的吸毒者甲采用胁迫的方法要求没有贩毒故意的乙出售仅用于吸食的毒品给其，甲的此种行为便是一种超乎常规的教唆行为。可见，本罪也会出现“不罚一方”成立教唆犯或帮助犯的可能。此种情形在具体处罚时，如果是帮助犯，就以从犯论处；如果是教唆犯，则“按照他在共同犯罪中所起的作用处罚”。

第三，本罪刑法适用中所遇到的问题，可以证成买卖毒品双方成立共同犯罪的妥当性。我们暂且先从贩卖毒品上下家死刑适用的问题上开始分析。《2015 年纪要》指出：“对于贩卖毒品案件中的上下家，要结合其贩毒数量、次数及对象范围，犯罪的主动性，对促成交易所发挥的作用，犯罪行为的危害后果等因素，综合考虑其主观恶性和人身危险性，慎重、稳妥地决定死刑适用。对于买卖同宗毒品的上下家，涉案毒品数量刚超过实际掌握的死刑数量标准的，一般不能同时判处死刑；上家主动联络销售毒品，积极促成毒品交易的，通常可以判处上家死刑；下家积极筹资，主动向上家约购毒品，对促成毒品交易起更大作用的，可以考虑判处下家死刑。涉案毒品数量达到巨大以上的，也要综合上述因素决定死刑适用，同时判处上下家死刑符合罪刑相适应原则，并有利于全案量刑平衡的，可以依法判处。”从上可见，在衡量买卖毒品的上下家谁被判死刑的问题上，司法机关虽然没有认可上下家属于共同犯罪，但是对于买卖同宗毒品的上下家，在“一般不能同时判处死刑”时，其以“犯罪的主动性，对促成交易所发挥的作用”为依据决定死刑适用，这无疑是运用了共同犯罪的原理或者规定。因为，按理，如果不以共同犯罪处理，就不需要对上下家的作用进行比较，按照各自的犯罪依法处理即可（亦即该同时判处死刑的就应同时判处死刑）。但既然需要进行比较，就必须承认在共同犯罪的前提下进行，亦即，只有将买卖双方置于共同犯罪中，才能比较出双方的责任大小，否则，就难以实现双方刑罚的平衡。例如，甲出卖了 50 克海洛因给乙，假如双方均没有从重或从轻的法定情节，也不考虑甲属于出卖毒品的既遂而乙属于贩卖毒品的预备，那么双方就均应在“15年有期徒刑、无期徒刑或者死刑”中选择同样的刑种适用。但是，如果甲主动唆使乙购买或者乙主动要求甲出售毒品，此时双方的处罚是一样的，这一结果要说是实现了罪责刑相适应的目标，无论如何是存在疑问的。所以，如要达到罪责刑相适应的目标，就只能将甲、乙置于共同犯罪中进行比较，这样才能实现刑罚的个别化，才能实现公平与公正。显然，如果买卖毒品的双方不以共同犯罪处理的话，就会出现刑罚适用上不协调的问题，所谓法律效果与社会效果的统一也就无从谈起。

我们继续以上述两个案例进行论证。案例一中的被告人胡某某和张某某最后均被判处有期徒刑15年，但是经审理查明“被告人张某某多次将现金通过银行转账给被告人胡某某，以购买毒品氯胺酮用于贩卖”，同时公诉机关提供的“抓获经过”“证实2015年8月10日，防城港市公安局防城区分局禁毒大队在工作中发现张某某长期从广东购买毒品K粉回防城贩卖”。从总体来看，应当说被告人张某某在犯罪中的主动性要比胡某某强，甚至其有教唆的可能。从最后的判决结果来看，对于胡某某来说有不公平之嫌（在附加刑方面胡某某还要比张某某稍重：前者是没收个人财产6万元，后者是5万元），所以胡某某的辩护人从共同犯罪的角度提出其为从犯，并不是没有道理的。而要本案最后的处理结果达到公平，就必须按照共同犯罪处理，使得胡某某能够获得从犯的地位，这样胡某某就有可能不被判处15年有期徒刑。案例二中的被告人农某某被判处15年有期徒刑，也似有不公平、公正之嫌。因为，本案是由被告人赵某某提起并出资购买毒品，赵某某虽然被判处无期徒刑，但这是因其在与何某某的共同犯罪中作为主犯，同时其还属于累犯需从重处罚而导致的，所以相比之下，农某某所领受的刑罚量还是有一定的“委屈”之感。但是，如果将农某某与赵某某作为共同犯罪处理，这种刑罚不协调的现象就会得到最大限度的缓和。基于此，该案的辩护人所提出的“农某某与赵某某是共同犯罪，不是上下家关系，其帮赵某某找毒品，是不同分工，且所起作用较轻，是从犯”的辩护观点，并非没有道理。值得注意的是，上述2个案例仅仅是笔者初步发现的代表，同时还可能算不上典型，也许司法实践中尚有更多更典型的案例存在。

第四，居间介绍中的共同犯罪问题可以证成买卖毒品双方成立共同犯罪的必要性。根据1994年12月20日最高人民法院《关于适用〈全国人民代表大会常务委员会关于禁毒的决定〉的若干问题的解释》第2条第4款规定，居间介绍买卖毒品的，无论是否获利，均以贩卖毒品罪的共犯论处。《2008年纪要》第1条规定，明知他人实施毒品犯罪而为其居间介绍、代购代卖的，无论是否牟利，都应以相关毒品犯罪的共犯论处。根据《2015年纪要》第2条规定，居间介绍者在毒品交易中处于中间人地位，发挥介绍联络作用，通常与交易一方构成共同犯罪，但不以牟利为要件；……居间介绍者受贩毒者委托，为其介绍联络购毒者的，与贩毒者构成贩卖毒品罪的共同犯罪；明知购毒者以贩卖为目的购买毒品，受委托为其介绍联络贩毒者的，与购毒者构成贩卖毒品罪的共同犯罪；受以吸食为目的的购毒者委托，为其介绍联络贩毒者，毒品数量达到《刑法》第348条规定的最低数量标准的，一般与购毒者构成非法持有毒品罪的共同犯罪；同时与贩毒者、购毒者共谋，联络促成双方交易的，通常认定与贩毒者构成贩卖毒品罪的共同犯罪。从上可见，无论是司法解释还是“纪要”均肯定了居间者要与他人“以相关毒品犯罪的共犯论处”，只不过《2015年纪要》作出了更加明确的规定。但是此种根据委托人的不同将居间者与买卖双方的其中一方按共同犯罪处理，可能出现如下问题：一是对于居间者同时与贩毒者、购毒者共谋的情形，将居间者通常认定为与贩毒者构成贩卖毒品罪的共同犯罪，这与司法解释的规定相冲突。因为，司法解释将“以贩卖为目的而非法收买毒品”的行为也确定构成本罪，那么居间者既然与贩毒者（出卖方）构成共同犯罪，当然就没有理由排除其与购毒者也构成共同犯罪，而“纪要”只认定居间者与贩毒者构成本罪的共犯，这无疑是自相矛盾的表现。显然，此种情形下，只有将居间者与毒品买卖双方一并作为共同犯罪处理，才能解决上述矛盾。二是居间者受以吸食为目的的购毒者委托的情形，将其单与委托者认定为非法持有毒品罪的共同犯罪，可能出现司法上的困境。因为，居间者为吸毒者介绍联络贩毒者，如果购毒数量没有达到《刑法》第348条规定的最低数量标准的，则委托者不构成非法持有毒品罪，居间者当然也同时不构成该罪。但是，居间者的行为毕竟引发了贩毒者出卖毒品这一结果，正是其介绍联络的行为使得毒品能够交易并予流通，因而此时如果仅关注居间者与吸毒者是否构成非法持有毒品罪的共犯是不够的（特别是主动型的居间者，其行为的危害性更应受到刑法的关注），否则，将会出现司法上的困境。比如，居间者利用上述规定的空当，每次为吸毒者居间介绍都是购买9克海洛因，其共为吸毒者介绍了10次，那么就有90克的海洛因流入到了吸毒者处，要是此种居间的情形更多，就有更多数量的毒品出现在吸毒者手中。显然，按照上述规定，居间者每次为吸毒者介绍购毒的数量均未达到《刑法》第348条规定的最低数量标准，其与吸毒者就均不构成非法持有毒品罪，这不能不说是无法让人接受的事实。所以，此时如果将居间者视为买方，并作为与卖方的对向犯按照共同犯罪处理，就不会出现上述司法困境。综上，将毒品买卖双方作为共同犯罪处理，完全具有必要性。

第三章 运输毒品罪

第一节　本罪“运输”的内涵及其认定

一、本罪“运输”内涵的既有理论与实践观点

从语义上看，“运输”具有“用交通工具把旅客或物质从一个地方输送到另一个地方”之意。[①]可见，语义上的“运输”只限于交通工具这一种方式，但在刑法语境下，运输毒品之“运输”实际已大大突破了其原有词义的范围。

截至目前，学术界为本罪“运输”给出的定义可谓林林总总。笔者仅就近年来学者所发表的看法，整理出以下几种主要观点：

第一种观点认为：“运输毒品，是指以携带、邮寄、利用他人或者使用交通工具等方法在我国领域内运送毒品的行为。”[②]

第二种观点认为：“运输毒品，是指明知是毒品而采用携带、邮寄、利用他人或者使用交通工具等方式，非法在国内将毒品由此地运往彼地的行为。”[③]

第三种观点认为：“运输毒品行为，是指在国（边）境范围内，将毒品

---

① 参见《新华词典》，商务印书馆2013年版，第1252页。

② 高铭暄、马克昌主编：《刑法学》，北京大学出版社、高等教育出版社2017年版，第594页。

③ 于世忠主编：《中国刑法学分论》，厦门大学出版社2017年版，第273页。

从一地移动到另一地的行为。”[①]

第四种观点认为：“运输毒品，是指明知是毒品而非法运载的行为。运输的方式多种多样，凡是使毒品所在地发生变化的行为都是运输。”[②]

第五种观点认为：“所谓运输毒品罪，是指行为人明知是毒品而采取携带、邮寄、利用他人或者使用交通工具等方式，为他人在国（边）境内运送毒品的非法行为。”[③]

在实务界，最高司法机关通过司法解释的方式，对本罪的“运输”作出界定。根据1994年12月20日最高人民法院《关于适用〈全国人民代表大会常务委员会关于禁毒的决定〉的若干问题的解释》第2条规定，所谓运输毒品，是指明知是毒品而采用携带、邮寄、利用他人或者使用交通工具等方法非法运送毒品的行为。2012年5月16日最高人民检察院、公安部《关于公安机关管辖的刑事案件立案追诉标准的规定（三）》第1条第5款规定，“运输”是指明知是毒品而采用携带、寄递、托运、利用他人或者使用交通工具等方法非法运送毒品的行为。

从上看出，就本罪的“运输”方式而言，虽然有的列举了诸如携带、寄递、托运、利用他人或者使用交通工具运送毒品的方法，但其在列举的同时都用“等”字作了表述，因而其与没有作出任何列举“运输”行为方式的观点实际是相同的，可见，目前理论界与实务界对此均不存在争议。上述观点或规定存在不同的地方，一是有的将“运输”的空间范围限定在“国内”“我国领域内”或者“国（边）境范围内”；二是有的在行为人的主观上作了“明知”以及在“运送”行为前加了“非法”的限定词；三是有的将本罪的“运输”限定在为“他人”运输毒品的范围内，其言下之意是毒犯为本人实施运输的不能构成运输毒品罪。

① 郑伟：《毒品罪三疏两议》，法律出版社2011年版，第60页。

② 周光权：《刑法各论》，中国人民大学出版社2011年版，第380页。

③ 张洪成、黄瑛琦：《毒品犯罪法律适用问题研究》，中国政法大学出版社2013年版，第135页。

理论界和实务界存在的最大争议，是本罪的“运输”是否需要有距离限制的问题。在理论界，持否定观点的学者认为，本罪的“运输”不应有任何距离的限制，只要行为人启动运输，运输距离的长短对本罪的成立没有影响，亦即，即使运输距离很近，符合运输条件的行为也应该定罪；[①]持肯定观点的学者则认为，运输要求具有一定的距离性，距离较近的不构成运输。如有学者认为：“所谓运输毒品，是指将毒品从此地运往彼地的行为，运输毒品时，两地之间一般应相距较远。”[②]另有学者认为，运输毒品的行为表现为转移毒品的所在地，因而成立本罪必须要有距离上的要求，即运输是从一地到另一地的毒品的空间位移，这两地之间的距离不能过短，如从同一城区的一房屋内到另一房屋内的毒品位移，显然不能以运输论。[③]不过从既有的研究来看，多数学者赞同本罪运输的距离不应有限制。

与理论界一样，在实务界也存在着正反两种不同的观点。有的认为本罪属于行为犯，不需要距离远近的限制，只要一经实施运输，就满足本罪的构成要件；有的则认为需要有一定的距离，才能体现出“运输”空间位移的特征。笔者且列举3个案例以资佐证。

案例一：周某某贩卖、运输毒品案[④]

广西壮族自治区崇左市人民检察院指控，2012年5月5日，被告人吴某某向越南籍男子“亮旧”购得1块毒品海洛因，并将该毒品交给被告人周某某。当日12时许，被告人周某某携带毒品到宁明县汽车站候车时被公安人员抓获，当场从周某某携带的手提包内查获可疑毒品1块，净重为340.2

① 参见谢望原、赫兴旺主编：《刑法分论》，中国人民大学出版社2011年版，第362页；周光权：《刑法各论》，中国人民大学出版社2011年版，第380页。

② 贾宇主编：《刑法学》，中国政法大学出版社2017年版，第435页。

③ 参见梅传强、胡江、赵亮编著：《走私、贩卖、运输、制造毒品罪立案追诉标准与司法认定实务》，中国人民公安大学出版社2010年版，第78页。

④ 参见广西壮族自治区崇左市中级人民法院(2013)崇刑初字第48号刑事判决书。

克。经送检，从所送检材中检出海洛因，含量为55.7%。

公诉机关认为被告人周某某、吴某某的行为触犯了《刑法》第347条第2款第（1）项之规定，被告人周某某构成运输毒品罪、被告人吴某某构成贩卖毒品罪。

被告人周某某的辩护人辩称，被告人周某某是帮助他人运输毒品，是从犯；被告人吴某某的辩护人辩称，被告人吴某某的行为属于居间介绍，是从犯。

经审理查明，2012年5月5日，被告人吴某某帮被告人周某某购得一块毒品海洛因后，于当日中午在宁明县城中镇的水果市场将毒品交给被告人周某某，吴某某从中获利2000元。被告人周某某携带毒品到宁明县城中镇汽车站欲搭乘快班车前往南宁再转车回四川，但刚到宁明县城中镇汽车站候车室即被公安人员抓获，当场从周某某携带的手提包内查获1块毒品海洛因。经称量，毒品净重340.2克。经检验，从所送检材中检出海洛因，含量为55.7%。侦查机关根据情报线索，于当日下午在江州区板利乡抓获被告人吴某某。

法院认为，被告人周某某、吴某某违反我国对毒品的管理制度，周某某明知是毒品海洛因仍非法贩卖、运输，被告人吴某某明知是毒品海洛因仍进行非法贩卖，2个被告人的行为已触犯《刑法》第347条第2款第（1）项的规定，被告人周某某的行为构成贩卖、运输毒品罪，被告人吴某某的行为构成贩卖毒品罪。最后，法院以被告人周某某犯贩卖、运输毒品罪，判处无期徒刑，剥夺政治权利终身，并处没收个人全部财产；被告人吴某某犯贩卖毒品罪，判处有期徒刑15年，剥夺政治权利4年，并处没收个人财产人民币5万元。

案例二：赵某某运输毒品案[①]

广西壮族自治区崇左市人民检察院指控，2016年10月，被告人赵某某

① 参见广西壮族自治区崇左市中级人民法院(2017)桂14刑初49号刑事判决书。

叫被告人李某某帮忙购买毒品海洛因，李某某联系被告人黄某某购买，黄某某与李某某商定价格为每块人民币9万元。而李某某告诉赵某某价格为人民币105000元，赵某某同意购买。10月19日21时许，在扶绥县城鑫宇宾馆506号房，黄某某将一块海洛因交给由李某某通知前来的赵某某，赵某某当场支付现金9万元给黄某某。10月20日早上，赵某某又到建设银行领取现金1万元给李某某，尚欠部分毒资李某某同意过后再给。当天10时许，赵某某等人驾驶粤C××××× 丰田汉兰达越野车离开扶绥到南友高速公路扶绥收费站入口处时被民警拦截检查，民警在该车辆的天窗夹层处查获一块毒品海洛因，并将赵某某等人抓获。当天14时许，民警在南友高速公路扶绥收费站出口处将刚到宁明县拿到毒品返回扶绥县城途中的黄某某抓获，并从其驾驶的桂A××××× 黑色丰田小轿车的控制台储物箱里查获毒品海洛因2块。同日下午，公安民警在南宁市兴宁区朝阳路百盛购物广场附近将李某某抓获。经称量，在粤C××××× 丰田汉兰达越野车缴获的1块毒品海洛因净重349.3克；在桂A××××× 黑色丰田小轿车缴获的2块毒品海洛因共净重702.8克。经崇左市公安局物证鉴定所鉴定，3块疑似毒品海洛因均检出海洛因，含量分别为70.4%、76%、73.4%。

公诉机关认为，被告人黄某某、李某某、赵某某的行为触犯了《刑法》第347条第2款第（1）项的规定，被告人黄某某构成贩卖、运输毒品罪，被告人李某某构成贩卖毒品罪，被告人赵某某构成运输毒品罪。

被告人赵某某的辩护人辩称：被告人赵某某购买毒品用来自己吸食，且刚开车上高速就被查获，其行为应构成非法持有毒品罪，而不是构成运输毒品罪。

对被告人赵某某是否构成运输毒品罪的问题，法院认为，经查，被告人赵某某在运输毒品过程中被公安人员当场查获，且所运输的毒品数量大，应以运输毒品罪追究其刑事责任，对辩护人辩称被告人赵某某应构成非法持有毒品罪，而不是构成运输毒品罪的辩护意见不予采纳。最后，法院以被告人赵某某犯运输毒品罪，判处有期徒刑15年，剥夺政治权利3年，并处没收个人财产人民币5万元。

案例三：凌某某运输毒品案[①]

广西壮族自治区崇左市中级人民法院审理广西壮族自治区崇左市人民检察院指控原审被告人凌某某犯运输毒品罪一案，于2016年12月5日作出（2016）桂14刑初64号刑事判决。原审被告人凌某某不服，提出上诉。

原判认定，2016年5月17日14时许，被告人凌某某搭乘车牌号码为桂F××××× 的大巴车从广西天等县前往广州市，途经大新县福隆乡平良村平良桥头路段时遇民警检查，民警当场从其携带的黑色挎包内查获可疑毒品6块。其中1号净重355.13克，2号净重357.24克，3号净重355.06克，4号净重351.33克，5号净重348.61克，6号净重348.13克，其中1、2、4、5、6号5块毒品净重共1760.44克。经鉴定，从所送1、2、4、5、6号检材中均检出海洛因，含量分别为47.7%、50.4%、51.2%、56.7%、52.0%。

原判认为，被告人凌某某违反我国对毒品的管理制度，明知是毒品海洛因仍进行非法运输，其行为触犯了《刑法》第347条第2款第（1）项的规定，构成运输毒品罪。公诉机关指控凌某某犯运输毒品罪的事实清楚，证据确实充分，指控的罪名成立。凌某某归案后如实供述犯罪事实，依法可以从轻处罚。根据凌某某犯罪的事实、性质、情节及悔罪表现，判处被告人凌某某无期徒刑，剥夺政治权利终身，并处没收个人全部财产。

上诉人凌某某上诉以及辩护人提出，凌某某不明知是毒品，其行为不构成运输毒品罪。

二审法院认为，凌某某归案后供述其为了获取高额报酬，帮助越南籍男子运输毒品的事实，且凌某某在龙州县一水库从越南籍男子处接到毒品，辗转大新县、天等县再乘车去广州市，两人交接、运送物品方式不同于普通货物惯常交接方式，足以认定凌某某明知毒品而运输，凌某某运输毒品

---

① 参见广西壮族自治区高级人民法院(2017)桂刑终48号刑事裁定书。

被当场人赃俱获，毒品产生了较远距离的空间位移，其行为符合运输毒品的特征，应以运输毒品罪处罚，上诉理由以及辩护意见不成立。最后二审法院驳回上诉，维持原判的刑事裁定。

上述3个案例可谓分别为运输毒品尚未正式开始、刚开始并运输极短距离以及运输达到一定距离的代表。其中案例一是“被告人周某某携带毒品到宁明县城中镇汽车站欲搭乘快班车前往南宁再转车回四川，但刚到宁明县城中镇汽车站候车室即被公安人员抓获”，其真正携带毒品的距离是宁明县城中镇的水果市场到宁明县城中镇汽车站，不过1—2公里之远，而被告人周某某是要将毒品从广西宁明县运输到四川泸州（在南宁中转），与如此长的距离相比，其携带毒品从宁明县城中镇的水果市场到宁明县城中镇汽车站的距离，严格来讲是一种“零距离”。案例二争议的焦点是被告人赵某某是否构成运输毒品罪。其辩护人认为，被告人赵某某应构成非法持有毒品罪而非运输毒品罪，其理由之一是被告人赵某某“刚开车上高速就被查获”，亦即从扶绥县城鑫宇宾馆至南友高速公路扶绥收费站入口处的距离极短，实际上还没有离开扶绥县城，因而被告人的行为不能成立本罪的“运输”（辩护人的另一理由是被告人赵某某购买毒品用于自己吸食）。而法院认为，被告人赵某某在运输毒品过程中被公安人员当场查获，且所运输的毒品数量大，因而辩护人的意见不予采纳。显然，法院将赵某某运输毒品从宾馆至高速公路收费站入口处这一尚未离开扶绥县城的距离确定为本罪的“运输”（即在运输毒品过程中）。案例三虽然没有直接出现关于运输毒品距离是否影响本罪成立的争议，但该案中二审法院在对上诉人凌某某及其辩护人的上诉与辩护意见就凌某某是否明知运输的是毒品的问题进行评述时认为，“凌某某运输毒品被当场人赃俱获，毒品产生了较远距离的空间位移，其行为符合运输毒品的特征，应以运输毒品罪处罚”，从这一评述似乎可以解读出符合运输毒品罪要具有“较远距离的空间位移”的特征。从上可见，实务界在对待本罪“运输”是否需要有距离限定问题上，表现出两个层面的不同意见：一是司法部门内部存在一定的分歧，即有的认为不受运输距离限制，而有的则认为运输要有较远的距离，才能符合本罪的构成特征；二是司法部门（包括公诉机关和审判机关）与辩护方的分歧。后者的主张显然是本罪的“运输”要达到一定距离，而前者则认为对“运输”的距离并不需要作出任何限制。

二、笔者的观点

笔者认为，准确界定本罪“运输”的内涵与外延，应相应厘清与厘定如下几个问题。一是本罪“运输”的空间范围。由于走私毒品出境前以及入境后的运输是整个走私行为的一部分，所以，走私毒品中的运输行为可以被排除在本罪的“运输”之外，亦即本罪的“运输”应限定在国（边）境这一空间范围内。二是行为人实施本罪“运输”行为的目的。由于《刑法》将运输毒品行为纳入规制范围，旨在截断毒品的流通渠道，使毒品无法扩散，所以行为人以贩卖为目的而运输毒品的，无疑属于本罪的“运输”。另外，实践中出现了以改变毒品成分和效用为目的，而用混合等物理方法进行加工、配制等制造毒品的行为，所以为此而运输毒品的也为本罪的“运输”。那么本罪的“运输”实际上是限于与贩卖、制造毒品具有关联性的范围内，亦即只有与贩卖、制造毒品有关联的，才能认定为本罪的“运输”。换言之，运输毒品的目的就是制造毒品（即通过运输 A 毒品制造出 B 毒品）和贩卖毒品（即让毒品能够流通到购买人处），而行为人仅购买极少量毒品（即没有达到《刑法》第 348 条规定的最低数量限制，下同）用于自己吸食而运输的，不能构成本罪（因为行为人不具有流通毒品的特定目的），所以上述理论界第四种观点认为“凡是使毒品所在地发生变化的行为都是运输”是不正确的。三是运输者必须要明知是毒品。如果其运输毒品前或者运输毒品中并不知道或者应当不知道是毒品的，是无意或者被利用帮助毒犯实施了运送的，则不构成本罪。四是本罪“运输”的非法性。根据《禁毒法》

等法律法规规定，基于医疗、教学、科研的需要，经许可依法可以运输麻醉药品和精神药品。所以，本罪的“运输”必定是非法行为，那么在为其定义时必须要有“非法”的限定词。五是本罪“运输”的方式。由于这里的运输的本质就是使毒品发生空间上的位移，无论行为人采取何种方式，只要毒品产生了位移的客观事实，就是本罪的“运输”，所以鉴于概括式所表现出的开放性优点，就本罪“运输”的方式在定义时完全无需列举。六是本罪“运输”的服务（帮助）对象。从立法来看，运输毒品罪的成立并没有限定为雇请人（毒犯）运输毒品这一种情形，同时也包括贩卖、制造毒品者本人实施的运输行为，当然还包括不明真相的人“帮助”他人实施了运输毒品的行为。所以，上述理论界第五种观点将本罪的运输限定在“为他人”运送毒品的范围内，也是不正确的。为此，本罪的“运输”，应是指明知是毒品而为贩卖、制造毒品，在国（边）境内将毒品从一地转移到另一地的行为。从该定义可以看出，无论采取何种方式，也无论是为自己还是为他人，只要行为人明知是毒品而为贩卖、制造毒品，在国（边）境内使毒品离开了原处或者存放地发生了变化而具有转移的客观事实的，都属于本罪的“运输”。

从目前司法实践来看，行为人运输毒品的方式最典型的就是通过携带、寄递、托运、利用他人或者使用交通工具运送毒品这几种方法。所谓“携带”，是指行为人本人使用自己的身体（如将毒品吞服或置入体腔内），或者将毒品放置于自己贴身的衣服口袋以及藏匿在自己身体的隐蔽处，或者将毒品置入近身的行李箱、手提袋等通过徒步或者以乘客的身份乘坐公共交通工具实施运送的行为；所谓“寄递”，是指行为人通过邮政、快递的方式以夹藏有毒品的信件、包裹、印刷品等物品运送毒品的行为；所谓“托运”，是指行为人将藏匿有毒品的货物委托道路货物运输企业（物流企业）运送的行为；所谓“利用他人”，是指利用他人随身携带毒品实施运送，其范围与方式与行为人本人携带毒品相同，此种情形下，被利用人可能是故意的（即双方经过事先通谋，明知是毒品而帮助携带），可能是过失的（如事先并不知道是毒品而“帮助”携带运送），也可能是无过错的（即在毫不知情的情况下被毒犯利用，无意中“帮助”运送了毒品），对于无过错地被利用的情形，被利用人当然不构成本罪；所谓“使用交通工具”，是指行为人本人或者利用他人通过驾驶汽车、船只等交通工具运送毒品的行为，实践中，行为人主要是利用汽车运输毒品。从查获的案件来看，利用汽车运输毒品的行为人，有的是将毒品藏在车内的夹缝里、天窗夹层处、方向盘下方暗格内、控制台储物箱里、脚垫下、坐垫下、油箱内等，有的采用逆向思维法干脆直接将装有毒品的塑料袋或者箱子、盒子放置在汽车的后座或副驾驶座，有的则是将毒品混入到其他货物、物品中，等等。

关于对本罪的“运输”是否需要有距离限制的问题，笔者认为，应当从犯罪成立和犯罪既遂、未遂两个层面来探讨。就本罪的成立而言，其并不需要以距离的远近作为要件（当然也不至于将携带毒品送给只有几米、几十米距离或者从楼上携带毒品送给在楼下的购毒者的行为认定为本罪），而就本罪既遂、未遂标准的确立而言，其无疑要受到运输距离远近的影响。原因如下，首先，从立法来看，《刑法》第 347 条规定走私、贩卖、运输、制造毒品的，无论数量多少，都应当追究刑事责任，予以刑事处罚，显然在我国《刑法》中，运输毒品罪是罪质严重的犯罪之一，因而本罪的未遂犯（甚至预备犯）无疑是属于一律受处罚的范围的。① 而罪之成立与罪之既遂、未遂不具有必然的关联，即便是所谓的“零距离”运输（这里的“零距离”是仅指行为人准备将毒品实施较远或者长距离运输的情形），也可以构成本罪（亦即成立本罪的预备或者未遂），只要有证据证实行为人是运输毒品。具体来说，要认定行为人成立本罪，不论距离远近，甚至是尚未正式启动离开

① 我国刑法总则虽然规定原则上处罚犯罪预备和犯罪未遂，但是司法实践中并不遵循一律处罚的原则，而是对于罪质严重的犯罪或者出于某种刑事政策，才考虑处罚预备犯或未遂犯，这从一些司法解释中就可以得到证实。例如，根据 2013 年 4 月 2 日发布的《最高人民法院、最高人民检察院关于办理盗窃刑事案件适用法律若干问题的解释》第 12 条规定，以数额巨大的财物以及以珍贵文物为盗窃目标未遂的，应当依法追究刑事责任。可见，除此之外或者情节不严重的盗窃未遂，对行为人可以不予追究刑事责任。

原地，只要有确凿的证据证实行为人已经或者将要运输毒品，即可认定其构成本罪。比如，行为人购买了车票准备搭乘火车或汽车离开时被查获的，这肯定可以认定行为人成立本罪，上述所举周某某贩卖、运输毒品案即为恰当的例子。虽然周某某是在宁明县汽车站候车时被抓获，几乎算作为“零距离”，但是查明周某某携带毒品到宁明县城中镇汽车站是欲搭乘快班车前往南宁再转车回四川，显然认定其构成本罪不存在问题。又如，上述所举赵某某等运输毒品案中的被告人赵某某对毒品的位移虽然只是在扶绥县城鑫宇宾馆至南友高速公路扶绥收费站入口处这一极短的距离内（尚未出扶绥县城），但是从其供述中提到“还欠‘阿某1’3000元钱，打算到了广州之后才给”的信息来看，被告人显然要运输毒品离开扶绥后至少是去到广州，所以司法机关对其以本罪追究刑事责任也同样没有错误。其次，本罪如果以距离的远近作为成立的要件，不具有实际操作性，也不具有公平性。因为，“距离”本身就是一个相对的概念，人们对之有着不同的感知和接受程度，假如将距离的远近作为本罪成立的限制条件，那么到底多远距离才算是“近”，多远距离又算是“远”呢？有的认为几公里是属于“近”的范畴，但并不见得所有人均持相同观点，显然其不具有任何可操作性。同时，实践中运输毒品距离不同的案件比比皆是，有的运输了几公里，有的运输了几十公里，有的则可能运输了几百公里才被查获，那到底谁成立谁不成立本罪？如果只将运输了几十公里或者几百公里的行为人依照本罪处罚，那么行为人绝对认为这是一种极大的不公平。由此，以距离远近作为本罪的成立要件，可能会导致本罪无法落地的危险，从而成为刑法中虚置的罪名。总之，成立本罪的“运输”，不能从已经走过距离的远近或者尚未实际离开原地来判断。因为，距离的远近并不具有本质上的差异，它们都表现出了空间位移的客观特征。实际上，距离远或近不是影响本罪成立的关键因素，本罪成立与否是由行为人转移毒品的特定目的确定的。如果基于贩卖、制造的目的，毒犯本人或者其雇用、指使他人运输毒品的距离即使很近，也同样构成本罪。

基于上述分析，即使是运输毒品发生在“同城”之间，也可能成立本罪。关于在“同城”间的毒品转移能否成立本罪，无论理论界还是实务界，均存在着激烈的争议，而且可以说是一个困扰司法实践的难题。一种观点认为，由于“同城”间转移毒品距离过短，行为人应不构成运输毒品罪，可能构成贩卖毒品罪的共犯，也可能构成转移毒品罪、窝藏毒品罪或者非法持有毒品罪；另一种观点则认为，毒品在“同城”间的移动即使距离很近，但毕竟发生了空间上的位移，因而就符合了“运输”的要求，对行为人应当以本罪追究刑事责任。在笔者看来，对于在“同城”间产生转移毒品的行为的定性问题，不能一概而论，应区别情况作不同的处理。总括起来，在“同城”间产生转移毒品的行为无外乎以下几种情形：一是毒犯本人基于出售之外的原因（如最初放置毒品的地方不安全等），而将毒品转移至同一城市的另一处所；二是毒犯将毒品卖给同居一城市的购毒者并按约定地点亲自前往将毒品交付给对方；三是为毒犯窝藏毒品的人基于各种原因（如最初藏匿毒品的地方不安全等），而将毒品转移至同一城市的另一处所进行藏匿；四是与毒犯没有事先通谋的人，为帮助毒犯逃避查缉而应毒犯的请求、指使或者主动将毒品转移至同一城市的另一处所；五是与毒犯同居一城市的人（吸食者或者贩毒者）向毒犯购买毒品后携带毒品回家或者到其他处所；六是与毒犯同居一城市的人（吸食者或者贩毒者）委托他人向毒犯购买毒品后携带毒品交回给委托人；七是受毒犯的雇佣给在同一城市购买毒品的人送“货”的。对于第一种情形，毒犯只是出于安全等因素考虑，而将毒品实施转移，由于此种行为不具有流通（即出售）的目的，因而在转移途中被查获的，不构成运输毒品罪，应按相应的罪（贩卖毒品罪或者非法持有毒品等）处罚。对于第二种情形，由于毒犯是为出售毒品而实施运输的行为，所以在去交付的途中被查获的，应以贩卖、运输毒品罪（预备或未遂）论处。对于第三种情形，由于行为人的行为本质上是窝藏毒品，而窝藏也会发生转移的行为，所以在转移窝藏地点的途中被查获的，仍然以窝藏毒品罪定罪处罚。对于第四种情形，由于行为人（转移毒品者）与毒犯不成立共同犯罪，属于事后的帮助行为，所以应以转移毒品罪论处。对于第五种情形，吸毒者购买极少量仅用于自己吸食的毒品，不构成任何犯罪，如果购买了数量较大的毒品，在运输途中被查获的，依照《2015 年纪要》的规定，以运输毒品罪定罪处罚。非吸毒者以贩卖为目的而非法收买毒品的，以贩卖、运输毒品罪处理。对于第六种情形，依照《2015 年纪要》的规定，行为人为吸毒者代购毒品，在运输过程中被查获，没有证据证明托购者、代购者是为了实施贩卖毒品等其他犯罪，毒品数量达到较大以上的，对托购者、代购者以运输毒品罪的共犯论处。行为人为他人代购仅用于吸食的毒品，在交通、食宿等必要开销之外收取“介绍费”“劳务费”，或者以贩卖为目的收取部分毒品作为酬劳的，应视为从中牟利，属于变相加价贩卖毒品，以贩卖毒品罪定罪处罚。行为人为非吸毒者代购毒品的，一律以贩卖、运输毒品罪的共犯论处。对于第七种情形，受雇佣者在运输毒品途中被查获的，当然以本罪处罚。由此看来，上述两种观点均有过于绝对之嫌，而且第一种观点以“同城”间转移毒品距离过短为由，不仅否定了运输毒品罪的存在，而且还混淆了运输毒品罪与转移毒品罪、窝藏毒品罪或者非法持有毒品罪的界限，实不可取。

实践中，出现了一种较为折中的观点，其认为，运输毒品的危害性主要是通过毒品的流通予以体现，这种流通使得毒品具有了补给的功能（即互通有无）。具体来说，某个地方本来没有毒品或者毒品拥有量不能满足吸毒者的需要，通过运输毒品使得该地从此有了毒品的出现或者适应了吸毒者的需求。从这个角度来看，运输毒品还是要求发生在“异地”之间才是最符合其本意的。但其又认为，有的大城市东西南北相去甚远，如果在相距较短的“异地”间认定为运输，那么就没有理由排除在相距较远的“同城”中成立运输。所以，对于“同城”间的运输可以考虑如下方案：在设区的市，在城区间运输毒品的，或者从市区往市辖县及以下区域运输的，构成本罪；在不设区的市（一般为县级市）以及县城中运输的，不以本罪处罚，而以贩卖毒品罪的共犯或者其他相关毒品罪处罚。

折中说看似有一定道理，但显然也难以成立。因为，设区的市并不见得就大，甚至有的市就设立一个区而已，有的县级市可能比设区的市还要大，同时有的设区的市与相邻设区的市之间也不过三四十公里的距离，而有的大城市城区间也会达到这样的距离，所以，以“设区”作为本罪的认定标准，显然不具有合理性。笔者认为，既然刑法设置了运输毒品罪，就应保持其适用的统一性和独立性，无论距离远近，只要符合本罪“运输”的本质要求，不应有“同城”与“异地”的差别，也不能动辄以贩卖毒品罪的共犯论处。对于单纯受雇为他人运输毒品的行为人，只能以本罪处罚；毒犯本人既实施了贩卖行为，又实施了运输行为的，以贩卖、运输毒品罪处罚。

第二节　本罪的既遂与未遂

一、本罪既遂、未遂的理论争议与实践分歧

关于本罪的既遂、未遂划分问题，理论界与实务界均有不同的看法。在理论界，大致存在如下四种观点。一是起运前说。持该种观点的学者认为，对于有证据证实行为人以长途贩运为目的而实施了携带、邮寄、利用他人或使用交通工具非法运送毒品的，如行为人已将毒品带上从事长途运输的交通工具，或带入火车站、候机室，或者正在办理邮寄外地的托运手续等，均应认定运输毒品罪的既遂。[①] 二是起运说。持该种观点的学者既不赞成开始搬运毒品即为既遂，也不赞成将毒品运输到达目的地才为既遂，而是主张将毒品正式起运后作为本罪既遂的标志。例如，有学者认为，行为人“将毒品带入运输环节”，只要毒品开始“运输”意义上的移动，即构成既遂，

---

① 参见徐宏、李春雷:《毒品犯罪研究》，知识产权出版社2016年版，第89页。

而不问毒品是否已经到达终点。例如，以邮寄方式运输的，只要发生交付即可，至于毒品是否实际寄出，或对方是否收到，均不影响既遂的成立。[①] 还有学者认为，行为人为了运输而开始搬运毒品时，是运输毒品罪的着手；由于行为人意志以外的原因未能使毒品离开原处或者说未能转移毒品存放地的，属于未遂；运输毒品行为使毒品离开原处或者转移了存放地的，则为既遂。例如，使用交通工具运输毒品的，当毒品置入交通工具内，交通工具已经离开了原地的，即为既遂。[②] 三是合理位移（或者行为适度）说。持该种观点的学者认为，运输毒品罪在理论上只能是行为犯，但也不能将毒品一旦起运就确立为本罪的既遂，而是待运输的过程中处于适度状态时才能认定为既遂。其主张，运输毒品罪应采用合理位移的既遂标准，即在已经起运并经过了一定的距离之后，才可按照犯罪既遂来进行处理。至于运输多长距离才能算作合理位移，只能在个案中依据具体情况加以判断，即一般应依据运输工具的特点、运输距离的远近、运输毒品数量的多少来加以认定。[③] 四是目的地说。持该种观点的学者认为，只有将毒品运输到达目的地后才能认定为本罪的既遂，在到达目的地前被查获的是犯罪未遂。例如，有学者认为："运输毒品的，应以毒品是否到达目的地为标准。"[④] 还有学者认为，行为人以将毒品从甲地运往乙地为目的的，开始运输时，是运输毒品的着手；由于行为人意志以外的原因没有到达目的地时，属于犯罪未遂；毒品到达目的地时是犯罪既遂，到达目的地后，即使由于某种原因而将毒品运回原地或其他地方的，也是犯罪既遂。[⑤]

在司法界，有的是将行为人携带毒品尚未正式离开原地就按照既遂处

---

① 参见郑伟：《毒品罪三疏两议》，法律出版社 2011 年版，第 84—85 页。

② 参见张明楷：《刑法学（下）》，法律出版社 2016 年版，第 1147 页。另参见于世忠主编：《中国刑法学分论》，厦门大学出版社 2017 年版，第 274 页。

③ 参见郦毓贝主编：《毒品犯罪司法适用》，法律出版社 2005 年版，第 36 页。

④ 周光权：《刑法各论》，中国人民大学出版社 2011 年版，第 381 页。

⑤ 参见高格：《定罪与量刑》，中国方正出版社 1999 年版，第 831 页。

理。例如，上述所举周某某贩卖、运输毒品案，被告人周某某携带毒品到宁明县城中镇汽车站欲搭乘快班车前往南宁再转车回四川，但刚到宁明县城中镇汽车站候车室即被公安人员抓获。从司法机关对该案的处理结果来看，显然是将被告人周某某的运输行为认定为既遂。有的是将本罪划归为行为犯，并明确表明一经实施就成立本罪的既遂。如谭某某运输毒品案，该案经审理查明，2016 年 4 月 2 日，被告人谭某某驾驶摩托车从中越边境附近便道进入中国境内，到达广西龙州县金龙镇新兴村陇昔屯陇昔坡顶时，广西金龙边防派出所民警在其驾驶的摩托车车座下的储物箱内查获 8 块毒品海洛因。经称量及鉴定，毒品净重 2757 克，海洛因含量为 65.4%至 76.2%。庭审中，被告人谭某某的辩护人提出其系受他人指使运输毒品，在尚未将毒品交给接货人之前被查获，属于犯罪未遂。对此，法院作出的评述是：运输毒品罪是行为犯，一经实施即为既遂，谭某某实施了运输毒品行为，已构成既遂。因此，辩护人的辩护意见不成立，不予采纳。[①] 有的是认为行为人已将毒品带入运输环节，本罪即为既遂。如李某某运输毒品案，该案经审理查明，2016 年 2 月 28 日 21 时 50 分许，被告人李某某驾驶车牌号为桂 C××××× 的小轿车携带毒品从凭祥市前往桂林市，途经凭祥市夏石边防检查站执勤点时，被边防武警从其驾驶车辆的方向盘下方暗格内查获 1 块毒品海洛因。被告人李某某当场被边防武警抓获。经过称量，被查获的毒品净重 347.1 克。经检验，从查获的毒品中检出海洛因，含量为 66.9%。庭审中被告人辩称，因毒品没有成功从凭祥市运送回桂林市，应视为犯罪未遂。法院认为，被告人李某某驾驶车辆携带毒品从凭祥市离开欲前往桂林市，在途经凭祥市夏石边防检查站执勤点时被抓获，其已实际进入运输环节，应当以运输毒品罪既遂定罪量刑。[②] 又如下述所举曾某某运输毒品案，针对公诉机关的指控，被告人曾某某的辩护人提出，被告人曾某某从广西东兴市

① 参见广西壮族自治区崇左市中级人民法院 (2016) 桂 14 刑初 86 号刑事判决书。

② 参见广西壮族自治区凭祥市人民法院 (2016) 桂 1481 刑初 59 号刑事判决书。

东兴镇教育路富华商务酒店拿到毒品后，搭乘包某某驾驶的桂 P××××× 号牌面包车返回防城港市防城区，途经防城区那梭镇稔稔村 312 国道时被民警截停，若法庭认定曾某某构成运输毒品罪，则应当考虑曾某某在运输途中即被查获，是犯罪未遂，可以从轻或减轻处罚。而法院认为，毒品已进入运输环节，中途是否被查获不影响其既遂的成立。[①] 值得注意的是，上述谭某某、李某某和曾某某运输毒品案中，各被告人的辩护人均不约而同地认为，被告人没有将毒品运输到达目的地（或者尚未将毒品交给接货人），从而提出了属于犯罪未遂的辩护意见。虽然最后均没有得到法院采纳，但可以说明在实务界存在将毒品运输到达目的地作为本罪既遂的观点。

从上可见，无论是理论界还是实务界，对于本罪的既遂、未遂问题均存在不同的观点。不过总体来看，多数认为毒品进入运输环节即为本罪的既遂，少数认为毒品运输到达目的地或者尚未正式离开原地的为既遂。

二、笔者的立场

从目前争议的情况来看，认定本罪的既遂标志主要有以下 4 点：一是行为人尚未离开；二是行为人启动运输毒品；三是行为人运输毒品达到合理位移距离；四是运输毒品到达目的地。概括起来，学界将本罪既遂的标准分别称为“行为标准说”“流通标准说”和“到达标准说”。有学者对三个标准进行了这样的评判：“行为标准说”将“运输毒品”理解为行为犯，认为只要行为人做出了运输行为就应当受到刑法处罚，其既遂标准评价的时间过度提前，因而不予提倡；“到达标准说”认为只有毒品到达交易对方或者抵达了运输目的地，才认为是既遂，其既遂标准评价的时间显然过于靠后，不利于刑法对毒品犯罪的打击，所以也不能得到赞同。而“运输毒品”应当理解为危险犯，即毒品进入了流通领域，就可能对公众的身心健康造成

---

① 参见广西壮族自治区东兴市人民法院 (2017) 桂 0681 刑初 172 号刑事判决书。

威胁，因而运输毒品罪的既遂标准应当采用“流通标准说”。[①]

笔者认为，本罪的既遂应以毒品到达目的地为标准，因而采取“到达标准说”（或“目的地说”）是妥当的。具体理由如下：

第一，只有运输的毒品到达目的地或者交付接货人，才能谈及毒品威胁公众健康的问题。解决本罪的既遂与未遂的划分标准问题，应首先分析本罪的“着手”到底如何确定，亦即从搬运毒品或者接运毒品开始至到达目的地或者送交接货人止，在这一过程中究竟将哪一个节点确定为本罪的“着手”合适。“事实上，未遂与既遂的区分，归根结底是行为对法益的侵犯程度之分，故从与法益的关系来看，区分未遂与既遂的基本标准应当是，行为是否发生了行为人所追求的、行为性质所决定的法益侵害结果。”[②] 而如前所述，“公众健康”是认定毒品犯罪既遂、未遂标准的参考坐标，因此，本罪的既遂标准应当结合其所威胁“公众健康”的程度来加以判断。又如前所述，对于犯罪着手的认定，目前中外多数学者主张采用实质客观说中的结果说，即“判断实行行为的着手，应当考察行为是否达到了紧迫的具体的危险程度”。[③] 而运输毒品无疑是一个危险递增的过程，那么，对本罪着手的认定，就是要从这一过程中确定“紧迫的具体的危险程度”的“节点”，而这个“节点”应当是在毒品的运输途中寻找并予厘定（不应在起运之前或之时，也不应在到达目的地之时或之后）。因为，立法之所以将运输毒品的行为与走私、贩卖、制造毒品的行为并列规定，说明立法当时肯定考虑了它们的社会危害性具有同等性。而运输毒品的社会危害性，主要是通过将毒品流通并扩散予以呈现。亦即，运输是贩卖毒品人与购买者或者受害者之间的桥梁，也是以改变毒品成分和效用为目的，运输等次较低的毒品进行加工、配制成等次较高的制造毒品的行为纽带，正是运输行为的存在，

① 参见李永升主编：《刑法案例与规范》，中国法制出版社2017年版，第382页。

② 张明楷：《刑法的基本立场》，中国法制出版社2002年版，第223页。

③ 刘仁文主编：《刑法学的新发展》，中国社会科学出版社2014年版，第235页。

才不仅使毒品流通扩散，而且使毒品真正到达受害者处从而具有了实害性，同时也使等次较高的毒品能够出现。而运输毒品的行为要达到与走私、贩卖、制造毒品的行为同等的危害性，就只有在毒品运输完全发挥了它的上述功能后才能显现，否则其同等的危害性就无从体现（亦即运输毒品并不能从行为人开始搬运毒品以及开始运输毒品时体现出与走私、贩卖、制造毒品行为危害的相等性）。由此可见，在毒品尚未真正到达目的地或者交付给接货人前，毒品对于公众健康的危害均不能说是具有紧迫性或者现实危险性，所以本罪的着手实际上是在运输途中，亦即，在毒品运输途中被查获的，仍然属于未遂。那么，上述理论界的第一种观点（“起运前说”）将尚未起运毒品行为认定为本罪的既遂，显然过于夸大了本罪的危险性，此种情形下至多是犯罪的预备。第二种观点认为只要毒品起运即为既遂，这实际上是将本罪划归为举动犯的范围，显然其与第一种观点一样，也过于夸大了本罪的危险性。而且刑法理论一般认为，举动犯并不存在未遂的犯罪形态，但持第二种观点的学者一方面强调运输毒品行为使毒品离开原处或者转移了存放地的，则为既遂；另一方面又认为由于行为人意志以外的原因未能使毒品离开原处或者说未能转移毒品存放地的，属于未遂，这显然有自相矛盾之嫌。第三种观点将“合理位移”这一“节点”确定为本罪的既遂，显然该观点是认为本罪属于行为犯，亦即运输行为达到一定程度时（即实行行为达到法定的程度）成立既遂。但是，其无疑陷入本罪是否需要距离限制的窠臼，而且关于“合理位移”究竟多少距离才是“合理”，实际上其判断标准也极为模糊，对司法实践而言缺乏可操作性，从这个角度上看也不可取。如此看来，只有第四种观点（“目的地说”）才与本罪的本质特征相符合，即此时才能认定为本罪的既遂。因为，运输的毒品到达目的地或者交给接货人后，给公众的健康所带来的威胁才真正具有紧迫性或者现实危险性。

第二，“到达标准说”能与走私、贩卖、制造毒品罪的既遂认定标准保持协调并基本达到一致。应当说，既然刑法将走私、贩卖、运输、制造毒品 4 种行为并列规定并作为选择性罪名，4 种行为的社会危害性大致相当，那么在理论上就应尽可能或者必须使4种犯罪行为的既遂标准基本达到一致。如前所述，走私毒品罪的既遂以是否越过国（边）境线或者领海线为标志，贩卖毒品罪以毒品的实际交付为既遂标准，按照《2008年纪要》的精神，制造毒品罪的既遂标准是“已经制造出粗制毒品或者半成品”，那么本罪的既遂就没有理由在运输途中或者尚未离开时就予以确定。在学术界，有的学者在确立走私、贩卖、运输、制造毒品罪的既遂、未遂标准时，认为走私毒品的，以毒品是否进出口岸或者出入国（边）境为既遂、未遂的标准；贩卖毒品的，以是否实际交付毒品为既遂、未遂的标准；运输毒品的，以毒品是否进入流通环节为既遂、未遂的标准；制造毒品的，以是否制造出毒品为既遂、未遂的标准。可见，上述标准出现了体系上的矛盾或不协调，亦即，对于走私、贩卖、制造毒品的既遂，持的是结果犯的态度，而对于运输毒品的既遂，则明显持的是行为犯，甚至是举动犯的立场。而有的学者在四种犯罪行为的既遂、未遂标准确立上，则保持了体系上的相互协调，如周光权教授认为：“走私毒品的，应以是否将毒品运输、携带、邮寄出境或入境为标准；贩卖毒品的，则应以毒品是否实际上已经转移给买方为标准；运输毒品的，应以毒品是否到达目的地为标准；制造毒品的，则应以毒品是否实际制成为标准，已经制造出粗制毒品或者半成品的，亦应以制造毒品罪的既遂论处。”① 笔者认为，由于走私、贩卖、运输、制造毒品4种行为具有不同的特点，因而各自的具体既遂、未遂标准需要分开讨论，但是因其具有同等的危害性，所以其各自既遂、未遂标准的确立应当保持协调。为此，只有坚持以运输毒品到达目的地或者交付给接货人作为本罪既遂的标志，才能使本罪的既遂标准与走私、贩卖、制造毒品罪的既遂标准大致保持一致，才能体现出刑罚的公平与公正。

第三，采取“到达标准说”，证明运输毒品的目的地并不困难。也许有人会认为，以到达目的地作为本罪既遂的标准，会因为行为人的狡辩而

① 周光权：《刑法各论》，中国人民大学出版社2011年版，第381页。

造成本罪的既遂无法确定并有放纵行为人犯罪之嫌。然而，司法实践表明，行为人的运输目的地一般都比较容易查证，而且对于本罪来说，运输的目的地本身就是需要查证的问题（否则有的可能难以定性为运输毒品）。例如，本书所举的大多数案例，均查明了行为人运输毒品的目的地。第二章所举的韦某某运输毒品案，证实其在百色市购买毒品后运输返回隆林各族自治县；黎某维等贩卖、运输毒品一案，证实2个被告人从凭祥市购得毒品后运输回南宁市横县；马某某贩卖、运输毒品案，证实其运输毒品是去龙州县逐卜乡进行交易；胡某某等贩卖、运输毒品案，证实其购买到“K粉”后从广东省东莞市搭乘长途客车，到防城港市防城区交货。本章所举周某某贩卖、运输毒品案，证实其要将在宁明县购买的毒品运回四川省泸州市；李某某运输毒品案，证实其要从凭祥市将毒品运到桂林市；曾某某运输毒品案，证实其从广西东兴市东兴镇拿到毒品后，搭乘他人的面包车返回防城港市防城区；凌某某运输毒品案，证实其携带毒品搭乘大巴车从广西天等县前往广州市；等等。应当说，在有特情介入的场合，运输毒品的目的地更是容易查明，因为在为贩卖而运输毒品的场合，毒品交易的地点本身大多都是由特情控制的。

第四，以运输到达目的地前的任何节点认定为既遂，均与限制死刑的法律规定、刑事政策及理论不符。虽然立法上将运输毒品与走私、贩卖、制造毒品行为的社会危害性作相提并论的处理，但不能排除这只是立法者基于当时情势的单方考虑。事实上，运输毒品行为的危害性总体上是要逊色于其他3种行为的，所以，本罪的立法科学性一直被学界所诟病。例如，有学者认为，毒品犯罪属于无被害人的犯罪，对之配置死刑缺乏必要的报应根据，也是典型的非暴力犯罪，未达到“罪行极其严重”之死刑适用标准，同时，对毒品犯罪配置死刑不符合国际人权公约的基本要求，且司法实践也充分表明，死刑对毒品犯罪的遏止作用极其有限，因而应逐步废止毒品犯罪的死刑。该论者进而主张，应从立法上即行废止运输毒品罪的死刑，因为单纯的毒品运输，其往往是走私、贩卖、制造毒品的中间环节，其社会危害性要明显小于后者，而且从司法实践来看，从事单纯运输毒品的行为人大多是贫民、边民或者无业人员，只是为了赚取少量运费被上线雇佣并利用而成为贩毒者的工具。有鉴于此，《2008 年纪要》和《2015 年纪要》均专门就本罪的刑罚适用或者死刑适用问题作了规定，两个“纪要”均强调：重点打击运输毒品犯罪集团首要分子，组织、指使、雇用他人运输毒品的主犯或者毒枭、职业毒犯、毒品再犯，以及具有武装掩护运输毒品、以运输毒品为业、多次运输毒品等严重情节的被告人，对其中依法应当判处死刑的，坚决依法判处。而对于受人指使、雇佣参与运输毒品的被告人，则慎重适用死刑。其中受指使、雇佣的贫民、边民或者无业人员，在量刑标准的把握上，应当与走私、贩卖、制造毒品和具有严重情节的运输毒品犯罪分子有所区别，不应单纯以涉案毒品数量的大小决定刑罚适用的轻重。“纪要”之所以就本罪的刑罚适用或者死刑适用专门作出强调，正是因为考虑到运输毒品主体中一些特殊人员的存在以及一般系受他人的指使、雇佣而实施运输毒品的客观事实。因此，从上述“纪要”的精神我们可以解读出，我国最高司法机关在对于本罪的死刑适用上是持非常慎重的态度的，而且这一态度无疑与我国关于限制死刑的立法、刑事政策及刑法理论相符。“死刑的历史在每个国家都是古老而漫长的。纵观这古老而漫长的历史，我们可以清楚地看到，死刑在每一个国家，都经过了一个由滥用到慎用、由苛酷到轻缓的演变过程，并且在为数不少的国家已经完全退出了历史舞台。”[①] 实际上，“坚持少杀，反对多杀、错杀是我国的长期死刑政策”，[②] 虽然我国现阶段仍有保留死刑的必要，但是立法上减少死刑的罪名数量、司法上限制死刑的适用，已成为理论上的共识。正如陈兴良教授指出，中国目前虽然不能废除死刑，但是死刑限制却是完全应当的。而且，这种限制还不是一般的限制，应该是严格的限制，限制到与国际发展趋势大体相吻合；也不仅

① 马克昌主编:《刑罚通论》，武汉大学出版社 2007 年版，第 86 页。

② 高铭暄、马克昌主编:《刑法学》，北京大学出版社、高等教育出版社 2017 年版，第 237 页。

是立法上的限制，而更重要的是司法上的限制，将死刑限制在确实必要的限度以内。[①]限制死刑在我国刑事立法上得到了充分的体现。例如，我国《刑法》第48条第1款规定死刑适用的条件是“只适用于罪行极其严重的犯罪分子”；《刑法修正案（八）》和《刑法修正案（九）》相继共取消了22个死刑罪名；在程序上，死刑除依法由最高人民法院判决的以外，都应当报请最高人民法院核准。显然，将运输毒品尚未到达目的地或者交付给接货人前的任何节点认定为本罪的既遂，均不利于对本罪死刑的限制。

基于上述分析，行为人在启动运输毒品时（包括购票后在候车室候车以及携带毒品登上交通工具）或者在运输的途中被查获的，应以本罪的未遂处理；将毒品搬运到交通工具上或者携带毒品到达车站、办理托运时被查获的，以本罪的预备处理。同时需要强调的是，目前司法机关将行为人构成运输毒品罪下的所处的任何一种状态的运输行为均确立为既遂，这种做法不仅给司法实践带来混乱，也给司法威信造成冲击，因此笔者建议应统一到“到达标准说”（或“目的地说”）的既遂认定标准上来。

第三节　本罪的共同犯罪

一、本罪共犯的认定

关于本罪共犯的认定问题，《2015年纪要》就两人以上同行运输毒品、受雇于同一雇主同行运输毒品或者分段运输毒品以及雇主与受雇者的关系三种情形作出了确定。其详细内容为：“两人以上同行运输毒品的，应当从是否明知他人带有毒品，有无共同运输毒品的意思联络，有无实施配合、掩

① 参见陈兴良：《刑法哲学（下）》，中国政法大学出版社2009年版，第473页。

护他人运输毒品的行为等方面综合审查认定是否构成共同犯罪。受雇于同一雇主同行运输毒品，但受雇者之间没有共同犯罪故意，或者虽然明知他人受雇运输毒品，但各自的运输行为相对独立，既没有实施配合、掩护他人运输毒品的行为，又分别按照各自运输的毒品数量领取报酬的，不应认定为共同犯罪。受雇于同一雇主分段运输同一宗毒品，但受雇者之间没有犯罪共谋的，也不应认定为共同犯罪。雇用他人运输毒品的雇主，及其他对受雇者起到一定组织、指挥作用的人员，与各受雇者分别构成运输毒品罪的共同犯罪，对运输的全部毒品数量承担刑事责任。”可是在司法实践中，有的虽已查明行为人运输毒品是受人雇佣，但是在最后处理时往往又切断受雇者与雇主的关系，从而没有认定为共同犯罪（亦即不存在共犯的情形），此种做法值得商榷。例如王某某运输毒品案：①

经审理查明，2016年12月20日14时许，被告人王某某驾驶桂F×××××的两轮摩托车从宁明县来到凭祥市，而后王某某又驾驶摩托车沿凭祥至宁明二级路接取用塑料袋装着的2块毒品海洛因，王某某接过2块毒品海洛因后放进裤头里，外面穿上一件长外套遮住，继续驾车返回宁明县。王某某驾车来到宁明县派阳山林场大门附近时，将2块毒品海洛因从裤头拿出放进摩托车后尾箱中。当日17时许，被告人王某某驾驶摩托车途经宁明县一路段时，被宁明县公安局民警查获，并从其驾驶的两轮摩托车后尾箱内搜出2块毒品海洛因。经鉴定，从所送的检材中均检出海洛因，含量分别为71.0%和69.5%。

被告人王某某在庭审中辩称，其只是帮许某带东西回宁明县海渊镇那才村家中，其不知许某给其的东西是毒品，其也没有打开袋子看过，其认为是赌具，其在侦查机关也没有供述过其知道许某携带的东西是毒品。其辩护人辩称：如果王某某的行为构成运输毒品罪，那么许某与其构成共同犯

① 参见广西壮族自治区崇左市中级人民法院（2017）桂14刑初61号刑事判决书。

罪，在本案的犯罪过程中，许某是主犯，王某某为从犯。

法院认为，被告人王某某违反我国对毒品的管理规定，明知是毒品海洛因仍进行非法运输，其行为触犯了《刑法》第347条第1款的规定，构成了运输毒品罪，公诉机关指控王某某犯运输毒品罪的事实清楚，证据确实、充分，指控的罪名成立。王某某归案后如实供述犯罪事实，依法可以从轻处罚。遂判决：王某某犯运输毒品罪，判处有期徒刑15年，剥夺政治权利4年，并处没收个人财产5万元。

从本案的判决结果来看，法院并没有采纳辩护人关于王某某与许某构成运输毒品的共同犯罪，许某是主犯、王某某为从犯的辩护意见。但是，法院的处理结果与其对本案认定的事实似有矛盾之嫌。因为，在本案查明事实部分，法院确认了被告人王某某“接取用塑料袋装着的2块毒品海洛因”（使用了“接取”的表述），这说明在本案没有证据证明被告人所“接取”的毒品是其购买或者制造的情况下，只能认定是其受雇或者受指使运输毒品。更为重要的是，从法院对被告人王某某不明知是毒品的辩解以及辩护人提出的王某某在共同犯罪中的地位是从犯的辩护意见所作的评述及回应来看，实际上已经明确了王某某是从许某处接取的毒品并帮许某运输毒品回家的事实。在王某某辩称不知是毒品方面，法院采用了王某某与许某之间存在的多重关系作为论证王某某明知是毒品的依据。即，（1）王某某供称其知道帮许某带东西回宁明县海渊镇那才村家中，许某会给其2000元至3000元的报酬，其付出的劳动与获取的报酬明显不等值；（2）在许某将物品交给王某某时，其将物品藏在自己裤头里，外面再穿一件长外套遮住，如果是王某某辩解的赌博工具，其没有必要藏在裤头如此隐蔽的地方，其携带物品的方式不符合常理；（3）王某某供述其与许某经常一起去各地庄摊赌博，案发当天许某没有必要自己驾驶小轿车的同时还联系王某某让其帮带赌博用具回去。在关于王某某在本案中的犯罪地位方面，法院给出的回应为：本案中王某某独自接取许某交给其的毒品，并亲自驾驶摩托车将毒品从凭祥市上石镇运输回宁明县海渊镇，途中被公安机关抓获，王某某独立实施运输毒品行为，应当按照其参与的全部犯罪处罚，其与未到案的许某不构成共同犯罪，辩护人关于王某某与未归案的许某是共同犯罪，许某是主犯、王某某是从犯的辩护意见与查明事实不符，不予采纳。[①]从上可见，为了否定王某某不明知是毒品的辩解，法院以许某与王某某的关系作为依据，而为了否定本案存在共同犯罪，又以王某某“独立实施运输毒品行为”为由，切断了王某某与许某的联系，这不能不说是自相矛盾，同时也与《2015年纪要》的精神相冲突。笔者认为，行为人是否成立共同犯罪，并不能以其是否为“单独或者亲自”实施犯罪行为作为认定的标准，否则，在一人教唆，一人实行的情况下，就不属于共同犯罪（但显然这种结论是错误的）。所以，认定共同犯罪的标准之一，是参与犯罪的人数在2人以上。就本案而言，既然认定王某某所运输的毒品是从许某处接取，同时本案又没有证据证明王某某购买或者制造毒品，就应当肯定王某某运输毒品是帮助许某或者受许某指使、雇佣的事实，从而符合共同犯罪关于人数上的条件，应认定王某某与许某至少在运输毒品的范围内成立共同犯罪。

在毒品犯罪中，运输毒品者可以说是面上“作业”的人员，因而司法实践中，这类毒品犯罪分子往往容易被抓获，而那些处于幕后操纵、指挥的毒犯则难以抓获归案。事实上，运输者一般属于受他人指使、雇佣而实施运输毒品行为。有鉴于此，笔者认为，对于没有证据证实运输者运输的毒品是其购买或者制造，且运输者能作出一定的合理解释或者存在一定的相应证据证明是受他人指使、雇佣或者帮助他人运输毒品的情况下，可以作出有利于被告人的认定，即认定被告人与他人构成共同犯罪，从而使运输者可以获得从犯处罚的机会。例如黄某某运输毒品案：[②]

① 参见广西壮族自治区崇左市中级人民法院(2017)桂14刑初61号刑事判决书。
② 参见广西壮族自治区崇左市中级人民法院(2016)桂14刑初62号刑事判决书。

崇左市人民检察院指控，2016年4月18日17时30分许，黄某某携带毒品在凭祥市南友高速路凭祥往夏石方向新鸣村路段等候车辆返回上思县时，被边防巡逻武警查获2块毒品海洛因，净重702.9克。

辩护人对公诉机关指控的罪名无异议，但提出黄某某是受人雇佣携带毒品，在携带毒品过程中起次要作用，是从犯。

经审理查明，2016年4月18日17时30分许，黄某某在凭祥市接取2块毒品海洛因并藏匿于腰间，后乘车沿二级路行至南友高速公路夏石收费站附近时下车，步行上高速公路后在路边等候前来接应的车辆，欲携带毒品前往防城港市上思县时，被边防派出所巡逻民警发现并盘问，黄某某逃跑并先后将2块毒品丢到路边草丛中。民警将黄某某抓获后，对黄某某逃跑经过的路段进行搜索，找到了黄某某丢掉的2块毒品海洛因。经称量和检验，查获的2块毒品海洛因净重合计702.9克，海洛因含量分别为67.5%、73.0%。

一审法院认为，被告人黄某某违反我国对毒品的管理制度，明知是毒品海洛因仍非法运输，黄某某的行为构成运输毒品罪。公诉机关指控成立。辩护人提出黄某某是从犯的辩护意见。经查，在案证据不能证实黄某某与他人共同贩卖运输毒品，不能认定是共同犯罪，且黄某某独自携带毒品从凭祥市前往上思县，独立完成运输毒品行为，无主从之分，故该辩护意见不予采纳。黄某某曾因犯运输毒品罪被判处有期徒刑，后又犯运输毒品罪，是毒品再犯，应当从重处罚，鉴于其在侦查阶段如实供述主要犯罪事实，且不排除是受他人雇佣运输毒品，故对其从轻处罚。遂判决：被告人黄某某犯运输毒品罪，判处无期徒刑，剥夺政治权利终身，并处没收个人全部财产。

从本案的判决结果来看，关于被告人黄某某是否与他人构成共同犯罪并认定为从犯的问题，一审法院给出的裁判理由似乎有些不清晰、不彻底。一方面，其强调“在案证据不能证实黄某某与他人共同贩卖运输毒品”，因而“不能认定是共同犯罪”；但另一方面，其又以黄某某独自携带毒品并独立完成运输毒品行为为由，认为“无主从之分”。既然本案不存在或者不能认定是共同犯罪，那么就无需对此再作出“画蛇添足”的描述。另外，颇有意思的是，为体现对被告人从轻处罚的态度，法院又以“不排除是受他人雇佣运输毒品”作为依据之一。看得出，一审法院在处理本案时实际是纠结的，这一纠结的表征便是对辩护人提出的关于黄某某属于从犯的辩护意见没能给出十分准确并令人信服的回应。笔者认为，本案完全可以认定为黄某某与他人构成共同犯罪，因而无需用上诸如“不排除是受他人雇佣运输毒品”这种“犹豫不决”的推定之词。因为，首先，本案没有证据证实黄某某所运输的毒品是其购买或者制造；其次，从本案提供的书证、证人证言及被告人供述和辩解等证据综合分析判断，被告人黄某某应是受他人雇佣而运输毒品。其中，书证之一“通话清单”证实：“查获的黄某某所使用的手机号155××××6268，与黄某某供述的‘东兴仔’所使用的手机号156××××5035在案发当日有13次的通话记录。”证人梁某的证言证实：“2016年4月18日上午，黄某某邀其乘坐一辆白色小轿车到凭祥市玩。到凭祥市后在一个酒店吃饭，吃完饭后黄某某与两名男子到酒店外面的车上聊天。过了不久，黄某某即叫其上之前那辆白色轿车回上思县。那辆车送其与黄某某到一个地方后，其二人下车步行上高速公路，黄某某说有另一辆小车来接其二人回上思县。后黄某某走到离她几十米远的地方打电话，过了不久就看见几名武警追黄某某并将他抓获，之后公安人员在路边找到黄某某逃跑时丢出去的2块毒品。”被告人黄某某的供述和辩解的内容为：“2016年4月16日下午，‘阿杰’在上思县城加油站附近叫我去帮‘东兴仔’带毒品，并给我一个手机号码156××××5035用于联系。同月18日11时许，‘东兴仔’用手机号156××××5035联系我，叫我到凭祥市帮带2块或者3块毒品到上思县，他说安排车辆到上思县接我去凭祥市。我叫梁某跟我一起去凭祥市玩。之后，一辆银色小轿车到加油站接我和梁某前往凭祥市，于当日14时许到达凭祥市火车站南站，在那里见到了‘东兴仔’，我们一起到附近的大排档吃饭。吃完饭后我和‘东兴仔’、梁某乘坐一辆小车到凭祥市美食街，后我按照‘东兴仔’的安排，和梁某乘坐一辆‘东兴仔’叫来的的士前往夏石镇接取毒品后带到上思县。车辆快到夏石时停下，司机告诉我步行上高速公路，在往南宁方向的高速路边等。大约过了5分钟，有一辆黑色丰田小轿车来到，‘东兴仔’坐在车后座，他交给我一个装有2块毒品的黄色塑料袋，并交代我在原地等几分钟，会有车来接我们回上思县。我将2块毒品藏到腹部裤头处，不到2分钟就有一辆警车开过来并停车。警察问我干什么，我当时感到害怕就往凭祥方向逃跑，边跑边将2块毒品先后扔到路边草丛中，后被警察抓获。后来警察在路边草丛中找到那2块毒品。我帮‘东兴仔’带毒品的报酬一般是二三千元人民币。”[①] 从上述三项证据可以看出，鉴于查获的黄某某所使用的手机号与黄某某供述的“东兴仔”所使用的手机号在案发当日有13次的通话记录（“通话清单”与“被告人供述”相互印证），证人梁某证实在凭祥市一个酒店吃完饭后黄某某与两名男子到酒店外面的车上聊天以及二人步行上高速公路等车接应（与“被告人供述”相互印证），由此可以得出的基本事实是：黄某某所称的“东兴仔”肯定存在，而且“东兴仔”等人就是雇佣黄某某运输毒品的幕后操纵者，黄某某是受“东兴仔”等人雇用在凭祥市接取毒品（接取毒品的地点应是在饭店外面的车上）运输的面上“作业”人员。事实上，法院在本案的事实查明部分，也肯定了“黄某某在凭祥市接取2块毒品海洛因”的事实。既然本案无证据证明黄某某所运输的毒品是其本人购买或者制造，而且又能认定所涉毒品是黄某某在凭祥市“东兴仔”等人处“接取”的，那么将本案的被告人黄某某直接认定为与雇佣者（“东兴仔”等人）构成共同犯罪是不存在问题的。这样，既符合运输毒品犯罪的司法实践，又可以在具体处理本案时不至于出现如上所称的“纠结”。至于对本案的共犯作出认定后，是否存在主从犯的区分，那是另一个需解决的问题。何况，《2008年纪要》指出：“毒品犯罪中，部分共同犯罪人未到案，如现有证据能够认定已到案被告人为共同犯罪，或

---

① 参见广西壮族自治区崇左市中级人民法院(2016)桂14刑初62号刑事判决书。

者能够认定为主犯或者从犯的，应当依法认定。”

在受贩卖毒品或者制造毒品的人雇佣而实施运输毒品行为的情形下，受雇者当然只单纯地构成运输毒品罪，从而与雇主在运输毒品的范围内成立共犯，此种情形中共犯的认定相对比较简单。而在受贩卖毒品或者制造毒品的人指使实施运输毒品行为的情形下，本罪共犯的认定可能稍微复杂一些。因为，“指使”与“雇佣”不同，属于后者的场合，雇主与受雇者之间纯粹是一种“劳务”关系，双方的地位是平等或者对等的，亦即雇主雇请受雇者为其运输毒品，并按照约定向受雇者支付一定的“报酬”，而受雇者只在运输毒品的范围内履行义务，并只限在运输毒品的范围内与雇主成立共同犯罪（即运输毒品罪的共犯）；而前者是行为人（贩毒者及制毒者）指派他人按照自己的意志运输毒品，此种情形下二者是一种“上下级”的关系，指使人居于领导、指挥者的地位，而受指使人则服从于指使人。此时受指使人多半是与指使人共同贩卖或者制造毒品的参与者，亦即运输者可能同时与贩毒者或者制毒者一起实施贩毒或者制毒行为，因而此时运输者可以与贩毒者或者制毒者构成贩卖、运输毒品罪或者运输、制造毒品罪的共犯。具言之，在指使人构成贩卖毒品罪或者制造毒品罪的情况下，受指使人受其指使实施了运输毒品行为的，其当然要与受指使人成立运输毒品罪的共犯，同时，受指使人也可以或者应当与指使人成立贩卖毒品或者制造毒品的共犯（当然也不能排除受指使的情形下只单纯构成运输毒品罪，下同）。然而司法实践中，有的司法机关将受指使人仅认定为运输毒品的共犯而没有认定其与指使人构成贩卖或者制造毒品的共犯，是值得商讨的。例如罗某某运输毒品案：①

广西壮族自治区钦州市中级人民法院审理钦州市人民检察院指控原审被告人李某某犯贩卖毒品罪、罗某某犯运输毒品罪一案，于2016年12月17

① 参见广西壮族自治区高级人民法院(2017)桂刑终110号刑事判决书。

日作出（2016）桂07刑初43号刑事判决。宣判后，原审被告人罗某某提出上诉，钦州市人民检察院提出抗诉，广西壮族自治区人民检察院支持抗诉。

原判认定：李某某与一个称为“死人彪”的人合谋共同出资贩卖毒品海洛因牟利。2016年1月27日上午，李某某携带部分毒资并邀集罗某某前往崇左市扶绥县与“死人彪”会合，罗某某则邀集罗某1同行。14时许，李某某、罗某某和罗某1在灵山县陆屋高速公路收费站附近会合，由李某某驾车搭载罗某某和罗某1到达东某与“死人彪”会合后，李某某安排罗某某携带毒资和罗某1一起搭乘“死人彪”驾驶的吉普车并听从“死人彪”安排，李某某则驾车返回南宁市。次日20时许，“死人彪”安排一个陌生男子驾车搭载罗某某到达德天瀑布附近一偏僻路段，后罗某某上到路边一面包车内，罗某某根据“死人彪”的电话指示查验毒品海洛因，查验完毕后罗某某与陌生男子驾车返回，接上“死人彪”和罗某1，4人驾车到达距离东某约20公里的一处甘蔗地附近，一男子将一黑色塑料袋包裹放到车内后离开，“死人彪”继续驾车前往东某，在此期间李某某通过电话安排罗某某继续跟车运送毒品前往广东。29日1时许，“死人彪”等人到达东某后安排事先雇请的司机驾驶货车搭载罗某某、罗某1前往广州市，罗某某和罗某1将上述黑色塑料袋包裹藏在货车驾驶室内。7时许，货车途经横垌高速收费站时被公安民警截停，当场抓获罗某某等人，查获黑色塑料袋包裹内疑似毒品15块，净重5215克。李某某于同日在南宁市被抓获归案。

原判认为，被告人李某某违反国家对毒品的管理制度，明知是毒品海洛因而出资参股进行贩卖，其行为触犯了《刑法》第347条之规定，构成贩卖毒品罪。被告人罗某某明知是毒品，仍然受他人指使实施运输毒品的行为，其行为触犯了《刑法》第347条之规定，构成运输毒品罪。公诉机关指控被告人李某某犯贩卖毒品罪、被告人罗某某犯运输毒品罪的罪名成立。李某某以部分出资、安排人员形式实施贩卖毒品犯罪，在贩卖毒品犯罪中，起主要作用，是主犯，应当按照其所参与的或者组织、指挥的全部犯罪处罚。两被告人如实供述其犯罪行为，认罪态度好，可以从轻处罚。李某某贩卖、罗某某运输毒品海洛因未流入社会，社会危害程度相对较小，可以酌情从轻处罚。根据两被告人的犯罪事实、犯罪性质、情节和对社会的危害程度，可对李某某、罗某某从轻处罚。遂判决：一、被告人李某某犯贩卖毒品罪，判处无期徒刑，剥夺政治权利终身，并处没收个人财产人民币5万元；二、被告人罗某某犯运输毒品罪，判处无期徒刑，剥夺政治权利终身，并处没收个人财产人民币5万元。

钦州市人民检察院抗诉认为：（1）被告人李某某贩卖毒品海洛因5215克，含量达68.6%以上，数量大，含量高，社会危害性极大，李某某系主犯，依法应当判处死刑或死刑缓期2年执行；（2）李某某对于犯罪共谋和实施推进起决定作用，罪责明显比罗某某更大，一审法院未能准确评价2人的罪责，均判处无期徒刑，导致全案量刑失衡，有违罪责刑相一致的原则。

罗某某上诉提出：（1）本案的侦查机关只对查获的15块毒品中的10块进行鉴定，一审却以全部15块的数量来定罪量刑错误；（2）其是在不知情的情况下参与毒品运输，又系从犯，应当从轻或减轻处罚；（3）其是初犯，且是犯罪未遂，一审对其判处无期徒刑，量刑过重。

经二审审理查明：原审被告人李某某与黄某2（另案处理）合谋欲共同出资购买毒品海洛因出售牟利。2016年1月27日上午，李某某携带部分毒资30万元并纠集上诉人罗某某到崇左市扶绥县与黄某2会合，罗某某则邀集罗某1（另案处理）一同前往。当天下午，李某某驾驶桂A××××× 丰田越野车搭载罗某某和罗某1到达扶绥县与黄某2会面后，李某某指使罗某某携带毒资与罗某1搭乘黄某2驾驶的越野车并听从黄某2安排，李某某则驾车离开。当天黄某2等人到达大新县。次日20时许，黄某2安排一个当地男子驾车搭载罗某某去看货，罗某某根据黄某2的电话指示，在德天瀑布附近一偏僻路段到路边一辆面包车内查验毒品，确认系海洛因后罗某某返回并报告黄某2。之后又与黄某2、罗某1驾车来到东某的一处甘蔗地附近，接收了一袋用黑色塑料袋包裹的物品。在此期间李某某打电话安排罗某某继续跟车运送该袋物品前往广东。1月29日1时许，黄某2等人在东某安排事先雇请的周某（另案处理）驾驶桂A××××× 货车搭载罗某某、罗某1前往广州市，罗某某将接收的黑色塑料袋包裹藏在货车驾驶室睡铺床板下。7时许，货车途经广西岑某市横垌高速收费站时被截停，公安民警当场抓获罗某某等人，查获黑色塑料袋包裹内疑似毒品15块，净重5215克。经依法抽样鉴定，送检疑似毒品均检出海洛因成分，含量为68.6%至71.1%。

二审法院认为，原审被告人李某某为谋取非法利益明知是毒品海洛因而进行贩卖，并指使他人运输，其行为构成贩卖、运输毒品罪。上诉人罗某某明知是毒品仍帮助他人运输，其行为构成运输毒品罪。原判对李某某的定性不当，应予纠正。李某某、罗某某在运输毒品的共同犯罪中，起主要作用，均是主犯，应当按照其所参与的或者组织、指挥的全部犯罪处罚。李某某贩卖、运输毒品海洛因5215克，含量达68.6%以上，数量大，含量高，其犯罪的地位、作用要大于罗某某。原判对李某某、罗某某均判处无期徒刑，对李某某的量刑未能体现罪责刑相一致的原则，应依法纠正。鉴于李某某归案后能如实供述，认罪态度好，对其判处死刑可不立即执行。原判认定事实清楚，证据确实、充分，定罪准确，审判程序合法。遂根据原审被告人李某某犯罪的事实、性质、情节和对于社会的危害程度，判决如下：

一、驳回上诉人（原审被告人）罗某某的上诉，维持广西壮族自治区钦州市中级人民法院（2016）桂07刑初43号刑事判决第二项、第三项，即被告人罗某某犯运输毒品罪，判处无期徒刑，剥夺政治权利终身，并处没收个人财产人民币5万元；

二、撤销广西壮族自治区钦州市中级人民法院（2016）桂07刑初43号刑事判决第一项，即被告人李某某犯贩卖毒品罪，判处无期徒刑，剥夺政治权利终身，并处没收个人财产人民币5万元。

三、原审被告人李某某犯贩卖、运输毒品罪，判处死刑，缓期2年执行，剥夺政治权利终身，并处没收个人财产人民币5万元。

该案的终审法院认为，被告人李某某在贩卖毒品的同时指使罗某某运输毒品到广州的行为，应当构成贩卖、运输毒品罪，从而对原判只认定李某某构成贩卖毒品罪的结论予以纠正，这一改判无疑是正确的。但是，其与一审法院一样仍然将罗某某单以运输毒品罪定罪处罚，则有探讨的余地。因为，从本案二审查明的事实来看，虽然是李某某与黄某2合谋欲共同出资购买毒品海洛因出售牟利，但是李某某在纠集（一审表述为“邀集”）罗某某前往崇左市扶绥县与黄某2会合时，并没有表明是雇请罗某某帮其运输毒品。相反，罗某某不仅跟随李某某前往崇左市扶绥县与黄某2会合，而且还邀集罗某1一同前往。更重要的是，在与黄某2会面后，李某某指使罗某某携带毒资与罗某1搭乘黄某2驾驶的越野车并听从黄某2安排到达大新县。之后，罗某某听从黄某2的安排，相继实施了查验毒品、接收毒品的行为。可见，罗某某不只是单纯受指使运输毒品，而是在李某某和黄某2的指使下参与了购买毒品的整个过程。由此，罗某某在本案中不仅实施了运输毒品，而且一开始还与李某某、黄某2一道参与了购买毒品，应当与李某某、黄某2在贩卖、运输毒品的范围内成立共同犯罪，从而与李某某一样构成贩卖、运输毒品罪。所以，本案的司法机关只将罗某某认定为与李某某成立运输毒品的共犯，而没有将其与李某某共同确定为贩卖毒品的共犯，是值得商榷的。

相反，在农某某贩卖、运输毒品一案中，司法机关对该案的定性及其被告人农某某在该案中的地位的确立是正确的。该案经审理查明：被告人农某某受他人指使携带毒品驾驶面包车在大新县路段，与闭某军（已判刑）等人进行毒品交易。在交易过程中闭某军被公安人员当场抓获，毒品海洛因60块也被当场查获，农某某逃脱，后公安机关在崇左市友谊大道银州小区将被告人农某某抓获。庭审中，被告人农某某及其辩护人对公诉机关指控的犯罪事实和构成贩卖、运输毒品罪的定罪没有意见，其辩护人提出被告人农某某是从犯、初犯、偶犯，建议对其从轻处罚的辩护意见。一审法院认为，被告人农某某为了谋取利益，违反我国对毒品的管理规定，明知是毒品海洛因仍进行贩卖、运输，其行为构成了贩卖、运输毒品罪，公诉机关指控的罪名成立。被告人农某某受他人指使参与贩卖、运输毒品，在共同犯罪中起次要作用，是从犯，且系初犯、偶犯，对其可以从轻处罚。最后，以被告人农某某犯贩卖、运输毒品罪，判处其无期徒刑，剥夺政治权利终身，并处没收个人全部财产。[①]本案查明的事实，是被告人农某某受他人指使参与毒品犯罪行为。显然，在受“指使”情形下，农某某在行为过程中就要服从于“他人”（指使人）的安排或者指挥，那么其驾驶面包车运输毒品前往交易地点，就不是被雇佣之下实施的单纯的运输毒品的行为。司法机关之所以对农某某定性为贩卖、运输毒品，正是基于其受他人“指使”的考虑，即其携带毒品前往约定交易地点进行交易，实施了运输毒品和贩卖毒品两个行为，从而应构成贩卖、运输毒品罪，并与“他人”在贩卖、运输毒品的范围内成立共同犯罪。同时，既然农某某是受“他人”指使的，那么其在共同犯罪中一般就起次要的作用而为从犯。为此，司法机关对该案属于共同犯罪的定性以及对被告人农某某在共同犯罪中的地位的认定，是不存在任何问题的。

二、本罪主从犯的区分

如上所述，司法实践中，有的案件虽已查明行为人运输毒品是受人雇佣或者指使，但是司法机关在最后处理时往往又切断受雇者（或受指使者）与雇主（或指使者）的关系，以运输者亲自或者单独运输毒品为由，既不肯定共同犯罪的存在，也没有作主从犯区分的判定，从而让运输者独自领受主犯的刑罚，此种做法存在疑问。

实际上，《2008年纪要》已经强调：“单纯的运输毒品行为具有从属性、辅助性特点，且情况复杂多样。部分涉案人员系受指使、雇佣的贫民、边

---

① 参见广西壮族自治区崇左市中级人民法院（2017）桂14刑初70号刑事判决书。

民或者无业人员，只是为了赚取少量运费而为他人运输毒品，他们不是毒品的所有者、买家或者卖家，与幕后的组织、指使、雇佣者相比，在整个毒品犯罪环节中处于从属、辅助和被支配地位，所起作用和主观恶性相对较小，社会危害性也相对较小。”上述精神实际上肯定了在受指使或者雇佣情形下，雇主或者指使者与运输者（受雇者或者受指使者）不仅构成运输毒品的共同犯罪，而且因运输者处于从属、辅助和被支配地位而一般应将其认定为从犯（当然有的情形下也可以认定为主犯）。而《2015年纪要》在第2条“关于毒品犯罪法律适用的若干具体问题”中阐述其与《2008年纪要》的关系时认为，《2008年纪要》较好地解决了办理毒品犯罪案件面临的一些突出法律适用问题，其中大部分规定在当前的审判实践中仍有指导意义，应当继续参照执行。与《2008年纪要》不同的是，《2015年纪要》在运输毒品的共同犯罪方面，就两人以上同行运输毒品、受雇于同一雇主同行运输毒品或者分段运输毒品以及雇主与受雇者的关系三种情形作出了明确的规定，显然，就关于受指使、雇佣运输毒品的运输者与雇主或者指使人在共同犯罪中一般情况下所处的从犯地位的规定，《2015年纪要》对《2008年纪要》并没有作出修改，因此实践中应仍然按照《2008年纪要》的精神执行（而且《2015年纪要》进一步明确了雇主与受雇者之间成立运输毒品的共同犯罪）。据此，在具体案件处理中，如果查明运输者的确存在受他人指使或者雇佣的事实，就应当确立区分主从犯的逻辑思维（这是办理共同犯罪案件逻辑径路的起点）。显然，上述所举王某某运输毒品案，一审法院对王某某在该案中的地位的处理结果，是难以得到赞同的。关于王某某的犯罪地位问题，辩护人提出了其与许某构成共同犯罪，许某是主犯、王某某为从犯的辩护意见，一审法院对此作了如下评述，即本案中王某某独自接取许某交给其的毒品，并亲自驾驶摩托车将毒品从凭祥市上石镇运输回宁明县海渊镇，途中被公安机关抓获，王某某独立实施运输毒品行为，应当按照其参与的全部犯罪处罚，其与未到案的许某不构成共同犯罪，辩护人关于王某某与未归案的许某是共同犯罪，许某是主犯、王某某是从犯的辩护意见与查明事实不符，不予采纳。[1]笔者认为，既然肯定王某某从许某处接取了毒品，并将毒品准备“从凭祥市上石镇运输回宁明县海渊镇”（王某某供称其是帮许某带东西回宁明县海渊镇那才村家中），那么在没有证据证实是王某某向许某购买毒品的情况下，至少说明王某某是受许某指使或者雇佣（当然也可以是无偿的帮助）而运输毒品的，而无论是受指使还是雇佣，抑或是无偿的帮助，总之许某与王某某均构成运输毒品的共同犯罪。而既然是共同犯罪，那么在对共同犯罪人适用刑罚时首先就应有是否划分主从犯的思维，至于本案能否划分出主从犯，或者王某某是否为本案的从犯，那是另一个层面的问题。

司法机关在处理谭某某运输毒品案时同样存在商榷之处。

崇左市人民检察院指控，2016 年 4 月 2 日 14 时许，被告人谭某某驾驶摩托车运输毒品打算交给他人，途经广西龙州县金龙镇新兴村陇昔屯陇昔岗时被侦查人员抓获，当场从其摩托车座位下的储物箱内查获 8 块可疑毒品海洛因，净重 2757 克。经鉴定，从所送的 8 份可疑毒品样品中均检出海洛因，海洛因含量为 65.4% 至 76.2%。公诉机关认为，被告人谭某某违反我国有关毒品管理的规定，明知是毒品海洛因而运输，其行为触犯了《刑法》第 347 条第 2 款第（1）项的规定，犯罪事实清楚，证据确实、充分，应当以运输毒品罪追究其刑事责任。

被告人谭某某辩称其之前不知道运输的是毒品海洛因，被抓之后才知道。其辩护人对公诉机关指控谭某某犯运输毒品罪没有异议，但提出谭某某受农某献指使运输毒品，在犯罪中起次要作用，是从犯，且系初犯、偶犯。

经审理查明，2016 年 4 月 2 日，被告人谭某某驾驶摩托车从中越边境附近便道进入中国境内，到达广西龙州县金龙镇新兴村陇昔屯陇昔坡顶时，广西金龙边防派出所民警在其驾驶的摩托车车座下的储物箱内查获 8 块毒品

① 参见广西壮族自治区崇左市中级人民法院 (2017) 桂 14 刑初 61 号刑事判决书。

海洛因。经称量及鉴定，毒品净重2757克，海洛因含量为65.4%至76.2%。

法院认为，被告人谭某某违反我国对毒品管理的规定，运输毒品，其行为已构成运输毒品罪，公诉机关指控的罪名成立。根据被告人犯罪的事实、情节和对社会的危害程度，法院最后以被告人谭某某犯运输毒品罪，判处其无期徒刑，并处没收个人全部财产。①

按理，本案依走私毒品罪定性处理可能更合适。但即使按本罪处理，关于被告人谭某某在本案中的地位问题，也有值得探讨的地方。从一审法院对被告人主观是否明知为毒品以及对辩护人辩护意见的评述来看，本案的裁判理由似有改进之处。关于被告人谭某某是否明知海洛因而运输的问题，一审法院的评述为：经查，谭某某在侦查机关四次稳定一致的有罪供述，称其帮助其叔叔农某献携带海洛因从中越边境入境我国交给“阿貌”，农某献事先跟其说是运输毒品，并约定运输每块毒品的好处费是1000元，8块总共是8000元。运送如此少量物品获得如此高额报酬，属于不等值的报酬，且谭某某作为一名吸毒人员，其接到毒品海洛因后，辩称不知道系毒品不符合常理；关于辩护人提出被告人谭某某的行为系从犯、初犯、偶犯的辩护意见，一审法院给出的回应为：经查，被告人谭某某亲自驾车携带运输毒品，起主要作用，是主犯，应当按照其参与的全部犯罪事实进行处罚。涉案毒品系公安机关查获，并非谭某某主动上缴，同时，谭某某实施大宗毒品的犯罪，其是否系初犯、偶犯的事实不予考虑。综上，辩护人的辩护意见不成立，不予采纳。②笔者认为，鉴于被告人与其叔叔农某献的关系，法院将本案确定为共同犯罪无疑是正确的。但是在主从犯的划分上，法院仅以“谭某某亲自驾车携带运输毒品”为由，认为谭某某起主要作用（是主犯），似乎欠缺一定的力度。因为，首先，既然法院在回应被告人不明知是毒品时，

① 参见广西壮族自治区崇左市中级人民法院(2016)桂14刑初86号刑事判决书。

② 参见广西壮族自治区崇左市中级人民法院(2016)桂14刑初86号刑事判决书。

确认了谭某某与其叔叔农某献的关系，那就应当肯定农某献在本案中处于教唆犯的地位。刑法中的教唆，是指通过唆使使没有犯罪意图的人产生犯意，从而使被教唆人实施了犯罪行为。从这个角度说，相对于实行犯，教唆犯在共同犯罪中也有可能成为主犯（因而并不能说实行犯就一定在共同犯罪中起主要作用），所以我国《刑法》才作出了“教唆他人犯罪的，应当按照他在共同犯罪中所起的作用处罚”的规定。就本案而言，尽管谭某某是一名吸毒人员，但其开始并不一定具有运输毒品的犯意，所以，谭某某在受农某献雇佣（或许是教唆）的情况下，虽然为实行犯，但是并不见得其一定就是主犯。其次，如上所述，《2008 年纪要》强调，在单纯的运输毒品行为的情况下，运输者具有从属性、辅助性，且与幕后的组织、指使、雇佣者相比，运输者在整个毒品犯罪环节中处于从属、辅助和被支配地位。同时，《2015 年纪要》要求“对于受人指使、雇佣参与运输毒品的被告人，应当综合考虑毒品数量、犯罪次数、犯罪的主动性和独立性、在共同犯罪中的地位作用、获利程度和方式及其主观恶性、人身危险性等因素，予以区别对待，慎重适用死刑”，虽然这是关于受人指使、雇佣参与运输毒品的被告人适用死刑的，但对于主从犯的区分问题也应当具有参考作用，即应当综合全案各种情节予以考虑，而不是仅仅以运输毒品中的“独立性”或者“毒品数量”等某一单项指标，就将行为人认定为主犯或者从犯。在本案中，虽然被告人运输的毒品数量很大，但是因其受雇运输毒品，至少缺乏犯罪的主动性；虽然据被告人供述其会得到 8000 元的报酬，但本案并没有查明其是否真正得到了这一报酬，假如约定是运送成功后才支付报酬，那么被告人就会明显处于被支配的地位；同时，既然本案中没有查明被告人是累犯或者再犯，那就应当是初犯、偶犯，其人身危险性就可以认定为不大。最后，《2015 年纪要》指出：对于运输毒品犯罪，应当重点打击运输毒品犯罪集团首要分子，组织、指使、雇用他人运输毒品的主犯或者毒枭、职业毒犯、毒品再犯，以及具有武装掩护运输毒品、以运输毒品为业、多次运输毒品等严重情节的被告人。显然，本案中的被告人并不属于上述任何一种被重点打击的情形，相反，其作为受雇者，处于从属或者被支配地位，同时也是初犯、偶犯。综上所述，在本案的某些情节尚未明了的情况下，作出有利于被告人的解释，将其认定为从犯更适宜。

为此笔者主张，如果运输者确受他人指使或者雇佣而实施运输毒品行为，而且系初犯、偶犯的，应将运输者认定为从犯；如果受雇者是职业运输者的，可以不区分主从犯，亦即将运输者也认定为主犯。有必要强调的是，在本罪的刑罚适用价值取向上，首先，应当严格坚持宽严相济的刑事政策。正如有学者所指出："不可否认，由于毒品犯罪滋生次生犯罪的广泛性、对人体健康危害的严重性，毒品犯罪理应成为刑法从严打击的对象。但值得注意的是，从严不得突破罪责刑相适应原则，且从严是一个总体、宏观的政策，仍然应该根据犯罪人的不同情况区别对待。"① 如上所述，从总体上看，运输毒品的危害性要略逊于走私、贩卖、制造毒品犯罪，司法实践中，运输者大多为受雇或者受指使而实施运输毒品行为，且很多还属于一定特殊的主体范围（比如边民、贫民、老人、未成年人等），例如王某某运输毒品案，崇左市江州区人民检察院指控，2017 年 4 月 16 日 11 时许，被告人王某某随身携带一块用透明塑料袋包装的疑似毒品物乘坐一辆车牌号为桂 A××××× 的大巴车从凭祥返回南宁。当车辆行驶至南友高速崇左服务区时被民警查获。民警当场从王某某腰间蓝色的布袋内查获一块用透明塑料袋包装的疑似毒品物。经称量，该疑似毒品物净重为 346.5 克。经鉴定，从该疑似毒品物中检出海洛因成分，含量为 77.1%。一审法院考虑到被告人王某某归案后及在法庭审理过程中能如实供述自己的罪行，且其犯罪时已满 75 周岁，遂决定对被告人王某某减轻处罚，判处其有期徒刑 12 年，并处罚金人民币 10 万元。② 所以，为体现罪责刑相适应的原则及宽严相济的刑事政策，除毒品再犯、以

① 魏汉涛：《毒品犯罪死缓的司法偏差与匡正——基于 100 份死缓判决书的分析》，载《现代法学》2018 年第 5 期。

② 参见广西壮族自治区崇左市江州区人民法院 (2017) 桂 1402 刑初 119 号刑事判决书。

运输毒品为业、多次运输毒品的之外，一般应将那些受雇或受指使运输毒品的犯罪分子认定为从犯。其次，司法机关应当摒弃那种刑罚报应的理念。尽管在中越边境地区乃至全国，毒品犯罪形势非常严峻，三次“座谈会纪要”均强调严厉惩处毒品犯罪分子，但是在高压态势下，我国的毒品犯罪数量、吸毒人数、查获毒品数量等却不降反升，致使毒品犯罪治理陷入了“越打越多”的困境。[①]因此，在遏制运输毒品犯罪的路径上，不能采取“头痛医头，脚痛医脚”的方法，而是要另辟蹊径，那就是集中精力挖掘那些幕后操纵、指挥运输毒品的毒枭，对于“抛头露面”的初犯、偶犯运输者则尽可能地“网开一面”，将其认定为从犯，以达到瓦解毒品犯罪分子的目的。

第四节 本罪与其他毒品罪的关系

一、本罪与贩卖毒品罪的关系

如上所述，本罪发生的范围有单纯受雇运输毒品以及毒犯本人为了贩卖或者制造而实施运输毒品行为两种情形。对于前者，本罪与贩卖毒品罪容易区分，即雇佣人（毒犯）为贩卖或者制造毒品而雇请他人运输毒品的，构成贩卖、运输毒品罪或者运输、制造毒品罪，而受雇人则与雇佣者成立本罪的共同犯罪，此种情形下二者关系相对清晰，实践中处理起来一般不会存在适用上的困难。但对于后者，由于贩卖或者制造毒品往往要实施运输行为（如贩卖者将毒品按约定携带或用交通工具运输交付给购买者以及为贩卖而购买毒品后运输），此时，运输是贩卖或者制造的伴随行为或者手段

① 参见齐文远、魏汉涛:《毒品犯罪治理的困境与出路》，载《河南大学学报（社会科学版）》2018 年第 1 期。

行为，那么对行为人究竟是单以贩卖毒品罪或者运输毒品罪处理，还是以贩卖、运输毒品罪处理，实践中往往会产生分歧，从而造成适用上的不统一。同时，在“同城”间毒犯本人或者指使、雇用他人携带毒品向购毒者交付毒品的情形，从目前的司法实践看，司法机关基本单以贩卖毒品罪（而不是以贩卖、运输毒品罪）处理，此种做法究竟是正确的还是有不妥之处呢?因此，上述两个问题非常值得研究。

对于上述本罪后一种情形在实践中适用上的问题，上述所举周某某等贩卖、运输毒品案便是典型代表。该案的基本事实是，2012 年 5 月 5 日，被告人吴某某向越南籍男子“亮旧”购得 1 块毒品海洛因，并将该毒品交给被告人周某某。当日 12 时许，被告人周某某携带毒品到宁明县汽车站候车时被公安人员抓获，当场从周某某携带的手提包内查获可疑毒品 1 块，净重为 340.2 克。经送检，从所送检材中检出海洛因，含量为 55.7%。公诉机关广西壮族自治区崇左市人民检察院认为，被告人周某某、吴某某的行为触犯了《刑法》第 347 条第 2 款第（1）项之规定，被告人周某某构成运输毒品罪、被告人吴某某构成贩卖毒品罪。一审法院认为，公诉机关指控被告人吴某某犯贩卖毒品罪的事实清楚，证据确实充分，指控的罪名成立，但被告人周某某从四川到广西宁明县购买毒品海洛因 340.2 克，应认定其主观是以贩卖为目的购买毒品并予以运输，构成贩卖、运输毒品罪，因而公诉机关指控被告人周某某仅犯运输毒品罪不准确，应予以更正。最后，法院以被告人周某某犯贩卖、运输毒品罪，判处无期徒刑，剥夺政治权利终身，并处没收个人全部财产；被告人吴某某犯贩卖毒品罪，判处有期徒刑 15 年，剥夺政治权利 4 年，并处没收个人财产人民币 5 万元。[①] 此案出现的尴尬情形就是，周某某从广西宁明县购买毒品后欲运输回四川泸州，如果是用于贩卖，那么运输是贩卖的伴随行为；如果不是用于贩卖，那就是单纯的运输行为。无论怎样，似乎都可单以贩卖毒品罪或者运输毒品罪对周某某追责，

① 参见广西壮族自治区崇左市中级人民法院 (2013) 崇刑初字第 48 号刑事判决书。

而无需贩卖与运输两行为并列而以贩卖、运输毒品罪处理。也正是如此，本案的公诉机关对周某某才作出了单以运输毒品罪起诉的决定（当然也可能是基于被告人贩卖毒品的证据不够确实充分，见下）。我们还可以赵某某等贩卖、运输毒品案为例，[1]来说明本罪与贩卖毒品罪在实践中所存在的适用上的问题：

广西壮族自治区崇左市人民检察院指控，2017年3月8日22时许，被告人赵某某电话联系被告人农某某购买1块海洛因，并叫被告人何某某驾驶两轮摩托车到宁明县跟农某某交易并接取毒品。何某某跟农某某购买1块毒品后，将毒品运到宁明县边防检查站往宁明县城方向约1公里的公路边交给赵某某。随后，农某某与赵某某碰面，3人聚集时，公安民警将农某某、赵某某当场抓获，何某某逃脱。公安民警在赵某某驾驶的宝马汽车驾驶室座位上查获1块毒品，在赵某某外套右边口袋查获1小包毒品，分别净重352.0克和2.6克。经送检鉴定，从检材中均检出了海洛因，含量分别为68.6%和69.1%。2017年4月13日12时许，公安民警在何某某家中将何某某抓获。

公诉机关认为赵某某、农某某、何某某的行为触犯了《刑法》第347条第2款第（1）项之规定，应当以贩卖、运输毒品罪追究赵某某、何某某的刑事责任，以贩卖毒品罪追究农某某的刑事责任。

被告人赵某某辩护人辩称，赵某某只构成贩卖毒品罪；被告人何某某的辩护人辩称，何某某只构成贩卖毒品罪，何某某是从犯。

关于赵某某、何某某的行为定性问题，法院评判如下：经查，农某某供认，赵某某让其帮他购买1块毒品，派何某某来交易，其跟“阿左”买了1块毒品后，把毒品交给何某某带给赵某某；何某某在侦查阶段多次供认，其受赵某某的指使，拿76000元骑摩托车到寨安乡安阳跟农某某购买1块毒

① 参见广西壮族自治区崇左市中级人民法院(2017)桂14刑初85号刑事判决书。

品，后将毒品交给在寨安检查站往宁明县城方向约1公里处等候的赵某某；赵某某在侦查阶段虽没有供述指使何某某购买毒品，但在开庭审理中，供述的内容与农某某以及何某某在侦查阶段供述的一致。3个被告人供述的内容与现场勘查笔录、现场照片、搜查笔录、指认现场笔录等证据相互印证，且能排除公安民警在3个被告人供述时采用刑讯逼供，能证明赵某某为了贩卖毒品，指使何某某向农某某购买1块毒品，何某某跟农某某购买毒品后，将毒品带给在另一地等候的赵某某，因此，赵某某与何某某均构成贩卖、运输毒品罪。赵某某的辩护人、何某某的辩护人关于2个人只构成贩卖毒品罪的辩护意见，不予采纳。

一审法院认为，被告人赵某某、农某某、何某某违反国家有关毒品管理的规定，贩卖、运输毒品，其行为均触犯了《刑法》第347条第2款第（1）项的规定，其中赵某某、何某某构成贩卖、运输毒品罪，农某某构成贩卖毒品罪。公诉机关指控赵某某、何某某犯贩卖、运输毒品罪，农某某犯贩卖毒品罪的事实清楚，证据确实、充分，指控的罪名成立。遂判决：被告人赵某某犯贩卖、运输毒品罪，判处无期徒刑，剥夺政治权利终身，并处没收个人全部财产；被告人农某某犯贩卖毒品罪，判处有期徒刑15年，剥夺政治权利4年，并处没收个人财产人民币5万元；被告人何某某犯贩卖、运输毒品罪，判处有期徒刑13年，并处罚金人民币3万元。

此案中被告人赵某某和何某某的辩护人均提出二者只构成贩卖毒品罪而不构成运输毒品罪，虽然各自的理由以及辩护的目的可能不同，即被告人赵某某的辩护人认为赵某某本人没有实施运输毒品的行为，而被告人何某某的辩护人提出何某某只构成贩卖毒品罪则是基于何某某可以获得从犯处罚的考虑，但是总体来讲，辩护人所提出的问题归到一点，就是贩卖毒品中伴有的运输行为不能与贩卖并列处理，只作贩卖毒品一罪处理即可。

从上可以看出，本罪与贩卖毒品罪在实践适用上所发生的尴尬情形，实际上与立法的技术有关。正如有学者所言，运输毒品罪完全没有必要作为独立罪名加以规定，因为，在行为人本身就是走私、贩卖、制造毒品者而其将毒品予以运输的情形下，运输毒品行为不具有独立的价值，只是走私、贩卖、制造毒品行为的前提或后续举止，在行为人明知他人是走私、贩卖、制造毒品者而帮助他人运输毒品的情形下，行为人实际上是走私、贩卖、制造毒品者的帮助犯，以走私、贩卖、制造毒品罪的共犯论处即可。但是笔者认为，既然刑法将运输毒品与走私、贩卖、制造毒品的行为并列并作为选择性罪名予以规定，那么根据罪刑法定的原则，就应当保持本罪适用上的独立性，使本罪具有实际存在的意义。如果将运输毒品者作为走私、贩卖、制造毒品罪的共犯处理，而且将其认定为帮助犯（从犯），这对于运输者属于初犯、偶犯的情形还算适宜，但是对于职业运输者来说，将其只作为帮助犯处理恐怕就不正常了。同时，最高人民法院的三个“纪要”均强调，行为人对同一宗毒品实施了两种以上犯罪行为并有相应确凿证据的，应当按照所实施的犯罪行为的性质并列确定罪名，其中《2008年纪要》进一步强调：“对同一宗毒品可能实施了两种以上犯罪行为，但相应证据只能认定其中一种或者几种行为，认定其他行为的证据不够确实充分的，则只按照依法能够认定的行为的性质定罪。如涉嫌为贩卖而运输毒品，认定贩卖的证据不够确实充分的，则只定运输毒品罪。”由此说明，毒犯本人在贩卖毒品的过程中实施了运输毒品行为的，应当也构成运输毒品罪，对于毒犯携带毒品到约定地点交付的，不管是“异地”还是“同城”，均应当以贩卖、运输毒品罪定罪处罚；如果是在家里贩卖的，当然只定贩卖毒品罪，因为此时会缺乏行为人运输毒品的证据或者即使有但可能也不够确实充分。显然，上述赵某某等贩卖、运输毒品一案中，法院认为赵某某为了贩卖毒品，指使何某某向农某某购买1块毒品，何某某跟农某某购买毒品后，将毒品带给在另一地等候的赵某某，因此，赵某某与何某某均构成贩卖、运输毒品罪，这一认定是非常正确的（因而赵某某辩护人的观点没有得到采纳也在情理之中）。因为，该案已经有确实充分的证据证实赵某某与何某某实施了购买、运输毒品的行为。同时，虽然赵某某没有亲自实施运输毒品的行为，但是其指使何某某到农某某处购买毒品并将毒品运回交给赵某某，二者无疑成立了运输毒品罪的共同犯罪，亦即实际上也等于赵某某实施了运输毒品的行为，同时，何某某受指使携带赵某某交给的毒资向农某某购买毒品，当然其与赵某某一道成立贩卖毒品罪的共犯，所以赵某某与何某某均构成贩卖、运输毒品罪。而上述周某某等贩卖、运输毒品案，对于公诉机关起诉时所作的仅指控被告人周某某犯运输毒品罪的决定，笔者的理解是，可能是其基于周某某运输毒品的证据确实充分而贩卖毒品的证据不确实充分的考虑，所以按照《2008 年纪要》对周某某只认定构成运输毒品罪。当然，法院认为周某某是“从四川到广西宁明县购买毒品海洛因 340.2 克，应认定其主观是以贩卖为目的购买毒品并予以运输”，从而应构成贩卖、运输毒品罪，这一处理结果也并不是没有道理，因为毕竟司法解释规定“以贩卖为目的而非法收买毒品”的行为也属于贩卖毒品的范畴。不过如前所述，行为人购买毒品是否以贩卖为目的，其主观意图实际上还是需要以贩卖的客观行为予以证明，而且目前的相关司法解释或者最高人民法院的系列“纪要”也没有对此作出如何推定的规则（目前只有对“明知”的推定规则作出了明确的规定），所以，本案仅以周某某从四川到广西宁明县购买了 340.2 克的毒品海洛因，就径行认定其就是以贩卖为目的而购买毒品，似乎有值得商榷之处。

值得注意的是，在“同城”受毒犯指使或者雇佣送“货”的行为人，如果不以本罪对其进行处置，而是以贩卖毒品罪的共犯论处，那么送“货”人（运输者）完全有作为从犯处理的可能，这不仅使本罪失去独立存在的意义，而且有放纵运输者之嫌，同时还会产生不公平的现象。例如，对于“同城”运输毒品的行为不以本罪论处，而对于距离不是很远甚至比“同城”距离还要近的“异地”间的运输毒品行为反而以本罪处罚，这样的结局恐怕让行为人难以接受。据此，司法实践中对于“同城”间的贩卖不管距离远近，也不管是贩毒人亲自交付毒品还是安排、雇用他人运输毒品，均只按贩卖毒品罪处理（即排除了运输毒品罪的存在），这种做法是值得商榷的。我们且以北京、上海、天津、重庆、广州为例：

1. 北京市高某某等贩卖毒品案[①]

北京市朝阳区人民检察院指控，被告人高某某、张某某于2017年11月14日，经与在本市朝阳区的高某联系后，于次日在北京市通州区某中心楼下，以人民币400元的价格向高某贩卖大麻1.63克，被告人高某某、张某某后被抓获。公诉机关建议对被告人高某某、张某某所犯贩卖毒品罪判处拘役4个月至6个月，适用缓刑，并处罚金。一审北京市朝阳区法院认为，公诉机关指控的罪名成立且量刑建议适当，以被告人高某某犯贩卖毒品罪，判处拘役4个月，缓刑4个月，罚金人民币2000元；被告人张某某犯贩卖毒品罪，判处拘役4个月，缓刑4个月，罚金人民币2000元。

2. 上海市陆某某、韩某某等贩卖毒品案[②]

经审理查明，2017年4月11日中午，蒋某电话联系陆某某欲购买毒品，陆某某遂电话联系凌某某购买毒品。当日20时许，陆某某指使韩某某至凌某某住处上海市普陀区红棉路×××弄×××号×××室，以人民币200元的价格向凌某某购得毒品2包。当日23时许，陆某某、韩某某携带上述毒品至普陀区绿杨路×××号鑫润浴场门口，以人民币500元的价格贩卖给蒋某，后被守候民警抓获，毒品被当场缴获，重量共0.65克，从中检出甲基苯丙胺成分。一审法院认为，被告人陆某某、韩某某、凌某某贩卖甲基苯丙胺毒品0.65克，其行为均已触犯刑律，构成贩卖毒品罪，公诉机关指控3个被告人的犯罪事实清楚，证据确实、充分，所控罪名成立。

3. 天津市李某贩卖毒品案[③]

经审理查明，2017年9月14日17时50分许，张某（另行处理）通过

---

① 参见北京市朝阳区人民法院(2018)京0105刑初440号刑事判决书。

② 参见上海市嘉定区人民法院(2018)沪0114刑再1号刑事判决书。

③ 参见天津市南开区人民法院(2018)津0104刑初39号刑事判决书。

电话联系被告人李某，二人约定了毒品交易的时间、地点。当日18时30分许，在本市河北区小红星路中山东里小区门口，被告人李某以450元的价格向张某贩卖毒品1小包。交易完成后，两个人准备离开现场时被公安警员抓获，当场查获并扣押了毒资450元、毒品1小包（经称量为0.7158克）。经天津市公安局毒品检验鉴定中心检验，涉案毒品中含有甲基苯丙胺成分。一审法院认为，被告人李某违反国家对毒品的管理制度，贩卖毒品甲基苯丙胺，其行为已构成贩卖毒品罪，依法应追究刑事责任。公诉机关指控被告人李某犯贩卖毒品罪的事实清楚，证据确实、充分，指控罪名成立，应予支持。

4. 重庆市邓某贩卖毒品案①

经审理查明，2017年9月18日晚，蒙某（已判决）将一袋毒品甲基苯丙胺（冰毒）交予被告人邓某保管。次日23时许，蒙某到被告人邓某家中拿回该毒品，并装入邓某提供的LED灯盒子内，后邀约邓某驾车送其到本市渝中区菜园坝附近贩卖毒品，承诺向其支付车费50元。同月20日0时20分许，被告人邓某明知蒙某贩卖毒品，仍同意蒙某将上述装有毒品的LED灯盒子放到其车上并驾车将蒙某送至本市渝中区菜园坝某酒店楼下。邓某在车内等候，蒙某独自到该酒店1710房间将净重0.83克的毒品甲基苯丙胺贩卖给经某某，获取毒资500元，后二人均被民警当场抓获。法院认为，被告人邓某明知蒙某贩卖毒品，仍为其提供帮助，其行为已构成贩卖毒品罪，依法应予惩处。重庆市渝中区人民检察院指控的事实和罪名成立。

5. 广州市肖某某贩卖毒品案②

广州市海珠区人民法院审理广州市海珠区人民检察院指控原审被告人

① 参见重庆市渝中区人民法院(2018)渝0103刑初74号刑事判决书。
② 参见广东省广州市中级人民法院(2018)粤01刑终3号刑事裁定书。

肖某某犯贩卖毒品罪，于2017年11月16日作出（2017）粤0105刑初132号刑事判决。原审被告人肖某某不服，提出上诉。

原判认定：2013年4月份开始，被告人肖某某伙同同案人林某某、梁某某（均已判决）共同租住在本市海珠区宝岗大道南翠城花园×栋××房贩卖毒品“K粉”“摇头丸”等。2013年7月，同案人林某3文（已判决）加入该团伙共同贩卖毒品。在此期间，林某2统一管理毒资，林某2、肖某某负责买入毒品存放在住处，林某3文负责在住处对毒品进行称量、分装，路程较远的就由肖某某、林某某、梁某某3个人轮流驾驶车牌号为粤A×××××的东风日产小汽车将毒品送往交易地点卖给对方并以现金当面交易，路程近的就由林某3文步行将毒品送到楼下翠城花园附近路边与对方接头交易。

原判认为，被告人肖某某无视国家法律，伙同同案人多次贩卖毒品，情节严重，其行为已构成贩卖毒品罪，依法应予惩处。根据被告人肖某某犯罪的事实、性质、情节和对于社会的危害程度，以及考虑与同案人的量刑平衡，依照《刑法》第347条第1款、第4款之规定，以犯贩卖毒品罪判处被告人肖某某有期徒刑3年6个月，并处罚金人民币1万元。

二审法院认为，上诉人肖某某伙同同案人多次贩卖毒品，其行为已构成贩卖毒品罪，依法应予惩处。原判认定的主要事实清楚，证据确实、充分，定罪和适用法律准确，量刑适当，审判程序合法。上诉人肖某某伙同同案人多次贩卖毒品，依法应认定为情节严重，原判在法定量刑幅度以内判处其有期徒刑3年6个月，并处罚金人民币1万元，属量刑适当，上诉人肖某某提出原判量刑过重的意见，理由不成立，不予采纳。遂裁定驳回上诉，维持原判。

上述5个案例发生的地点均在我国大城市的“同城”中，应当说各案中的被告人在贩卖毒品的过程中均实施了运输毒品的行为。其中北京案的被告人是从朝阳区携带毒品到通州区贩卖，上海案的被告人是从普陀区红棉路携带所购毒品至普陀区绿杨路实施贩卖，天津案的买卖双方约定的交易地点是该市河北区小红星路中山东里小区门口（既然不在家里交易，就肯定携带毒品产生过一段距离），重庆案是被告人将毒犯送至渝中区菜园坝某酒店（因毒犯支付车费50元，所以可以肯定存在运输毒品的行为），同时该案认定被告人为帮助犯（从犯），广州案的被告人是驾驶东风日产小汽车将毒品从该市海珠区宝岗大道南翠城花园送往各约定的交易地点。但司法机关均无一例外地将行为人仅定性为贩卖毒品罪。如上所述，既然运输毒品的行为已独立成罪，而且相关司法解释或者最高人民法院的"纪要"也没有对运输的距离问题作出限制性规定，那么就应将一切能够成立运输毒品的行为以本罪定罪处罚，而无需考虑运输距离的长短或者是"同城"还是"异地"之别（当然也不至于将携带毒品送给只有几米、几十米距离或者从楼上携带毒品送给在楼下的购毒者的行为认定为本罪）。所以笔者认为，司法实践中将"同城"间运输毒品进行贩卖的行为一律按照贩卖毒品罪论处，这既有违立法，也与最高人民法院的系列"纪要"不符。

二、本罪与非法持有毒品罪的区分

非法持有毒品罪，是指明知是毒品而非法持有且数量较大的行为。根据《刑法》第348条的规定，构成该罪必须要达到一定数量，即非法持有鸦片200克以上、海洛因或者甲基苯丙胺10克以上或者其他毒品数量较大。从持有型犯罪构成设计的立法考量来看，持有型犯罪构成实际上是一种区别于传统的作为型犯罪构成与不作为型犯罪的堵截犯罪构成。这种堵截功能诉求具体表现为：通过将刑法干预触须延伸至犯罪预备行为以及单纯的法益侵害危险或义务违反行为，以及改变刑事证明内容、降低证明要求与部分倒置举证责任，以进一步严密刑事法网、严格刑事责任，并达到强化法益保护、防止狡猾的罪犯逃避刑事追究的目的。[①] 显然，非法持有毒品罪的

① 参见梁根林：《刑法总论问题论要》，北京大学出版社2018年版，第223—224页。

设立，是基于没有证据证明行为人实施了走私、贩卖、运输、制造毒品等犯罪行为的前提，而对此所作的必要补充，可见，该罪的设立无疑具有堵截毒品犯罪的功能。

运输毒品实际上就伴随着非法持有毒品的过程，那么，应如何解决二者的关系呢？其产生的问题是，对此种情形的行为人是以本罪与非法持有毒品罪实施数罪并罚，还是依其中一罪处理。显然，非法持有实质是运输行为的一部分，属于一行为触犯数罪名的竞合情形，因而只能依一重罪（即运输毒品罪）论处，无需实施数罪并罚，对此无论是理论界还是实务界均没有争议。实践中最具争议的是吸毒者购买毒品后在运输过程中被查获的，究竟是以运输毒品罪还是非法持有毒品罪对行为人定罪处罚的问题。目前司法机关根据《2015 年纪要》的规定，对于吸毒者购买数量较大的毒品并运输的情形，无疑均以本罪论处，但这种处理结论存在疑问。我们且以如下 3 个案例来予以佐证，并以资探讨。

案例一：曾某某运输毒品案①

东兴市人民检察院指控，2017 年 3 月 29 日，被告人曾某某欲从广西东兴市东兴镇教育路富华商务酒店拿毒品到防城区，后搭乘包某某的面包车途经防城港市防城区那梭镇稔稳村 312 国道时被民警截停，被告人曾某某将其身上携带的毒品扔至桥下，民警后在该桥下查获 3 小包毒品（经称量，分别净重 19.79 克、0.43 克、2.06 克）。经检验，从中均检出甲基苯丙胺。

公诉机关认为，被告人曾某某违反国家毒品管理法规，运输毒品甲基苯丙胺，数量较大，其行为触犯了《刑法》第 347 条第 3 款之规定，应当以运输毒品罪追究其刑事责任。

被告人曾某某对起诉书指控的犯罪事实无异议，但其辩称其将毒品从东兴市带回防城区是为了自己吸食，而非帮人带毒品，其行为应构成非法

---

① 参见广西壮族自治区东兴市人民法院 (2017) 桂 0681 刑初 172 号刑事判决书。

持有毒品罪，请求从轻判处。

辩护人提出如下辩护意见：现有证据可以证实被告人曾某某作为一名吸毒人员，毒瘾较大，其从东兴市富华酒店拿到毒品是用于个人吸食，其行为应当构成非法持有毒品罪。

法院认为，被告人曾某某违反国家毒品管理法规，运输毒品甲基苯丙胺22.28克，其行为已构成运输毒品罪。公诉机关指控的罪名成立。关于被告人曾某某及其辩护人提出被查获毒品系用于个人吸食，其行为只构成非法持有毒品罪的意见，经查，被告人曾某某作为吸毒者，其在东兴市拿到毒品后，将毒品夹带在身上，在运输至防城港市防城区的途中被查获时将毒品丢至桥下意图毁灭罪证，由于没有证据证明其是为了实施贩卖毒品等其他犯罪，且被查获的毒品数量达到较大以上的，应以运输毒品罪定罪处罚。故被告人曾某某及其辩护人的意见与事实和法律不符，应不予采纳。最后，法院以被告人曾某某犯运输毒品罪，判处有期徒刑7年6个月，并处罚金人民币2万元。

案例二：唐某某运输毒品案①

防城港市防城区人民检察院指控，被告人唐某某是一名吸毒人员。2017年5月24日23时许，唐某某携带毒品驾驶一辆车牌号桂P ××××× 的黑色丰田牌轿车从钦州市往防城港市防城区方向行驶。途经防城区时，被公安民警查获。公安民警当场从唐某某的身上搜出一小瓶净重5.08克的毒品甲基苯丙胺（俗称“冰毒”），从其驾驶的车上搜出一小包净重7.55克的毒品甲基苯丙胺。

公诉机关认为，被告人唐某某违反国家对毒品的管制，明知是毒品而运输，应当以运输毒品罪追究其刑事责任。

被告人唐某某对公诉机关指控的事实无异议，对罪名有异议，认为其

① 参见广西壮族自治区防城港市防城区人民法院(2017)桂0603刑初202号刑事判决书。

是吸毒人员，身上带有毒品很正常，其去钦州办事，因怕在钦州买不到毒品而随身携带了 5.08 克毒品。毒品是其买来吸食的，并没有运输毒品，应是非法持有。

辩护人提出的辩护意见是：1. 搜获的全部毒品应认定为非法持有，属于非法持有毒品罪，而不构成运输毒品罪。2. 该段时间唐某某是正在吸食毒品的状态，其去钦州前随身携带的 5.08 克毒品是此前其吸食所留下的。从钦州购买的 7.55 克毒品是由唐某某支配和管控，目的也是自己吸食，属于动态持有，其主观上也没有贩卖、走私的目的。3. 即便法庭认为从车上搜获的 7.55 克属于运输毒品，但随身携带的 5.08 克应属非法持有。

法院认为，被告人唐某某违反国家对毒品的管制，明知是毒品而运输，其行为构成运输毒品罪，公诉机关指控的罪名成立。关于唐某某及其辩护人提出搜获的毒品是为吸食而随身携带，不构成运输毒品罪而构成非法持有毒品罪的意见。根据全国法院毒品会议纪要的规定，吸毒者在运输毒品过程中被查获，没有证据证明其是为了实施贩卖毒品等其他犯罪，毒品数量达到较大以上的，以运输毒品罪定罪处罚。且唐某某身上携带或车上查获的毒品明显超出正常的吸食量。故对唐某某的辩解意见和辩护人的辩护意见，不予采纳。最后，法院以被告人唐某某犯运输毒品罪，判处有期徒刑 7 年 6 个月，并处罚金人民币 1 万元。

案例三：陆某运输毒品案①

广西壮族自治区崇左市扶绥县人民法院审理扶绥县人民检察院指控原审被告人陆某犯运输毒品罪一案，于 2016 年 7 月 25 日作出（2016）桂 1421 刑初 30 号刑事判决，以运输毒品罪判处陆某有期徒刑 13 年，并处罚金人民币 2 万元。原审被告人陆某不服，提出上诉。

原判认定，2015 年 5 月 9 日晚，被告人陆某在广西崇左市龙州县县城

---

① 参见广西壮族自治区崇左市中级人民法院 (2016) 桂 14 刑终 106 号刑事裁定书。

租乘吴某的桂 F××××× 轿车从龙州县前往柳州市购买毒品氯胺酮（俗称 K 粉）。次日 0 时许，陆某到达柳州市柳邕路后，以 2.2 万元的价格向一个叫“江成”的人购买一包毒品 K 粉，并携带该包毒品租乘吴某的轿车返回龙州县。0 时 5 分许，当该车途经南友高速公路上行线扶绥县服务区时，遇上公安机关设卡检查。经检查，公安机关发现陆某持有毒品 K 粉可疑物 1 包放在车后座的皮包内，遂予以扣押。经称量，查获的毒品 K 粉可疑物净重 996.3 克。经鉴定：扣押的毒品可疑物样品中检测出氯胺酮，含量为 22.6%。另查明，被告人陆某曾因犯抢劫罪，于 2008 年 4 月 16 日被南宁市西乡塘区人民法院判处有期徒刑 10 年，并处罚金人民币 2 万元；于 2014 年 4 月 24 日刑满释放。

上诉人陆某上诉称：其购买毒品是为了自己吸食，应犯非法持有毒品罪，一审判决犯运输毒品罪错误，请求二审依法改判较轻的刑罚。

二审法院认为，陆某违反国家对毒品的管理规定，明知是毒品氯胺酮仍非法运输，陆某的行为构成运输毒品罪。陆某提出其行为构成非法持有毒品罪。经查，陆某是吸毒人员，其在运输毒品过程中被查获，毒品数量已达到较大以上的标准，但无证据证实其实施了贩卖毒品等犯罪行为，应以其实际实施的运输毒品犯罪行为定罪处罚，故该辩护意见不成立。原判认定事实清楚，证据确实、充分，定罪准确，审判程序合法，量刑适当，应予维持。遂作出驳回上诉，维持原判的刑事裁定。

上述 3 个案例的被告人均被确定为吸毒者，均是在购买毒品后运输过程中被查获，被告人或者其辩护人均提出构成非法持有毒品罪而非运输毒品罪的辩解或辩护，且最后均没有得到法院的采纳。被告人或辩护人之所以提出这样的辩护意见，是因为运输毒品并非为了实施贩卖等其他犯罪，而是为了自己吸食，因而在毒品数量达到了非法持有毒品罪的罪量要求时，只能以该罪论处。上述 3 个案例只是众多实例中的代表，实际上司法实践中凡是属于上述情形的，司法机关均无一例外地将行为人（吸毒者）以本罪定罪处罚，其根据来自《2015 年纪要》的规定，即“吸毒者在运输毒品过程中被查获，没有证据证明其是为了实施贩卖毒品等其他犯罪，毒品数量达到较大以上的，以运输毒品罪定罪处罚”。所以，法院对上述被告人及其辩护人的意见均不予支持，是符合现有规定的要求的。

但是，司法机关对于吸毒者在购买毒品后运输过程中被查获的一律以本罪定罪处罚的做法，与理论界的观点出现了巨大分歧。目前，多数学者认为，吸毒者以自己吸食为目的而运输毒品的，不属于本罪的“运输”。例如张明楷教授就对《2015年纪要》的上述规定持明确的反对态度。他认为，只有与走私、贩卖、制造毒品具有关联性的行为，才宜认定为运输，否则会导致罪刑之间不协调。因此，为了自己吸食、注射而将毒品从此地带往彼地的，或者帮助吸食者代购毒品而将毒品带往彼地，不应认定为运输毒品。[①] 此外，笔者还可以罗列出以下诸多相同的观点：（1）“因为运输毒品的行为同时也表现为非法持有毒品，对此，不能笼统地将毒品转移的行为都认定为运输毒品罪。如果有证据证明行为人非法持有毒品是为了走私、贩卖、运输、制造毒品的，以走私、贩卖、运输、制造毒品罪论处，否则只能认定为非法持有毒品罪”。[②]（2）运输毒品通常是走私、贩卖、制造毒品活动中使毒品最终能够走私、贩卖、制造意图得逞的中间环节，因此，为了自己吸食而将毒品转移的，不成立运输毒品罪。[③]（3）“运输行为必须具有将毒品进行流通的目的，否则不构成运输毒品罪。例如，吸毒者为个人吸毒而携带毒品或驾驶交通工具从一个地点到另一个地点，虽然毒品在客观上发生了位移，但是这个行为不是运输毒品罪，吸毒者携带毒品数量较大的，可以构成非法持有毒品罪”。[④]（4）“行为人为了自己吸食、注射而将毒品从此地带往彼地的，不应认定为运输毒品。只有与走私、贩卖、制造具有关

---

① 参见张明楷：《刑法学（下）》，法律出版社2016年版，第1144页。

② 高铭暄、马克昌主编：《刑法学》，北京大学出版社、高等教育出版社2017年版，第598页。

③ 参见马克昌主编：《百罪通论（下卷）》，北京大学出版社2014年版，第1086页。

④ 谢望原、赫兴旺主编：《刑法分论》，中国人民大学出版社2011年版，第362页。

联性的转移毒品的行为，才能认定为运输毒品”。[①]（5）将毒品从一地转移到另一地，对行为人是否一律以运输毒品罪定性，不能一概而论，而是应从其所追求的终极目的分别予以确立。亦即，如果行为人除了追求毒品空间位移这一直接目标外，其转移毒品是为了追求另一目标，即所实施的毒品空间位移行为是为实现终极目标服务的，那么就应当以其追求的终极目标作为其主观方面的主要内容来分析认定其转移毒品行为的性质。若转移是为了帮助他人藏匿毒品，就可以考虑以窝藏毒品认定；若转移是为了实现贩卖牟利，则可以考虑以贩运毒品认定；若以个人携带的方式转移毒品是为了自己吸食，则可以考虑以非法持有毒品认定。[②]

现实中，的确存在一些吸毒者购买了数量较大的毒品后，其往往并不均用于自己吸食，而是除自己吸食外，其中一部分还用于贩卖给他人的情形。针对这种以贩养吸的状况，为了堵截吸毒者在吸食毒品的同时又实施贩卖毒品等其他犯罪的行为以及防止吸毒者对于贩卖、运输毒品的行为以自己吸毒为由进行抗辩而逃脱法律的制裁，《2015年纪要》特将吸毒者购买数量较大的毒品并在运输中查获的情形规定为以本罪定罪处罚。[③]应当说，在严厉惩治及有效防控毒品犯罪的目标下，对吸毒者购买并运输较大数量毒品的行为，如果没有证据证明其是为了实施贩卖毒品等其他犯罪，从而推定以本罪论处似乎是值得理解的。但仔细推敲之下，《2015年纪要》的上述规定又存在值得商榷之处。总体平衡之下，笔者认为，理论界关于凡吸毒者购买毒品后为吸食或者注射而运输的行为均不构成本罪，这种观点是有道理的，因而值得赞同；而《2015年纪要》的上述规定既不合理，也不科学，

---

① 于世忠主编:《中国刑法学分论》，厦门大学出版社2017年版，第273页。

② 参见张旭:《关于运输毒品罪认定的法律思考》，载《中国刑事法杂志》2001年第5期。

③ 笔者认为,《2015年纪要》规定的“吸毒者在运输毒品过程中被查获，没有证据证明其是为了实施贩卖毒品等其他犯罪，毒品数量达到较大以上的，以运输毒品罪定罪处罚”，应仅指吸毒者本人购买数量较大毒品并运输的情形，而不包括吸毒者受他人雇佣或指使运输毒品的行为，因为对于后者可以直接将行为人认定为构成运输毒品罪，并不需要作出推定。

因而不可取。具体理由如下：

第一，本罪的“运输”不能与非法持有毒品犯罪相关联。如上所述，本罪的“运输”只发生在与贩卖、制造毒品具有关联性的范围内，亦即，行为人（包括毒犯本人及其受雇佣、受指使者）只有为了实施贩卖或者制造毒品而实施运输行为的，才能构成本罪。因为，立法将“运输”与走私、贩卖、制造毒品的行为作并列性的规定，说明它们在对公众健康危害的程度上具有同等性。而“运输”毒品所产生的危险或危害只能在与贩卖、制造毒品具有关联性时，才能予以充分体现。亦即，行为人为了贩卖毒品而实施运输，或者为制造出更高等级的毒品而运输等级较低的毒品的，才能真正作为《刑法》第347条规定的运输毒品罪中的“运输”。而吸食者购买毒品即使数量达到较大标准，但是在没有证据证实其是用于贩卖的情况下，此时只能作出吸毒者是用于自己吸食的解释。那么，吸毒者购买的毒品数量达到了《刑法》第348条的最低数量规定的，其也只能构成非法持有毒品罪。显然，为了非法持有毒品而实施的运输行为，其危害性显然不能与为了贩卖、制造毒品而实施的运输行为相提并论，因为其毕竟是属于自己非法持有，而没有将毒品进行流通扩散（此时实际上没有被害人）。由此，凡是与非法持有毒品相关联的运输行为均不能成立本罪的“运输”。否则，非法持有毒品罪独立存在的意义将大打折扣。因为，毒品能使行为人非法持有的缘由，除制造毒品行为人同时非法持有及贩毒人亲自（或者雇请、致使他人）到非法持有人处销售外，其他情形下一般均需要通过非法持有人购买并实施运输后才能产生，亦即毒品不可能无缘无故就出现在非法持有行为人处。所以，为了自己吸食而购买毒品并运输毒品的，哪怕行为人构成非法持有毒品罪，也不能认定为运输。可见，上述3个案例中辩护人提出被告人构成非法持有毒品罪（而非运输毒品罪）的辩护观点，并非没有道理。

第二，《2015年纪要》的规定不符合逻辑。我们且将《2015年纪要》关于吸毒者涉及毒品犯罪性质的规定全部列出，以资论证。即“吸毒者在购买、存储毒品过程中被查获，没有证据证明其是为了实施贩卖毒品等其他犯罪，毒品数量达到刑法第三百四十八条规定的最低数量标准的，以非法持有毒品罪定罪处罚。吸毒者在运输毒品过程中被查获，没有证据证明其是为了实施贩卖毒品等其他犯罪，毒品数量达到较大以上的，以运输毒品罪定罪处罚。行为人为吸毒者代购毒品，在运输过程中被查获，没有证据证明托购者、代购者是为了实施贩卖毒品等其他犯罪，毒品数量达到较大以上的，对托购者、代购者以运输毒品罪的共犯论处”。首先，吸毒者购买、存储毒品数量达到《刑法》第348条规定的“最低数量标准”与吸毒者在运输毒品过程中被查获的“毒品数量达到较大以上”，二者实际上是一回事，即《刑法》规定的“鸦片二百克以上不满一千克、海洛因或者甲基苯丙胺十克以上不满五十克或者其他毒品数量较大的”。这里的问题是，既然已经确定了行为人是吸毒者，又确定了其不是为了实施贩卖毒品等其他犯罪（这里的“等其他犯罪”应当理解为走私、制造毒品犯罪），那就只能认定其购买较大数量毒品是为了自己吸食，应构成非法持有毒品罪，但为什么将在购买、存储毒品过程中被查获的行为以非法持有毒品罪定罪处罚，而将吸毒者在运输过程中被查获的情形就一定认定构成本罪，这是否属于自相矛盾的表现？其次，最高人民法院刑五庭负责人就《2015年纪要》答记者问时谈到，上述规定的主要理由是：吸毒者在运输毒品过程中被当场抓获，毒品数量达到较大以上的，表明其并非单纯以吸食为目的运输毒品，如没有证据证明其是为了实施贩卖毒品等其他犯罪，可以根据其客观行为状态认定为运输毒品罪。[①] 可是依照这样的逻辑，在吸毒者购买数量较大的毒品时被查获，依据其购买时的行为状态难道就不能认为其并非单纯以吸食为目的而购买毒品吗？同时，发现吸毒者存储了数量较大的毒品，难道此种行为状态下就不能认为其并非单纯以吸食为目的而存储毒品吗？换言之，这两种情形下

---

① 参见罗书臻：《就〈全国法院毒品犯罪审判工作座谈会纪要〉最高人民法院刑五庭负责人答记者问》，载 https://www.chinacourt.org/index.php/article/detail/2015/05/id/1637235.shtml，2019年7月30日访问。

均是毒品数量较大，按照上述逻辑理应认定吸毒者并非全部用于吸食，就均可以贩卖毒品罪追责，但显然这样的处理是不成立的，所以上述观点也存在着不可克服的自我矛盾。

第三，《2015年纪要》的规定并不科学。依照《刑法》第347条的规定，对于走私、贩卖、运输、制造毒品的，无论数量多少均构成犯罪。该规定并没有区分吸毒者和非吸毒者，如果非吸毒者无论运输多少毒品均构成本罪，而吸毒者运输毒品的则要求数量达到较大，这显然不公平。也就是说，如果要将吸毒者运输毒品的行为依照本罪处罚，那么其也应当与非吸毒者一样确立相同的入罪标准，所以，上述规定实际是对刑法的修改，严重背离罪刑法定原则，是典型的“司法权侵入立法权”①的表现。何况，实践中吸毒者往往就是毒品犯罪的肇事者，司法实践中众多毒品案件都与吸毒者有关，其几乎扮演了走私、贩卖、运输、制造、非法持有等直接的或者居间、代购等间接的诸多毒品犯罪环节的角色，按理不应将其设定为“特殊主体”而为其出罪大开方便之门。同时，假如非吸毒者在运输毒品的过程中被查获时，为了逃避严厉的惩罚，其迅即将所运输的毒品吃下一部分，使其立即变成了吸毒者，同时其所运输的毒品可能也不达到非法持有毒品罪的最低数量限制，那么此时行为人就不构成任何犯罪，这无疑是上述规定引发的又一问题。另外，从司法实践来看，《2015年纪要》的上述规定并不能得到彻底的执行。为了更直观地见证此规定所存在的问题，笔者以朱某非法持有毒品案和程某某等运输毒品案为例进行比较，对上述问题作进一步剖析：

案例一：朱某非法持有毒品案（节录）②

广西壮族自治区北海市海城区人民法院审理广西壮族自治区北海市海

① 刘明祥主编：《刑法的基础理论》，中国人民大学出版社2015年版，第294页。

② 参见广西壮族自治区北海市中级人民法院(2017)桂05刑终175号刑事裁定书。

城区人民检察院指控原审被告人朱某犯非法持有毒品罪一案，于2017年7月10日作出（2017）桂0502刑初340号刑事判决。原审被告人朱某不服，提出上诉。

原判认定，2017年2月21日19时许，被告人朱某在广西壮族自治区合浦县客运站向“十八哥”（另案处理）购买了交易价格为4780元的毒品海洛因一包。当日20时许，朱某携上述毒品海洛因窜至北海市海城区北星路金海花园小区北侧一瓦房内，准备吸食毒品时被公安人员查获，公安人员当场从朱某身上收缴到上述毒品海洛因（净重14.43克）。

原判认为，被告人朱某违反国家毒品管理制度，非法持有毒品海洛因14.43克，其行为已构成非法持有毒品罪。被告人朱某曾因犯贩卖毒品罪被判处有期徒刑，刑罚执行完毕以后，在5年以内再犯应当判处有期徒刑之非法持有毒品罪，是累犯，且是毒品再犯，应当从重处罚。被告人朱某虽不具有自首情节，但如实供述自己罪行，可以从轻处罚。最后认定被告人朱某犯非法持有毒品罪，判处有期徒刑1年2个月，并处罚金人民币5000元。

上诉人朱某对原判认定的犯罪事实及罪名无异议，上诉提出其归案后如实供述犯罪事实，积极配合公安机关的工作，原判量刑过重，请求对其改判更轻的刑罚。

二审法院认为，上诉人朱某违反国家对毒品的管制规定，非法持有毒品海洛因14.43克，其行为触犯《刑法》第348条的规定，已构成非法持有毒品罪，依法应判处3年以下有期徒刑、拘役或者管制，原判根据本案的犯罪事实、性质和对社会的危害程度，综合考虑朱某系累犯及毒品再犯，归案后如实供述等从重、从轻处罚的情节，在法定刑幅度内判处朱某有期徒刑1年2个月并无不当，朱某上诉请求对其改判更轻的刑罚无事实及法律依据，原判认定的犯罪事实清楚，证据确实、充分，适用法律正确，定罪准确，量刑适当，审判程序合法，应予维持。遂裁定驳回上诉，维持原判。

案例二：程某某等运输毒品案（节录）[①]

广西壮族自治区凭祥市人民法院审理原审被告人程某某、刘某犯运输毒品罪一案，于2016年9月14日作出（2016）桂1481刑初64号刑事判决。原审被告人程某某、刘某不服，提出上诉。

原判认定，2015年12月23日中午，被告人程某某、刘某携带2包可疑毒品从江西省高安市乘坐快班车来到广西凭祥市，并入住凭祥市A宾馆301号房。随后，程某某叫刘某带该2包毒品离开该房间。后来，刘某独自到相隔不远的凭祥市B宾馆开了305号房，并将携带的2包毒品藏匿在房间电视柜中的棉被内。不久，凭祥市公安局民警在凭祥市A宾馆一楼将刘某抓获，刘某主动交代藏匿毒品的地点，民警随后在凭祥市B宾馆305号房查获该2包毒品。同时，公安民警抓获等候在A宾馆301号房的程某某。经称量，查获的毒品净重共141.4克。经检验，查获的毒品中检出MDMA（3，4-亚甲二氧基甲基安非他明，俗称"摇头丸"）。

原判认为，被告人程某某、刘某违反国家对毒品的管理规定，明知是毒品仍进行非法运输，毒品数量大，其二人的行为构成运输毒品罪。在共同犯罪中，二被告人地位作用相当，均系主犯，应按照其二人所参与的全部犯罪进行处罚；二被告人归案后如实供述运输毒品的事实，依法可从轻处罚。判决：一、被告人程某某犯运输毒品罪，判处有期徒刑15年，剥夺政治权利3年，并处没收个人财产人民币2万元；二、被告人刘某犯运输毒品罪，判处有期徒刑15年，剥夺政治权利3年，并处没收个人财产人民币2万元。

上诉人程某某上诉称：毒品不是在运输途中被查获，应定非法持有毒品罪，一审判决犯运输毒品罪错误；上诉人刘某上诉称：一审判决其在共同犯罪中是主犯错误。

---

① 参见广西壮族自治区崇左市中级人民法院(2016)桂14刑终119号刑事判决书。

二审经审理查明：上诉人程某某受他人雇佣从江西省高安市携带2包毒品摇头丸到广西凭祥市。2015年12月21日，程某某召集上诉人刘某一起携带2包摇头丸乘车从江西省高安市前往广西凭祥市，于23日到达广西凭祥市并入住A宾馆301号房。随后，刘某在程某某的授意下，携带2包摇头丸到B宾馆305号房藏匿。之后，程某某在A宾馆301号房被公安机关抓获；刘某藏匿毒品后返回A宾馆时在宾馆一楼被抓获。随后，公安机关在B宾馆305号房电视柜内棉被里查获两包摇头丸。经称量和检验，查获的毒品摇头丸净重共141.4克，从所送检材中检出MDMA（3，4-亚甲二氧基甲基安非他明）。

关于上诉人提出的罪名确定问题，二审法院评判如下：吸毒者在购买、存储毒品过程中被查获，没有证据证实是为了实施贩卖毒品等其他犯罪，毒品数量达到较大以上的，以运输毒品罪定罪处罚。程某某、刘某从江西省高安市携带毒品摇头丸141.4克到广西凭祥市，毒品数量已达到较大以上，实际实施了运输毒品行为，应以运输毒品罪定罪处罚。

二审法院认为，上诉人程某某、刘某违反国家对毒品的管理规定，明知是毒品摇头丸仍非法运输，二人的行为构成运输毒品罪。本案中，程某某决定运输毒品，并从他人处取得毒品后才召集刘某一起同行，到达目的地后也是程某某向他人交接毒品。因此，程某某在运输毒品过程中起决定性作用，是主犯。刘某帮携带1包毒品的行为只起到协助程某某运输毒品的作用，即次要、辅助作用，是从犯，故其上诉意见成立，予以采纳，给予其减轻处罚。原判认定事实清楚，证据确实、充分，定罪准确，审判程序合法，对程某某量刑适当，应予维持；唯认定刘某是主犯错误，应予改判。遂作出：维持对程某某的一审判决，同时改判刘某有期徒刑10年，并处罚金人民币5000元。

上述2个案例表现出了诸多共同点，即（1）两案中的被告人均为吸毒者。（2）均在运输毒品到达目的地后吸毒或者存储时（亦即均不是在运输途中）被查获。其中，案例一的被告人朱某在广西壮族自治区合浦县客运站购买了净重 14.43 克的海洛因后，携带毒品从合浦县（北海市下辖）窜至北海市海城区北星路金海花园小区北侧一瓦房内（毒品运输距离在 30 公里左右），准备吸食毒品时被查获。案例二中的被告人从江西省高安市携带 2 包净重共 141.4 克的毒品摇头丸到达广西凭祥市，在宾馆将毒品藏匿后被查获。（3）两个案例中的被告人所涉毒品数量均达到了较大以上。不同的是，案例一被司法机关定性为非法持有罪，而案例二却被定性为运输毒品罪，这可是具有"天壤之别"的处理结果。按照《2015 年纪要》，两案均不属于在运输毒品的过程中被查获，应当均以处于"储存"的行为状况依非法持有毒品罪定性，因此案例一的定性无疑是正确的。依笔者的理解，对于案例二司法机关之所以将之定性为本罪，是因为事实上被告人程某某和刘某实施了长距离的毒品运输，尽管不是在运输途中被查获，但基于被告人运输毒品的既成事实，如果不以本罪处置又难以与实际相符，因而"不得不"采取这种处理方法。然而，案例二中的二审法院对于上诉人程某某关于其构成非法持有毒品罪的上诉要求进行评判时出现了极为尴尬的一幕，即"吸毒者在购买、存储毒品过程中被查获，没有证据证实是为了实施贩卖毒品等其他犯罪，毒品数量达到较大以上的，以运输毒品罪定罪处罚"，这显然与《2015 年纪要》关于"吸毒者在购买、存储毒品过程中被查获，没有证据证明其是为了实施贩卖毒品等其他犯罪，毒品数量达到刑法第三百四十八条规定的最低数量标准的，以非法持有毒品罪定罪处罚"的规定相冲突。可见，案例二的最终处理结果似乎有将被告人强行定性之嫌。实际上，消弭上诉尴尬情形的最佳途径就是以"在存储毒品过程中被查获"作为依据，直接将该案定性为非法持有毒品罪。从上述两案的比较中可以看出，《2015 年纪要》关于吸毒者在运输数量较大毒品的过程中被查获以本罪处罚的规定是不科学的。

除此以外，关于本罪与非法持有毒品罪的界限，实践中还存在这样一种争论，即有的人认为，对行为人所运输的毒品应当要查明来源，如果查明是行为人为他人运输或者有明确的接货人且明知是毒品而非法运输的，即构成本罪；如果没有或者无法查明是行为人为他人运输或者有明确的接货人且明知是毒品而非法运输的，就应认定为动态持有状态下的非法持有毒品罪。而有的人则认为，运输毒品罪是指将毒品从一地运往另一地的行为，所运输毒品无需查清毒品的来源或者毒品的上下家等，毒品只要实现了空间的位移就构成该罪。同时，非法持有毒品是指毒品由行为人控制，处于静态的持有状态，处于动态持有的状态不属于非法持有毒品罪的调控范围，应是运输毒品的范畴，因而对行为人所运输的毒品无需查明其来源，只要肯定行为人有运输毒品的事实，即以运输毒品罪论处。笔者认为，上述第一种观点是有道理的。首先，2012 年 5 月 16 日最高人民检察院、公安部《关于公安机关管辖的刑事案件立案追诉标准的规定（三）》第 2 条第 3 款规定，非法持有毒品罪的“非法持有”，是指违反国家法律和国家主管部门的规定，占有、携带、藏有或者以其他方式持有毒品。显然，本罪中的“持有”不仅在方式上没有作任何限制，而且上述规定同时肯定了本罪的“持有”包括静态持有和动态持有两种（因为“携带”就是一种动态状况下的持有）。具言之，非法持有毒品并不能说绝对就是静态持有这一种情形，只要符合事实上的支配、控制，行为人照样可以动态持有。运输毒品中的行为实际上就是一种动态持有，只不过这种情形下需要解决的是如何定性的问题。如果查明是运输毒品，那么此时的动态持有行为要么被运输行为所吸收（重行为吸收轻行为），要么就是运输行为的当然结果或者手段，以本罪处理即可。所以，那种认为非法持有毒品罪的“持有”只能是静态持有的观点是站不住脚的，因而是不正确的。其次，尽管有学者认为“对于持有毒品等犯罪来说，法律关注的不是如何取得，而是对毒品的控制状态”，[①] 但是这只是针对行为人静态持有毒品情形而言的，如果行为人处于动态持有毒品的状况，上述第二种观点以及学者的观点就会存在问题。因为，行为人在运

① 陈兴良：《刑法哲学（上）》，中国政法大学出版社 2009 年版，第 87 页。

输毒品过程中被查获，如果没有证据证明行为人身上携带或者交通工具上装运的毒品是其自行为贩卖或者受雇、受指使帮助他人运输的，就不能以没有毒品来源的所谓既有“事实”将行为人以本罪定罪处罚。事实上，实践中就有许多完全被他人利用的现象发生，例如，甲贩卖毒品给乙，丙正好从甲所在地的A地骑摩托车要到乙所在地的B地办事，甲在丙不知情或者不在场的情况下将毒品放置在丙的摩托车后尾箱，并将丙的摩托车车牌号、大致到达B地的时间以及毒品放置的位置等告知乙，丙从A地到B地的路途中恰遇警方查车，并从其摩托车的后尾箱发现毒品。此种情形如果没有证据证明丙与甲、乙有通谋，当然就不能依据在其摩托车上发现有毒品这一没有来源的事实，以本罪追究丙的刑事责任。又如，甲邀约朋友乙到A地游玩，乙刚好也有事顺便到A地处理，随即答应甲并自己驾车搭甲一同前往A地。到达A地后，乙去办事并跟甲约好回程的时间与上车的地点，待上车时甲与跟随的丙拿一密封的纸箱上车。当途经B地时恰遇警方查车，随即甲与丙逃跑并叫乙也逃跑。此种情形如果没有证据证明乙与甲、丙有通谋，当然也不能单纯依据从其驾驶的汽车上查出有毒品，而以本罪追究乙的刑事责任。所以，即使司法实践中存在许多行为人以“不知是谁将毒品放在其身上或者交通工具上的”为借口狡辩的情形，也不能以此一律得出“运输毒品无需查清毒品来源”的结论。由此，在行为人明知是毒品而运输，但不能查明毒品是其自行为贩卖或者受雇、受指使而运输的情况下，就只能以非法持有毒品罪处置。

第四章

组织卖淫罪

第一节　本罪“组织”的内涵及其认定

一、本罪“组织”的理解

从语义上看，“组织”有“使分散的人或事物具有一定的秩序和系统”及“按照一定的目的和系统组织起来的团体”之意。[①]在刑法语境中，如果与犯罪集团相对应，“组织”是指为实施共同犯罪的目的，通过发起以及招募、雇佣、拉拢、引诱、鼓动等方式而将分散的个人召集起来，形成较为固定的犯罪组织并对犯罪集团实施领导、策划、指挥的行为；如果与一般共同犯罪相对应，“组织”是指不仅发起、召集，而且还包括在实施具体犯罪中的领导、策划、指挥行为；如果与单独犯罪相对应，“组织”则是指直接实施领导、策划、指挥以及安排、协调、布置等的行为。按照陈兴良教授的观点，组织犯的“组织行为具有不同于正犯行为的特点，它不是由刑法分则加以规定的，而是由刑法总则规定的。如果某种组织行为已由刑法分则作了规定，那就不仅是组织犯的组织行为，其本身就是正犯行为”。[②]所以，本罪的“组织”行为本身就是实行行为，因而与组织犯的“组织”不同。

---

① 参见《新华词典》，商务印书馆2013年版，第1357页。

② 陈兴良:《规范刑法学（上册）》，中国人民大学出版社2013年版，第232页。

本罪“组织”内涵的确立有一个演变的过程。理论界给本罪的定义主要有以下几种：一是认为“组织卖淫罪，是指通过建立卖淫集团，采用招募、雇佣、强迫、引诱、容留等手段，控制多人从事卖淫的行为”；[①]二是认为“组织卖淫罪，是指以招募、雇佣、强迫、引诱、容留等手段，控制他人从事卖淫的行为”；[②]三是认为“组织卖淫罪，是指以招募、雇佣、引诱、容留等方式，纠集、控制他人卖淫的行为”；[③]四是认为“组织卖淫罪，是指以招募、雇佣、引诱、容留等方式，组织他人卖淫的行为”。[④]上述四种观点既有共同之处，也有不同之外。共同之处表现在，在组织行为手段上基本认为是以招募、雇佣、引诱、容留等方式，前三种观点均体现了本罪组织行为的“控制性”特征。不同之处表现在，第一种观点要求本罪需以“通过建立卖淫集团”为前提，后三种观点则没有如此要求。在组织行为方式上，前两种观点包括了“强迫”，而后两种观点则无此行为方式。第一种观点在控制卖淫人数上有“多人”的要求，而后三种观点则无此要求。笔者认为，第一种观点需以“通过建立卖淫集团”为前提，这可能与实际脱离。因为，刑法语境中的“集团”不仅有人数上的要求，而且人员要较为固定，而现实中，虽然组织者与卖淫人员通常会组成一个相对稳定的卖淫团体，但也有例外，即组织者组织卖淫的人员不一定是固定的，有的卖淫人员可能是处于游走的状态，在不同的组织者组织下进行来回穿插“补缺”，而这种情形也属于本罪的组织行为。所以，本罪的特征是体现在组织行为，而不是组织者建立卖淫的组织机构上，由此，第一种观点有失妥当。另外，第四种观点没有体现出本罪的“控制”特征，而是仍采用“组织”一词，这无疑是循环论证的表现，并不可取。

当然，上述任何一种观点与现今的司法解释均存在一定或者较大的出入。在法律意义上，本罪“组织”内涵的确立经历了一个演变的过程。1992

---

① 陈兴良：《规范刑法学（下册）》，中国人民大学出版社 2013 年版，第 1059 页。

② 张明楷：《刑法学（下）》，法律出版社 2016 年版，第 1159—1160 页。

③ 高铭暄、马克昌主编：《刑法学》，北京大学出版社、高等教育出版社 2017 年版，第 603 页。

④ 谢望原、赫兴旺主编：《刑法分论》，中国人民大学出版社 2011 年版，第 378 页。

年 12 月 11 日《最高人民法院、最高人民检察院关于执行〈全国人民代表大会常务委员会关于严禁卖淫嫖娼的决定〉的若干问题的解答》(以下简称《解答》，2013 年最高人民法院在清理司法解释时，该《解答》已宣布废止)，其将组织卖淫罪定义为“是指以招募、雇佣、强迫、引诱、容留等手段，控制多人从事卖淫的行为”。根据该定义，本罪不仅需要行为人通过各种手段将卖淫人员组织到一起，以控制其实施卖淫行为，而且在卖淫的人数上要求多人，才能构成本罪。2008 年 6 月 25 日发布的《最高人民检察院、公安部关于公安机关管辖的刑事案件立案追诉标准的规定（一）》(以下简称《追诉标准（一）》) 第 75 条规定：“以招募、雇佣、强迫、引诱、容留等手段，组织他人卖淫的，应予立案追诉。”从这一规定可以看出，对于本罪的行为手段，其与《解答》采取了完全相同的表述，不同的是，《追诉标准（一）》不要求本罪有罪量（即卖淫人数）的限制，即使行为人组织一人卖淫也应当构成本罪。同时，《解答》用“控制”诠释本罪“组织”的实质内涵，而《追诉标准（一）》则是采取了循环论证的方式，仍然用“组织”诠释“组织”，应当说这并没有达到为本罪定义的要求。2017 年 7 月 25 日公布的《最高人民法院、最高人民检察院关于办理组织、强迫、引诱、容留、介绍卖淫刑事案件适用法律若干问题的解释》(以下简称《解释》) 第 1 条第 1 款规定：“以招募、雇佣、纠集等手段，管理或者控制他人卖淫，卖淫人员在三人以上的，应当认定为刑法第三百五十八条规定的‘组织他人卖淫’。”显见的是，在本罪组织行为的手段上，《解释》并没有沿袭《解答》和《追诉标准（一）》的表述，而是只明确列举了“招募、雇佣、纠集”三种，没有将“强迫、引诱、容留”等手段列入其中。同时，《解释》将《解答》的“控制”改为“管理或者控制”，组织行为种类的多样化，无疑表现出了与司法实践的适应性，使得本罪的适用变得更为灵活。另外，在组织卖淫的人数上，《解释》将《解答》的“多人”明确规定为三人，这样更易于实践操作。值得注意的是，《解释》在对本罪行为手段上所作的表述，并不能据此认定其排除了“强迫、引诱、容留、介绍”可以成为本罪的行为手段。因为，《解释》第 3 条规定，在组织卖淫犯罪活动中，对被组织卖淫的人有引诱、容留、介绍卖淫行为的，依照处罚较重的规定定罪处罚。这说明，“引诱、容留、介绍”等仍然属于本罪的行为手段，只不过由于刑法同时规定了强迫卖淫罪和引诱、容留、介绍卖淫罪，所以《解释》在表述本罪的行为手段时，为了不使本罪与二者相互间出现概念上的混淆或者冲突，而特别有意隐匿了“强迫、引诱、容留、介绍”这4种手段而已。事实上，为了牟利，组织者不仅采取暴力、胁迫、引诱手段迫使、欺骗他人卖淫，而且为了利用卖淫人员获取更多的非法利益，往往既提供场所（显然是容留），又亲自或者安排他人分发名片推销或者招揽嫖客（显然是介绍）。由此，关于本罪在组织行为所采取的手段上，《解释》与《解答》《追诉标准（一）》以及理论界的观点并无实质性差异。综上，笔者认为，组织卖淫罪是指以招募、雇佣、纠集等手段，管理或者控制多人从事卖淫的行为。从这一概念可以看出，本罪的“组织”由两个具有递进关系的行为组成：一是组织者通过招募、雇佣、纠集等手段将卖淫人员组织在一起的行为；二是组织者通过对卖淫者的管理或者控制实施卖淫的行为。它们的关系是，前者是手段行为，后者是目的行为。

那么，本罪“组织”的内涵实际上最关键的是要厘清与厘定何为“管理”和“控制”。从词义上看，“管理”有“负责某项工作使顺利进行”“保管和料理”或“照管并约束”之意；“控制”有“掌握住不使任意活动或越出范围”之意。可见，在对待人或事物的力度上，“控制”明显具有一定的强制性，而“管理”则处于相对平和的状态。对本罪的“管理”和“控制”具体可以从以下几个方面把握：首先，“管理”和“控制”作为并列性规定，其是一种选择性行为，亦即只要具备其中一种，即构成本罪，如果均不属于，则可能构成他罪（如强迫卖淫罪或者引诱、容留、介绍卖淫罪等）。在司法实践中，有的被告人或者其辩护人往往以其没有对卖淫人员形成控制或者没有能力形成控制为由，主张不构成本罪（而是成立容留卖淫罪等），而司法机关对此想方设法从案件事实中寻找被告人已经具有控制卖淫人员的依据，这种阐明或者反驳有时反而不能达到充分的程度，从而使被告人或者辩护人难以信服。实际上，根据《解释》，在行为人的“控制”行为并不明显的情况下，并不需要刻意将“控制”行为作为评析或者裁判的理由及依据，只要认定行为人对卖淫人员存在“管理”行为，照样可以据此认定行为人构成本罪。其次，“管理”和“控制”包括2个层面的内容：一是对卖淫人员的管理或控制。对卖淫人员的管理一般是针对那些一开始自愿卖淫的人员，此种情形下组织者无需对卖淫人员的人身加以限制，因而不会产生需要控制的状况（实践中有的自愿卖淫的人员甚至主动接受组织者的管理）。管理的内容主要是其生活起居，实践中组织者一般会给卖淫人员提供包吃包住的条件，并为卖淫人员煮饭做菜等。对卖淫人员的控制，是指对其身体活动的自由加以限制（当然也存在对卖淫人员拘禁的情形），即卖淫人员的活动去向及范围等由组织者划定并经组织者的允许，同时在心理上对其施加压力，使卖淫人员形成恐惧感，从而让组织者任意摆布。对卖淫人员本身的控制，一般发生在卖淫人员一开始或者过后不愿卖淫的场合。二是对卖淫人员具体的卖淫活动的管理或控制。对卖淫人员具体卖淫活动的管理，包括接待嫖客、带领嫖客挑选卖淫人员、联系车辆运送卖淫人员、安排或者调度卖淫人员、收取嫖资并向卖淫人员发放提成、登记卖淫账目、进行考勤等。对卖淫人员具体卖淫活动的控制，包括规定与卖淫人员的分成比例、规定卖淫人员的“上下班”时间、规定卖淫人员不能私自接客、规定卖淫（单纯性交）的价格、规定卖淫“服务”的具体内容（即“套餐”种类）及其价格、规定卖淫人员不能私自接取嫖资或者收取嫖资后一律交由组织者结算配发、轮流排号安排卖淫人员等。最后，“管理”和“控制”的具体实施包括两种行为主体。一是组织者亲自实施，即组织者不仅亲自采用招募、雇佣、强迫、引诱、容留等手段纠集卖淫人员，而且在将卖淫人员纠集在一起后，亲自对卖淫人员及其卖淫活动进行管理或者控制。二是雇请他人实施。实践中，组织者为了坐收渔利并逃避打击，往往将卖淫场所雇请他人运作，交由受雇人对卖淫人员及其卖淫活动进行管理或者控制。这里需要厘清受雇人作为组织行为中的“管理”和作为协助组织行为中的“管理”的关系。前者是指组织者雇请他人对整个的组织卖淫活动进行全面性的照料和操控，亦即由受雇人代替组织者管理整个的组织卖淫活动，受雇人实际上是组织者的代替者；而后者是指受雇人只负责组织卖淫活动中的某一项事务，与前者不同，其并不具有代替组织者实施组织卖淫行为的功能，而且其所负责的事务也并非组织卖淫的实行行为，所以其行为可能是一种协助组织卖淫的性质（具体见下述）。例如，组织者雇请的“管账人”，就是单纯地负责管理卖淫人员的收入这一项工作（比如为卖淫者每日卖淫的次数及其收入登记入账，以便组织者与卖淫人员结算），除此之外的与组织卖淫行为相关的其他工作则与其无关。所以，“管账人”的管账行为虽然也属于管理的范畴，但是这种“管理”显然属于后者，而非前者。

需要说明的是，本罪的“组织”既可以由一人单独实施，也可以作为共同犯罪的形式出现（包括组织卖淫犯罪集团和一般的组织卖淫共同犯罪）。实践中，有的卖淫人员本身也可以成为组织者，亦即其既实施卖淫，同时又具有管理或者控制他人卖淫的行为，而且这种情形在中越边境组织他人卖淫犯罪中还较为常见。其具体有两种情形：一是有的卖淫人员因卖淫的时间较长，不仅熟悉当地环境，人脉较广（即认识较多的嫖娼者），而且也懂得如何掌控卖淫者，于是慢慢地在卖淫者中间充当“老大”的角色，成为组织他人卖淫的组织者；二是有的卖淫人员受其他组织者雇佣，为组织者全面管理卖淫者及其具体的卖淫活动。另外，关于本罪“组织”行为中是否包括强制性的手段的问题，也需要厘定。有学者将刑法分则法条中的“组织”分为两种情形：一种是不限手段的组织行为，即这种组织行为可以以暴力和胁迫等限制手段为前提，也可以仅仅实施一般的策划、领导行为等而未实施强制行为；另一种是手段受到限制的组织行为，这种组织行为大多以暴力或者胁迫为前提。[①] 根据此观点，本罪的组织行为显然是不限手段的组织行

① 参见熊永明：《〈刑法修正案（八）〉第37条的理解与适用》，载《山东警察学院学报》2011年第5期。

为类型。亦即在组织他人卖淫的过程中，行为人所实施的组织行为，既可以是使用胁迫的手段进行（即胁迫他人后控制其卖淫活动），也可以是采取招募、雇佣、引诱、容留、介绍等非强制的手段进行。

二、本罪“组织”司法认定的实践展开

（一）与“协助组织”的区分

根据《解答》的规定，协助组织卖淫罪，是指在组织他人卖淫的共同犯罪中起帮助作用的行为，如充当保镖、打手、管账人等。由于 1991 年 9 月 4 日全国人大常委会通过的《关于严禁卖淫嫖娼的决定》第 1 条第 2 款将协助组织卖淫的行为，增设并规定为单独的罪名，所以上述定义将该罪的“帮助”行为置于“在组织他人卖淫的共同犯罪中”来表述，是不妥的。《追诉标准（一）》第 77 条规定：“在组织卖淫的犯罪活动中，充当保镖、打手、管账人等，起帮助作用的，应予立案追诉。”显然，此规定将协助组织卖淫的行为作为独立的根据。2011 年 5 月 1 日生效的《刑法修正案（八）》，将 1997 年《刑法》第 358 条第 3 款原来的罪状“协助组织他人卖淫的”修改为“为组织卖淫的人招募、运送人员或者有其他协助组织他人卖淫行为的”，自此，协助组织卖淫也包括了为组织卖淫的人招募、运送等协助组织他人卖淫的行为。根据《解释》第 4 条第 1 款规定，明知他人实施组织卖淫犯罪活动而为其招募、运送人员或者充当保镖、打手、管账人等的，依照《刑法》第 358 条第 4 款的规定，以协助组织卖淫罪定罪处罚，不以组织卖淫罪的从犯论处。至此，协助组织卖淫罪是指明知他人实施组织卖淫活动而为其招募、运送人员或者以充当保镖、打手、管账人等方法协助组织他人卖淫的行为。其主观、客观方面的构成要求是：主观方面，协助者不仅表现为故意，而且还要明知（包括知道和应当知道）他人实施组织卖淫活动而为其提供协助。实践中，有的人应组织者的请求或者雇请帮助运送卖淫

人员，但行为人事先以及在运送的过程中确实不知道组织者在实施组织他人卖淫的行为，也不知道其所运送的是卖淫人员（比如其以为帮助运送的是务工人员），此种情况下，肯定不能将运送人以协助组织卖淫罪定罪处罚，所以，该罪的成立以行为人“明知”为限，是完全符合实际的。客观方面，行为人为他人实施组织卖淫活动提供了招募、运送人员或者充当保镖、打手、管账人等方面的协助。这里的“运送人员”既包括运送自己招募到的卖淫人员，也包括帮助运送组织者或者其他协助人招募到的卖淫人员，同时还包括卖淫人员自行请求而运送的情形；既包括运送嫖客，也包括运送组织者。在运送方式上，既可以使用自己或者他人的交通工具接送上述人员，也可以采取徒步的方式接送上述人员（如协助者招募到的越南卖淫人员通过中越边境便道非法入境我国后，为躲避追查，协助者带其抄小路护送至组织卖淫者处）。

值得注意的是，协助组织卖淫罪的成立必须以组织卖淫罪的成立为前提（至少存在组织卖淫的预备行为），亦即，组织卖淫罪不成立，协助组织卖淫罪就不能成立。例如，根据《解释》的规定，组织者组织一人或者二人卖淫的，就不构成本罪（可能构成引诱、容留、介绍卖淫罪等），那么为组织者充当管账人或者保镖，就不成立协助组织卖淫罪（可能成立强迫卖淫罪或者引诱、容留、介绍卖淫罪的共犯）。当然，如果组织者已经组织了二人卖淫，协助人为其招募了一人，此时组织者已构成本罪，而协助者也会同时构成协助组织卖淫罪。

根据《刑法》及《解释》的规定，协助组织卖淫的行为可以发生在两种范围内：一种是组织卖淫场所之外的范围。例如，帮助组织者招募卖淫人员及运送卖淫人员（包括运送其招募的卖淫人员到组织者设定的卖淫场所以及应组织者的安排或雇请运送卖淫人员到外面卖淫等），在卖淫人员外出卖淫的过程中充当保镖等。一种是组织卖淫场所之内的范围。例如，受组织者聘用的前台人员、管账人员（包括收银人员）、接待人员（具体工作可以是：平时客人来嫖娼时，由接待人员负责带客人到包厢或者房间，安排卖淫人员给客人挑选。如果提供有消费“套餐”的，当被选中的卖淫人员与客人商定好所消费的“套餐”之后，就把客人要消费的内容告诉前台收银员做登记）、打手、望风人员及事前或者事中与组织者通谋的保安人员等。

在卖淫场所内提供的协助行为，很容易与受雇对组织卖淫活动进行管理的行为相混淆。实践中，对于行为人受他人雇请从事与组织卖淫相关的活动（比如，甲承包某一浴足中心后，以浴足为幌子从事组织他人卖淫的活动，并雇请乙负责管理），究竟是构成本罪还是协助组织卖淫罪，往往成为争议的焦点。例如，广某某组织卖淫案，被告人广某某认为自己没有参与组织卖淫，其辩护人提出被告人是帮“老板”收钱，做的是财务工作，因而是协助卖淫行为而不是组织卖淫行为。该案的基本案情如下：[①]

东兴市人民检察院指控，2018年3月中旬，被告人广某某受他人雇请，开始在中国广西上思县思阳镇民政中路某按摩保健会所负责卖淫女子的伙食、收取卖淫所得上交等。同年4月25日22时许，公安民警在该会所抓获正在进行卖淫嫖娼活动的佟某某、陆某1、陆某2、廖某1，在一楼大厅抓获广某某和卢某1、于某1等9名卖淫妇女。

公诉机关认为，被告人广某某无视中国法律，在中国境内组织他人卖淫，情节严重，其行为触犯了《刑法》第358条第1款的规定，应当以组织卖淫罪追究其刑事责任。在共同犯罪中，被告人广某某起次要作用，根据《刑法》第27条之规定，是从犯，应当从轻、减轻处罚或者免除处罚。

被告人广某某辩称其没有参与组织卖淫，其仅帮老板收钱，不知道收到的钱是卖淫所得，拿到钱后其也将钱转了出去。其辩护人提出：（1）广某某的收钱行为是财务工作，是协助卖淫的行为；（2）广某某在本案中没有参与定价和提成，卖淫女工作自由，广某某没有起到组织、管理作用，应当以容留卖淫认定本案。

---

① 参见广西壮族自治区东兴市人民法院(2018)桂0681刑初181号刑事判决书。

经审理查明，2018年3月中旬，被告人广某某受他人雇请，开始在广西上思县思阳镇民政中路某按摩保健会所负责收取卖淫人员卖淫所得上交及管理卖淫女子的食宿等工作。同年4月25日22时许，民警在该会所抓获正在进行卖淫嫖娼活动的佟某某、陆某1、陆某2、廖某1，在一楼大厅抓获广某某和卢某1、于某1等9名卖淫妇女。

法院认为，被告人广某某组织他人卖淫，且卖淫人员在10人以上，情节严重，其行为已构成组织卖淫罪。公诉机关指控的罪名成立。在共同犯罪中，被告人广某某受他人雇请从事收取卖淫款等管理工作，是从犯，应当从轻、减轻处罚或者免除处罚。法院最后以被告人广某某犯组织卖淫罪，判处有期徒刑5年，并处罚金人民币2万元，附加驱逐出境。

在本案中，一个确定的事实是被告人广某某受他人雇请，所以其辩护人提出了被告人的行为是协助组织卖淫而非组织卖淫（不过辩护人同时提出本案应以容留卖淫定性，有前后矛盾之嫌）。笔者认为，对于被告人在本案中的定性，应首先解决雇主与雇员的关系，然后以被告人受雇后所从事的工作内容作出最后判断。从语义上看，“雇佣”是指用货币购买劳动力。雇主与雇员的关系，实际上是通过劳务合同的形式而形成的用工关系或者劳务关系（通俗讲就是老板与打工仔的关系）。所谓劳务关系，就是指提供劳务一方（雇员）为接受劳务的一方（雇主）提供劳务服务，由接受劳务一方（雇主）按照约定支付报酬而建立的一种民事权利义务关系。具言之，雇主给雇员提供劳动职位及劳动条件，从而通过使用雇员的劳动获得利益，而雇员通过雇主所提供的劳动机会付出劳动力并从中得到雇主给予的回报（劳动报酬）。从本质上讲，雇员受雇后所从事的具体工作，其行为实质是雇主意志的体现，是雇主行为的替代，亦即雇员的行为实际上等于雇主自己实施的行为（我国《侵权法》规定，提供劳务一方因劳务造成他人损害的，由接受劳务一方承担侵权责任）。由此，虽然本罪的组织者雇请他人为其在组织卖淫犯罪活动中从事一定工作的行为，不能以合法的劳务关系而论，但是在分析双方的关系时完全可以借用劳务关系的本质特征来确定，并以此作为组织卖淫犯罪活动中受雇人在案件中的定性依据。既然受雇人在组织卖淫犯罪活动中所从事的工作是组织者的替代行为，那么就由此可以得出如下基本结论：诸如组织卖淫场所中受雇的前台、管账（含收银）、接待、打手、望风以及事前或事中与组织者通谋的保安等人员，由于他们所从事的是组织者分配的某一单项工作，是整个组织卖淫犯罪活动中的其中一项，他们当中的每一个成员都没有也无法替代组织者的整个组织行为，而且最关键的是，上述人员的每一项工作实际上均没有涉及对卖淫人员的“管理或者控制”这一组织行为的核心。所以，他们均应被认定为协助组织卖淫的行为（可能构成协助组织卖淫罪）。而如果受雇人领受的工作是对卖淫人员及其具体的卖淫活动实施全面的管理或者控制，包括负责卖淫人员的生活起居、接待嫖客、带领嫖客挑选卖淫人员、联系车辆运送卖淫人员、安排或者调度卖淫人员、收取嫖资并向卖淫人员发放提成、登记卖淫账目、进行考勤以及规定与卖淫人员的分成比例、规定卖淫人员的“上下班”时间、规定卖淫人员不能私自接客、规定卖淫（单纯性交）的价格、规定卖淫“服务”的具体内容（即“套餐”种类）及其价格、规定卖淫人员不能私自接取嫖资或者收取嫖资后一律交由组织者结算配发、轮流排号安排卖淫人员等（有的可能具有以上行为中的几项），那么该受雇人无疑已然为组织者的替代者，从而应被认定为组织卖淫行为，构成犯罪的对其以本罪论处。

基于上述分析，上案中的被告人广某某受雇所实施的无疑是组织卖淫的行为，因为其完全是替代组织者实施了组织卖淫的行为，因此，司法机关对其以组织卖淫罪定罪处罚，是完全正确的，从该案庭审中公诉机关提交，并经法庭质证、认证的证据所予以证明的事实中，可以得出这一结论。笔者暂且在所有卖淫人员的证人证言中抽取其中之一与被告人的供述进行比对。证人卢某1、卢某2、于某1、卢某3的证言（见证据11），证实“其等人经介绍到某保健按摩会所从事卖淫工作，每卖淫一次得款150元，其等人可得到70元，其余的交给广某某，但在卖淫结束后先将卖淫所得全部交给广某某，每月结账一次。广某某在该会所负责收取其等人的卖淫款，还负责其等人的食宿等”。被告人广某某的供述、辩解（见证据17），证实“2018年3月12日，一名越南阿姐带其到上思县思阳镇某保健按摩会所卖淫。当天，该会所的老板让其帮管理会所，主要负责收取卖淫女的钱款及卖淫女的伙食等工作，每月工资2000元。在此期间，其通过转账或者现金来将钱款交给老板，每天卖淫结束后其与老板结账，把当天所有的卖淫所得交给老板，老板再把伙食费发给其或者在卖淫所得里面扣除。到月底，老板就会把该月各卖淫女挣的钱发给其，由其发钱给卖淫女。其每天把卖淫女所得的钱从其微信上发给每位卖淫女，主要方便自己计算每人每天得多少钱，方便月底给每位卖淫女结账。会所的收成是卖淫100元提成50元、150元提成70元，包夜500元提成200元。……其用2个微信账号共转账78602元给老板。经其确认，从其处查获的‘VIVO’牌手机里面发现其使用微信账号‘Ache-XX1××××’与该会所老板使用的微信账号‘wangjXX××××’的聊天记录、转账记录等，其多次向对方转账，并汇总卖淫女的情况跟对方汇报等。2018年4月25日22时许，其和11个姐妹在会所上班，有2名男子来点了其中2人上楼进行性交易，后被民警当场查获。被查获的11名越南籍女子都是从事卖淫活动的”。[①]可见，证人证言与被告人供述相互印证，证实了被告人广某某受他人雇请，完全替代雇请人实施了组织卖淫的行为，包括负责卖淫人员的生活、执行既定的分成比例规定、收取卖淫人员卖淫所得并上交老板、代理老板给卖淫人员发放卖淫所得、跟老板汇报卖淫人员的情况等，总体上符合组织卖淫关于“管理或者控制”的行为特征，因而无疑应以本罪追究其刑事责任。同时，辩护人认为对本案应以容留卖淫定性也没有道理。因为，所谓容留仅指行为人为卖淫者卖淫提供场所，而从该案庭审中公诉机关提交，并经法庭质证、认证的证据所予以证明的事实来看，被告人广某某是于2018年3月29日持护照自越南从中国广西东

① 参见广西壮族自治区东兴市人民法院(2018)桂0681刑初181号刑事判决书。

兴入境（见证据1），组织卖淫地某按摩保健会所位于的广西上思县思阳镇民政中路房屋×楼，是王某以每年1.8万元的租金向梁某3租赁（见证据5），亦即，被告人广某某既不是承租人，也不是租金的支付者，显然其不存在容留他人卖淫的前提条件。重要的是，容留卖淫行为人对卖淫人员的生活起居一般不予“关照”，更不会插手或干预卖淫人员具体的卖淫活动，而本案中被告人的系列行为无疑已经完全超出了容留卖淫罪所调控的范围，因而司法机关没有采纳辩护人的意见是完全正确的。

又基于上述分析，下述两个案例，司法机关对受雇人均以协助组织卖淫罪定罪处罚，值得商榷。

案例一：黎某某协助组织卖淫案[①]

广西壮族自治区龙州县人民检察院指控，2016年11月，被告人黎某某受雇为他人管理龙州镇独山路××号“××保健院”，负责安排卖淫女吃住、接听电话、收取费用以及接送卖淫女外出卖淫等。2017年4月24日，公安机关对该保健院进行检查，当场查获包括黎某某在内的8名卖淫女。

公诉机关认为被告人黎某某的行为已触犯《刑法》第358条第4款的规定，构成协助组织卖淫罪。

被告人黎某某辩称，其是帮老板做工的，也不懂得中国的法律，不知道自己的行为构成什么罪，要求从轻处罚。

辩护人对公诉机关指控的犯罪事实和罪名均无异议。但其认为，被告人黎某某只是帮老板打工，场所和物品也不是她提供的，收的钱也交给老板，所以是从犯；黎某某不懂中国法律，主观恶性小，自愿认罪。故建议判处被告人1年以下的有期徒刑。

经审理查明，广西龙州县龙州镇独山路××号房屋系严某所有，于2016年11月10日出租给一名叫“农旭明”的租户。后来，被告人黎某某受雇

① 参见广西壮族自治区龙州县人民法院(2018)桂1423刑初22号刑事判决书。

于他人到龙州镇独山路 ×× 号房屋所谓的“×× 保健院”，负责安排卖淫女的吃住、接听电话、为嫖客安排卖淫女、向卖淫女收取费用以及接送卖淫女外出卖淫等。2017 年 4 月 24 日晚上，当地公安机关依法对该保健院进行检查，共查获三对卖淫嫖娼人员以及包括黎某某在内的 8 名卖淫女。

法院认为，被告人黎某某明知他人进行组织卖淫活动而予以从中帮助，其行为已侵犯了我国社会治安管理秩序和良好的社会风尚，在客观方面表现为实施了对组织卖淫犯罪活动起到协助作用的犯罪行为，其行为已触犯《刑法》第 358 条第 4 款的规定，构成协助组织卖淫罪，但黎某某归案后能如实供述自己的犯罪事实属坦白，依法可从轻处罚。法院以被告人黎某某犯协助组织卖淫罪，判处其有期徒刑 2 年，并处罚金人民币 8000 元。

此案已经查明被告人黎某某是受雇于他人到龙州镇独山路 ×× 号房屋所谓的“×× 保健院”，负责安排卖淫女的吃住、接听电话、为嫖客安排卖淫女、向卖淫女收取费用以及接送卖淫女外出卖淫等工作的事实，同时确认了该案是“他人进行组织卖淫活动”的前提。既然如此，基于上述关于雇主与雇员关系分析得出的结论，被告人黎某某实际上完全替代雇请人实施了组织卖淫的行为（亦即黎某某受雇不是从事“他人进行组织卖淫活动”的其中一项工作，而是为他人的组织行为负责了全面的工作），那么作为雇员，被告人黎某某无疑也随之构成组织卖淫罪。由此，司法机关认为“被告人黎某某明知他人进行组织卖淫活动而予以从中帮助”，将此案定性为协助组织卖淫，以协助组织卖淫罪对被告人追究刑事责任，是存在疑问的。需要说明的是，司法机关将本案属于“他人进行组织卖淫活动”这一前提的认定，应当说是正确的。因为，虽然看不出被告人黎某某受雇后对卖淫人员及其具体的卖淫活动存在明显的控制行为，但从该案经庭审举证、质证的证据证明的事实来看，其明显属于“管理”的范畴，因而符合组织卖淫的行为特征。比如，概括起来，卖淫人员麻某 1、凌某 1、阮某 1、黎某 1 及潘某作为证人证实了如下基本事实（见证据 6—10）：她们都是越南人，于 2017

年4月分别从驮龙口岸附近的便道等地偷渡进入中国，到中国广西龙州县“××保健院”从事卖淫工作。她们不认识老板，平时保健院是一名叫“芳英”的越南女子负责管理，在按摩店里是她说了算。“芳英”负责她们吃住、联系嫖客、收钱、安排她们外出到宾馆接客卖淫等。被告人黎某某的供述证实：其是越南广宁省先安县东海乡人，绰号“芳英”。2016年农历三月来到中国龙州县城，从事卖淫活动。在此期间，她认识一位龙州本地叫方某的人，他说要开一家保健院，专门提供卖淫场所，叫其过去帮忙，当时其没有过去，是在方某开了几天之后，其才过去帮忙的，方某一个月给其1500元好处费。其在帮方某做工期间，方某给其一个号码为156××××6914的黑色诺基亚手机，主要是接客人的电话，然后其安排卖淫女外出卖淫，还有帮方某跟那些卖淫女收钱，还负责给那些卖淫女煮晚餐、扫地等，直到2017年4月24日被查获。[①] 可见，证人证言与被告人的供述能够相互印证，证实了被告人黎某某的行为存在“管理”（甚至“控制”）的内容，因而与“他人”共同构成组织卖淫罪（当然，黎某某在共同犯罪中属于起次要作用的从犯）。

案例二：黄某某协助组织卖淫案[②]

经审理查明，被告人黄某某经中越边境非法入境来到广西宁明县城找工作，后黄某某受越南籍女子“阿兰”的雇请，以每月2000元的工资，自2017年7月初至同年9月28日，在陈某亮（另案处理）位于宁明县城一居民房的租房内，负责协助“阿兰”管理卖淫女子的生活起居及为卖淫场所望风，以防止被公安机关查处和有人闹事等，每天负责从卖淫女处抽取卖淫所得的一半嫖资，再从中按每名卖淫女每天付给陈某80元的房租费，并开支日常生活费用，余款交给“阿兰”支配。截至案发时，黄某某从卖淫女处收取的嫖资共计人民币5万多元，其中交给陈某的房租费2万余元，余

---

① 参见广西壮族自治区龙州县人民法院(2018)桂1423刑初22号刑事判决书。

② 参见广西壮族自治区大新县人民法院(2018)桂1424刑初78号刑事判决书。

款3万元交给“阿兰”，已从“阿兰”处领取了2个月的工资共计4000元，用于日常消费。2017年9月28日22时许，宁明县公安局城中派出所日常巡逻过程中，对该出租房屋进行检查时，在二楼抓获正在卖淫嫖娼的韦某1、农某2个人，查获嫖资30元及避孕套，同时还抓获黄某某、陈某及卖淫人员李某1、黄某1、黄某2、许某1等人。

法院认为，被告人黄某某受他人雇请协助组织多名妇女卖淫，其行为已触犯《刑法》第358条第4款的规定，构成协助组织卖淫罪。公诉机关指控被告人黄某某犯协助组织卖淫罪的罪名成立。被告人黄某某归案后如实供述自己的罪行，当庭自愿认罪，依法予以从轻处罚。最后，法院以被告人黄某某犯协助组织卖淫罪，判处其有期徒刑1年10个月，并处罚金人民币5000元。

从此案查明的事实来看，被告人黄某某受越南籍女子“阿兰”的雇请（每月工资2000元），为其负责管理卖淫女子的生活起居、为卖淫场所望风、从卖淫女处抽取嫖资（卖淫所得一半）、负责支付房租等工作，似乎很符合协助他人组织卖淫的特征。可是在仔细甄别与推敲之下（由于该案法律文书没有载明具体的证据内容，因而只能根据查明的事实进行分析），将被告人黄某某定性为组织卖淫更为妥当。如上所述，笔者认为，作为受雇人在他人组织的卖淫场所内从事某一项工作，究竟是以协助组织卖淫还是以组织卖淫定性，关键还是要看受雇人所从事的工作是否具有全面性。因为，在全面主持卖淫场所工作的情况下（包括对卖淫人员及其具体卖淫活动的管理或控制），受雇人可以说是雇请人的全权代表，在卖淫场所居于管理者的地位，其所有的工作实际是对雇请人事先所作的规定的贯彻执行，因而其行为就自然等于雇请人的行为。而从本案查明的事实来看，雇主只雇请了被告人黄某某1个人，说明其是雇主雇请的在该卖淫场所负责管理的唯一代表，因而被告人受雇的工作内容无疑是具有全面性特征的。虽然黄某某并没有就卖淫人员的卖淫活动作出何种规定或者管理措施，但是其所作所为实际上隐含了对雇主事先对卖淫人员所作规定的执行。所以，既然司法机关认定本案存在组织他人卖淫的前提，那么雇请被告人黄某某的雇主无疑是组织者，黄某某就自然与其构成组织卖淫罪的共犯（起次要作用的从犯）。

综上，将凡为雇员的行为一律定性为协助组织卖淫，这显然是对刑法条文及《解释》的误读，应当引起司法实务部门的重视。显然，上述所举广某某组织卖淫案，司法机关将其受雇后“主持全面工作”的行为定性为组织卖淫，以本罪的从犯处理是值得效仿的。同时在邓某某等协助组织卖淫案中，司法机关将被告人邓某某的行为定性为协助组织卖淫，也值得赞同。该案经审理查明，被告人邓某某、巫某某受聘于“小焦哥”（另案处理）负责管理位于防城港市港口区东港小区门口旁边的无名按摩店里卖淫嫖娼的日常工作，“小焦哥”每月支付给被告人邓某某 2200 元人民币、巫某某 2000 元人民币。2013 年 7 月，被告人邓某某多次从该按摩店运送朝某、房某、阮某（均为越南人）等卖淫女到外面卖淫，被告人巫某某负责管理卖淫女的日常生活，招揽嫖客及收取嫖资等，为组织卖淫活动提供帮助。2013 年 7 月 22 日晚，防城港市公安局民警在该按摩店内抓获两对正在卖淫嫖娼的男女。法院认为，被告人邓某某为组织卖淫的人运送人员，被告人巫某某为组织卖淫的人管理账务，招揽嫖客及收取嫖资，2 个被告人协助组织他人卖淫，其行为均已构成了协助组织卖淫罪，公诉机关指控被告人邓某某、巫某某犯协助组织卖淫罪罪名成立。[①] 本案确定的一个事实是，两被告人均被“小焦哥”聘请负责管理按摩店里卖淫嫖娼的日常工作。但从现有查明的事实来看，被告人邓某某仅实施了运送卖淫女到外面卖淫这一项行为，因而其受聘名为负责管理按摩店里卖淫嫖娼的日常工作，但实为协助“小焦哥”运送人员，因而，就现有所查明的事实，其完全符合协助组织卖淫罪的构成要件。当然，被告人巫某某受聘管理的工作相对要全面一些，司法机关将其也定性为协助组织卖淫行为，则存有疑问。

---

① 参见广西壮族自治区防城港市港口区人民法院 (2014) 港刑初字第 4 号刑事判决书。

（二）本罪“组织”行为与容留行为的界分

实践中，由于出现诸多卖淫人员属于自愿卖淫的现象，组织者往往无需通过所谓的招募、引诱等手段就能轻而易举地将卖淫人员集中在一起，对其组织卖淫，而且此种情形下，组织者基本不需要对卖淫人员采取所谓的控制行为，只要实施一定的管理行为，就能使组织卖淫活动顺利进行，所以行为人及其辩护人常常以容留他人卖淫作为辩解或辩护。而容留又是组织卖淫行为的手段之一，由此，行为人究竟是构成本罪还是容留卖淫罪，往往成为争议的焦点。例如，刘某某组织卖淫案，被告人刘某某一审和二审均提出自己没有组织他人卖淫，而是容留卖淫。该案二审的基本情况如下：①

东兴市人民法院审理东兴市人民检察院指控原审被告人刘某某犯组织卖淫罪一案，于2018年5月12日作出（2018）桂0681刑初50号刑事判决。原审被告人刘某某不服，提出上诉。

原判认定，2017年4月，被告人刘某某开始租赁广西东兴市东兴镇劳动街××号二、三楼作为卖淫窝点，以容留的手段纠集、安排越南籍女子卖淫。同年9月26日0时许，民警在该出租房三楼查获正在进行卖淫嫖娼活动的邝某某2、陈某，并在二楼抓获被告人刘某某以及正在等待嫖客的罗某1、邝某某、肖某、罗某3、邝某某1、罗某2、董某。

原判认为，被告人刘某某组织他人卖淫，其行为已构成组织卖淫罪。被告人刘某某曾因故意犯罪被判处有期徒刑，刑罚执行完毕后5年内再犯应当判处有期徒刑以上刑罚之罪，是累犯，应当从重处罚。被告人刘某某归案后如实供述自己的主要罪行，可以从轻处罚，决定对被告人刘某某酌情从轻处罚。判决：被告人刘某某犯组织卖淫罪，判处有期徒刑5年6个月，并处罚金人民币2万元。

① 参见广西壮族自治区防城港市中级人民法院(2018)桂06刑终90号刑事裁定书。

上诉人刘某某上诉称没有控制卖淫女的人身自由，只是提供场所给卖淫女，其行为应构成容留卖淫罪。其辩护人提出一审认定刘某某构成组织卖淫罪的事实不清、证据不足，请求二审改判为容留卖淫罪，理由是：（1）上诉人刘某某一个人不具备组织的能力，也没有实施组织的行为；（2）卖淫女提到她们在刘某某租房居住没有任何事实依据；（3）上诉人不可能对卖淫进行有效的控制，上诉人与卖淫女语言不通，卖淫女的来去也是自由的；（4）上诉人没有实施组织卖淫的犯罪故意。上诉人容留的卖淫女大多数都是家庭贫困或不幸的，为了生活经他人介绍或自己来的，并且是自愿的。

二审法院经审理认为，上诉人刘某某组织他人卖淫，其行为已构成组织卖淫罪，原判认定事实清楚，证据确实、充分，定罪准确，适用法律正确，量刑适当，审判程序合法，应当予以维持。遂作出驳回上诉，维持原判的刑事裁定。

如上所述，容留是指行为人为卖淫者卖淫提供场所的行为。亦即，行为人从卖淫人员处获得利益的条件，就是其为卖淫人员提供卖淫场所，这也是其唯一的“义务”，而诸如卖淫人员的起居生活、卖淫的价格、嫖资的收取、人身自由等，容留卖淫的行为人则一概不予“关照”及插手或干预，也与其无关。显见的是，被告人刘某某在本案中所实施的系列行为，完全符合组织卖淫的行为特征，司法机关从而以本罪对其追究刑事责任，应当说是不存在疑问的。被告人刘某某的辩护人在二审中认为被告人不构成组织卖淫罪的理由之一，是刘某某一个人不具备组织的能力，应当说，这一理由很难站得住脚。因为，本罪并非必要的共同犯罪，既可由一人单独组织实施，也可以一般的共同犯罪形式出现，还可以组织卖淫犯罪集团进行，亦即本罪的成立与组织者人数的多少没有任何关系。而且，并不见得一个人就不具备组织的能力，如上所述，实践中出现了诸多卖淫人员属于自愿卖淫的现象，在此种情形下，组织者只要实施一定的管理行为，就能使组织卖淫活动顺利进行（事实上，辩护人也承认本案涉及的卖淫女大多数都是家庭贫困或不幸的，为了生活经他人介绍或自己来的，并且是自愿的）。辩护人认为刘某某不构成组织卖淫罪的理由之二，是卖淫女提到她们在刘某某租房居住没有任何事实依据（即刘某某没有为卖淫人员提供住宿）。实践中，组织者往往给卖淫人员免费提供吃住的条件，这应是认定组织者存在组织行为的可选标准之一，但并不是必备标准，也不是唯一标准。实际上，认定行为人的行为是否为组织行为，有诸多标准可供判断，只要组织者存在其他组织行为的，足以认定其构成本罪，所以该理由也难以成立。辩护人认为刘某某不构成组织卖淫罪的理由之三，是刘某某不可能对卖淫进行有效的控制，因为其与卖淫女语言不通，卖淫女的来去也是自由的。语言不通当然会在一定程度上影响组织者组织行为的顺利实施，但是这并不能否定组织者组织行为的存在（亦即组织者实施了组织行为是一种客观事实）。况且，如上所述，本罪组织行为的“控制”不能仅理解为控制人身自由一项，还包括对诸如卖淫价格、收取嫖资、分成比例、安排或调度卖淫女等的控制。所以，该观点也同样不具有说服力。

相反，从本案一审通过质证的证据发现，[①] 刘某某无疑实施了组织他人卖淫的行为。一审提供的书证《东兴边防检查站复函》，证实本案中所涉的卖淫女邝某2、罗某3、邝某3、肖某、罗某1、邝某1、董某于2017年9月23日经东兴口岸入境，罗某2于同月25日经东兴口岸入境。也就是说，她们都可能是持《中越边境地区出入境通行证》（俗称“边民证”）合法进入我国，同时她们基本经人介绍去到刘某某处卖淫（见下述），由此虽然判断出被告人刘某某可能没有采取招募、引诱等手段纠集卖淫人员的行为，但刘某某无疑采取了容留的手段，进而对卖淫女实施了管理或者控制的组织行为。比如《证人证言》中证人董某、邝某1、罗某1、罗某2、罗某3的证言证实，“其等人经人介绍，从2017年5月开始先后来到东兴市某居民楼‘大姐’的出租房处卖淫。其等人平时晚上卖淫必须经‘大姐’批准或由‘大姐’

① 参见广西壮族自治区东兴市人民法院(2018)桂0681刑初50号刑事判决书。

安排。‘大姐’平时在出租房一楼附近招揽嫖客，嫖客来嫖娼时，由‘大姐’带上二楼挑选卖淫女并谈好价格；如果嫖客在外面的酒店联系‘大姐’，‘大姐’谈好价钱后再安排其等人出去卖淫，并联系摩托车司机到楼下接其等人，其等人将嫖资带回交给‘大姐’。每次卖淫所得100元由‘大姐’收取，‘大姐’留下30元床铺费后再将70元交给其等人”。被告人刘某某的供述和辩解，证实“其于2017年4月开始租下东兴市某居民楼二、三楼，提供场所给其老乡‘老方’‘萍姐’介绍过来的卖淫女卖淫。平时其站在楼下路口招揽嫖客，卖淫女则在二楼等待。其与嫖客谈好价格后将嫖客带至二楼挑选卖淫女，再由卖淫女带着嫖客到房间内进行性交易。其所收取的嫖资，扣除其应得的30元床铺费，剩下的70元交给接待嫖客的卖淫女。如果是越南妹直接收取嫖资，会交给其30元床铺费。民警从其包内查获的小纸条上的电话号码是其平时用于联系摩托车司机、嫖客的诺基亚手机号码，这些小纸条由其制作，平时发给摩托车司机，有客人就通过电话联系其。此外，如果有客人要玩卖淫女，其会调小妹过去并从中获利”。可见，刘某某表面上为卖淫人员提供的是卖淫场所，似乎为容留卖淫的行为，但其实施的诸如招揽嫖客、将嫖客带上二楼挑选卖淫女并洽谈价格、与在外面酒店的嫖客谈好价钱后再安排卖淫女出去卖淫、联系摩托车司机到楼下接送卖淫女出去卖淫、卖淫人员将嫖资带回交给其、规定分成比例以及晚上卖淫人员卖淫必须经其批准或者允许，等等，显然对卖淫人员的卖淫活动施加了影响，从而成立管理或者控制的组织行为。据上，司法机关将被告人刘某某的行为定性为组织卖淫，并以本罪追究其刑事责任，无疑是正确的。

上案之所以出现较大的争议，主要是行为人采用了容留的手段组织他人卖淫，而且行为人为了追求利益最大化，往往不辞辛苦、不厌其烦地为卖淫人员招嫖拉客，所以导致行为人究竟是容留卖淫还是组织卖淫的认定界限模糊不清。笔者认为，组织卖淫与容留卖淫在实践中的区分实际上并不十分困难，如果容留他人卖淫的行为人对卖淫者的具体卖淫活动不作实质性干预或者影响，而是由卖淫者就何时卖淫、向谁卖淫、卖淫的价格、嫖资的收取等自行或自由掌控或决定，那么，其仍然会处在容留卖淫罪的调控范围，即使其为卖淫人员提供一些日常服务，如帮助卖淫人员煮菜做饭、打扫卫生、整理房间等，均不能认定为组织行为（何况打扫卫生和整理房间本身就是容留者的义务）。上述案例中，如果被告人刘某某仅仅实施招揽嫖客的行为，或许还难以将其定性为组织卖淫，因为毕竟卖淫人员的卖淫活动与其收入相关。但是，其容留卖淫的行为仅仅是其采取的一种手段，也不仅仅是向卖淫人员收取床铺费，由于其在卖淫价格、嫖资收取、卖淫人员的安排或调度等方面，对具体的卖淫活动作了实质性干预或者施加了影响，所以其行为已经突破了容留卖淫罪的调控范围，对其应以组织卖淫罪论处。基于以上分析，在盘某某容留卖淫案中，[①] 司法机关对该案的定性，存在一定的探讨余地：

东兴市人民检察院指控，2015 年 11 月，被告人盘某某开始租用东兴市东兴镇劳动街 ×× 号。在此期间，盘某某容留武某、吴某 1 等人在其租房内卖淫，并收取提成。2016 年 5 月 2 日 23 时许，民警在东兴市东兴镇劳动街 ×× 号二楼抓获正在卖淫嫖娼的武某、吴某 1、杜某录、王某。

公诉机关认为，被告人盘某某提供场所容留他人卖淫，其行为触犯了《刑法》第 359 条第 1 款之规定，应当以容留卖淫罪追究其刑事责任。

经审理查明，2015 年 11 月份，被告人盘某某与邱某共同租住东兴市东兴镇劳动街 ×× 号经营休闲吧。在此期间，被告人盘某某容留失足妇女武某、吴某 1 在其租房内卖淫，并收取提成。2016 年 5 月 2 日 23 时许，民警在被告人盘某某经营的休闲吧二楼抓获正在卖淫嫖娼的武某、吴某 1、杜某录、王某等人，并将外出归来的盘某某抓获。

一审法院认为，被告人盘某某提供场所容留他人卖淫，其行为已构成

---

① 参见广西壮族自治区东兴市人民法院 (2016) 桂 0681 刑初 166 号刑事判决书。

容留卖淫罪，公诉机关指控的罪名成立。最后，法院以被告人盘某某犯容留卖淫罪，判处其有期徒刑 11 个月，并处罚金人民币 5000 元。

仅从表述的所查明的事实，看不出本案有值得探讨的地方，但从证人证言及被告人供述的内容分析，对本案的定性似乎有进一步追问的必要。在公诉机关提交，并经法庭质证、认证的证据中，证人吴某 1 的证言（见证据 6），证实 2016 年 4 月 27 日，其经朋友“阿玲”介绍来到中国东兴市的一家店里卖淫，该店的老板娘叫“玲姐”（即盘某某），其每卖淫一次要交 30 元给“玲姐”，“玲姐”平时在店门口招手叫客人来嫖娼，还跟客人讲价钱；证人武某的证言（见证据 7），证实 2016 年 5 月 2 日，其到中国东兴市劳动街的一家店里卖淫，该店是一名老板娘（即盘某某）开的，老板娘对其说卖淫所得要和她三七分，当晚其准备卖淫时被抓获；证人王某的证言（见证据 9），证实 2016 年 5 月 2 日 22 时许，其搭摩托车去找小姐，来到劳动街“×× 休闲吧”门口时有一名女老板（即盘某某）招手叫其进去，其进去之后问了女老板“小姐”的价格，老板娘说要 100 元，其挑了一位“小姐”后上二楼发生了性关系，刚想下楼时被公安抓获；被告人盘某某的供述和辩解（见证据 10），证实 2015 年 12 月其与“老邱”（即邱某）租赁东兴市劳动街 ×× 号房屋，其在该处经营了一个“×× 休闲吧”，三楼有 2 名女子租住，案发当晚，该 2 名女子和别的男人在其租住的房屋二楼开房被公安抓获。上述证言值得我们思考的是：证人吴某 1 的证言中提到盘某某平时不仅“在店门口招手叫客人来嫖娼，还跟客人讲价钱”。盘某某“帮”卖淫者讲价钱，这是否可以延伸理解为盘某某对卖淫者的具体卖淫活动进行了干预？证人王某问女老板“小姐”的价格，“老板娘说要 100 元”。盘某某为卖淫者定价的行为，是否也可以理解为是对卖淫者具体卖淫活动的干预或者是对卖淫行为的管控？证人武某的证言提及“老板娘对其说卖淫所得要和她三七分”。“三七分”这一分成规则的确定是否可以理解为盘某某是对卖淫者及其具体卖淫活动的控制？按理，在容留卖淫的场合，卖淫者卖淫的价格由其本人自由决定，不应也没有必要让“老板”盘某某劳神，卖淫者只要按照双方事先确定好的固定的每次卖淫的“床铺费”付给容留者即可，至于卖淫者是亏是赚，与容留者无关。同时，“三七分”的提成规则并不是正常容留卖淫行为的体现，因为此种实际上并不确定的提成方法突破了卖淫者支付固定的“床铺费”的模式，让卖淫者成为容留者更加赤裸裸的剥削工具，这种情形是否应当被理解为对卖淫者及其卖淫活动的控制呢？换言之，上述问题的出现，是否可以考虑将此案盘某某的行为向组织卖淫方向定性。当然，上述分析只是根据本案的证人证言的单面之词所作的或许是“多余”的思考，因为从证人供述的内容来看，其毕竟没有得到被告人的印证。笔者之所以抛出以上问题，并不是认为司法机关给此案的定性是错误的，其用意在于为司法实务工作者提供一些分析问题和解决问题的方法论上的启示。

显然，在张某某等容留卖淫一案中，司法机关将张某某定性为容留卖淫行为，就不存在任何疑问。该案经审理查明，2013 年 8 月，被告人张某某将其租用的东兴市东兴镇东盟大道深沟水库果山的一处简易瓦房用于容留失足妇女卖淫，其和同案人韦某荣（已判决）负责帮助“光头”（另案处理）向失足妇女收取床铺费。同月中旬，同案人邹某玲（已判决）组织越南籍妇女赵某 1、赵某 2、赵某 3 及邓氏 6 到该处卖淫，为该 4 名妇女提供食宿并统一管理四人的卖淫所得。2013 年 8 月 26 日 20 时许，东兴市公安局民警在该处简易房内检查时将正在进行性交易的范某、赵某 2、叶某、吴某 1 等人抓获。法院认为，被告人张某某为失足妇女卖淫提供场所，其行为已构成容留卖淫罪，公诉机关指控的罪名成立。在共同犯罪中，被告人张某某起辅助作用，系从犯，依法应当从轻、减轻或者免除处罚。[①] 从此案查明的事实来看，被告人张某某与他人共同帮助“光头”向失足妇女收取床铺费，其并没有插手或干预邹某玲所实施的组织妇女到该处卖淫的行为，所以张某某构成容留卖淫罪。

---

① 参见广西壮族自治区东兴市人民法院 (2016) 桂 0681 刑初 130 号刑事判决书。

（三）本罪“组织”行为与介绍卖淫行为的界分

由于介绍卖淫也是组织卖淫行为的手段之一，所以在司法实践中，还应当注意区分组织卖淫与介绍卖淫。所谓介绍卖淫，是指在卖淫者与嫖客间居间牵线搭桥，以撮合二者使卖淫交易成功的行为。在组织卖淫的过程中，行为人为卖淫者印制招嫖信息卡片并予发放，或者在其组织卖淫的场所向路过的人招揽嫖客，显然这属于组织行为的手段之一，应当以组织卖淫定性。但是实践中，由于有的行为人的组织行为并不明显，而其实施的介绍行为却非常主动，此种情形下究竟是定性为组织卖淫行为还是介绍卖淫行为，需要仔细甄别予以厘定。例如邓某某组织卖淫案：[①]

广西壮族自治区田东县人民法院审理田东县人民检察院指控原审被告人邓某某犯组织卖淫罪一案，于2013年11月1日作出（2013）东刑初字第232号刑事判决。原审被告人邓某某对判决不服，提出上诉。

原判认定，被告人邓某某、潘某某（另案处理）自2010年下半年以来在田东县平马镇东宁东路“穗丰宾馆”一楼以开设按摩部为幌子，向“阿娜”（越南国籍）、“阿星”（越南国籍）、“阿英”（越南国籍）、“圆圆”（越南国籍）等妇女免费提供食宿。通过印制并发放联系嫖娼的卡片到田东县城“福鼎商务宾馆”“来来宾馆”“阳光便捷”“鸿运宾馆”等宾馆的方式，组织“阿娜”（越南国籍）、“阿星”（越南国籍）、“阿英”（越南国籍）、“圆圆”（越南国籍）、李某、吴某某等妇女到田东县城“福鼎商务宾馆”“来来宾馆”等宾馆进行卖淫活动，并从每次卖淫所得中收取30元、50元不等的费用。

原审判决认为，被告人邓某某目无国法，组织多人卖淫，其行为已触犯《刑法》第358条第1款之规定，构成组织卖淫罪。公诉机关指控的罪名成立。鉴于被告人邓某某庭上认罪态度好，有悔罪表现，故酌情对其从

---

① 参见广西壮族自治区百色市中级人民法院(2013)百刑终字第260号刑事裁定书。

轻处罚。判决：被告人邓某某犯组织卖淫罪，判处有期徒刑8年，并处罚金人民币5000元。

上诉人邓某某上诉提出：其行为不构成组织卖淫罪，原审判决定罪错误。邓某某的辩护人提出：原审判决认定邓某某犯组织卖淫罪定性错误，应认定为介绍卖淫罪。

经二审审理查明：上诉人邓某某、潘某某（另案处理）自2010年下半年以来在田东县平马镇东宁东路“穗丰宾馆”一楼以开设按摩部为幌子，向“阿娜”（越南国籍）、“阿星”（越南国籍）、“阿英”（越南国籍）、“圆圆”（越南国籍）等妇女免费提供食宿。通过印制并发放联系嫖娼的卡片到田东县城“福鼎商务宾馆”“来来宾馆”“阳光便捷”“鸿运宾馆”等宾馆的方式，组织“阿娜”（越南国籍）、“阿星”（越南国籍）、“阿英”（越南国籍）、“圆圆”（越南国籍）、李某、吴某某等妇女到田东县城“福鼎商务宾馆”“来来宾馆”等宾馆进行卖淫活动，并从每次卖淫所得中收取30元、50元不等的费用。

二审法院认为，上诉人邓某某目无国法，组织多人卖淫，其行为已构成组织卖淫罪。一审判决认定的事实清楚，证据确实、充分，适用法律正确，审判程序合法。遂裁定：驳回上诉，维持原判。

从此案查明的事实来看，上诉人邓某某通过印制并发放联系嫖娼的卡片到诸多宾馆“推销”卖淫，是典型的介绍卖淫行为。因此，邓某某提出其行为不构成组织卖淫罪的上诉理由，其辩护人提出邓某某应构成介绍卖淫罪的辩护意见，似乎很有道理。不过，从该案庭审中提供的证据来看，认定邓某某构成本罪，应当说并不存在问题。笔者且从卖淫者、嫖娼者及招嫖信息卡片发放宾馆的证人证言中各选择一个，再与上诉人邓某某的供述进行比较。[①]

（1）卖淫者loThiChem（女，中文名叫“阿英”）的证言。其证实：老板娘平时就负责为她们这些“小姐”免费提供吃住，不发工资，收入要靠

---

① 参见广西壮族自治区百色市中级人民法院(2013)百刑终字第260号刑事裁定书。

卖淫的多少而定。老板娘把联系卡放到一些宾馆的房间，如果客人在房间内住宿，打电话要“小姐”嫖娼的时候，老板和老板娘就开车送她们到宾馆的房间进行性交易。每次都是嫖客和老板进行讨价还价，老板娘先收嫖客钱才让她们进房间里卖淫。（2）嫖娼者曹某某的证言。其证实：2012 年 7 月 9 日下午，其和朋友傅某某到田东县城的“来来宾馆”开房间并住下。在房间的床头那里，其见到有一个洗浴按摩的床头卡，因为喝了一点酒，其就想找个“小姐”来嫖。其拨打 15××××××971，与接电话的女子讲好价钱，并且帮傅某某也叫了一个“小姐”。过了 10 多分钟后，其所在的“来来宾馆”301 号房间就有人来敲门，有一个矮胖、年纪在 50 岁左右的女人带了两个 20 多岁女子到其房间门口。这个 50 多岁的女人指着穿黑色方格裙子的年轻女子问其满不满意，其看了一下这个年轻女子，觉得人长得还可以，于是就答应要嫖娼这个女子了。然后其让那个中年妇女敲 302 号房门，把另一个“小姐”介绍给傅某某，傅某某也同意了，然后她也跟傅某某进房间。之后其就把 400 元钱嫖资交给那个 50 岁左右的女人，这个女人收了钱后就下楼了。（3）证人邓某某的证言：其在平马镇火车站大道开了一间宾馆叫“来来宾馆”。2012 年 7 月 9 日 22 点左右，公安民警在我们宾馆查获了两对涉嫌卖淫嫖娼的男女。当晚，其见平时带卖淫小姐到宾馆给旅客的那个老太婆带了两个年轻的女子进到宾馆，她没有和其打招呼就带 2 个女子直接走上楼去，过了 5 分钟左右，她就自己下楼来然后走到总台，把 40 元钱交给其就离开了。又过了 5 分钟左右，公安民警来到，在 301 号房间和 302 号房间当场抓获了两对卖淫嫖娼的男女。今年春节过后，这个女人就把一些床头卡片发放到每个房间，上面都写有“保健按摩、中药足浴”及 15××××××971 和 15××××××803 的手机联系号码。每次她带的卖淫小姐成功和入住旅客发生关系后，她就自己把 20 元钱交给其。（4）上诉人邓某某的供述：2010 年 8 月那次你们（公安人员）在“金龙玉凤”宾馆查获我容留妇女卖淫后，我就到“穗丰宾馆”一楼开设按摩店，作为我和老公及那些卖淫小姐吃住的地方。我平时负责为那些卖淫小姐免费提供吃住，不发工资，她们的收入要靠各人卖淫的多少而定。我办了4张不记名手机卡，号码是15××××××971、15××××××803、15××××××984、15××××××893，我把印有上述号码及“保健按摩、中药足浴”字样的卡片发放到田东县的各个宾馆、酒店房间。有人打电话要嫖娼，我和嫖客谈好价钱后，才把卖淫小姐送到嫖客所住的宾馆房间，嫖客看上带去的卖淫小姐后，我就向嫖客收取嫖资，然后卖淫小姐进房间和嫖客进行卖淫嫖娼活动。这些卖淫小姐所得的嫖资一般都是我保存，遇到她们需要用钱或是要离开店里时，我才把她们应得的那部分钱付给她们。我和卖淫小姐规定好，每做爱一次价格是130元钱至150元钱，也就是我们行话里平时说的“快餐”，就收取30元钱至50元钱的好处费；如果嫖客需要“全套”服务，嫖资就是200元钱每次，我从中收取50元钱的好处费；如果嫖客提出要带卖淫小姐到外面过夜，那就是每夜300元钱至350元钱不等，我收取50元钱的好处费。我在把卡片放到房间前和这些宾馆、酒店的老板说好是放卡片不给钱，每次卖淫小姐和住宿的旅客进行性交易成功后其就给店老板20元钱好处费，钱交到总台。2012年7月9日21点左右，其接到一个在“来来宾馆”住宿的男客人打来的电话，这个客人在电话里说要两个卖淫小姐带到宾馆301号房间和302号房间给他们嫖，而且说是要全套服务，其就带上“阿娜”“圆圆”上宾馆的301号房间和302号房间给客人嫖，其收了400元嫖资。

可以看出，证人“阿英”（卖淫者）、曹某某（嫖娼者）及邓某某（“来来宾馆”老板）是公安查获的卖淫嫖娼的当事者和见证者，他们所证明的事实基本与被告人的供述相吻合。重要的是，不仅内部人员，即卖淫者“阿英”所作的证言与其老板被告人的供述相互印证，而且作为外围人员，即嫖娼者曹某某与“来来宾馆”老板的证言，所证实的具体卖淫的过程也与卖淫者的证言及被告人供述相吻合。具体的卖淫过程是：由被告人发放嫖娼联系卡，当嫖娼者与被告人联系时，由被告人与嫖娼者谈价，谈好价格之后亲自带领卖淫者到嫖娼者所居住的宾馆，待嫖娼者选择好卖淫者后，由其收取嫖资。得出的基本结论是：被告人管理或控制卖淫人员及其具体的卖淫活动。体现在：免费提供吃住、决定卖淫的价格（包括“快餐”“套餐”及过夜）、规定卖淫所得的双方分成比例、收取嫖资并保管及发放等。可见，虽然卖淫者的具体卖淫活动基本由被告人联系并由其撮合交易，从而使被告人的行为显示出浓厚的介绍卖淫氛围，但显然，介绍卖淫只是被告人所使用的手段，也是被告人行为的表象，其目的实际上是通过上述系列的管理或者控制行为，获取更多的非法利益。所以，一、二审法院没有采纳被告人及其辩护人认为其不成立组织卖淫而是成立介绍卖淫的观点，从而对被告人以组织卖淫罪定罪处罚，是完全正确的。

（四）被卖淫者雇佣能否成立本罪的“组织”

一般情况下，组织卖淫犯罪是由组织者主动采取招募、雇佣等手段纠集卖淫人员并进而管理或者控制而产生，但在实践中，往往存在这样一种情形，就是一些自愿卖淫的人员主动雇请他人为其管理卖淫活动，比如，让受雇人为卖淫人员承租房屋、招揽嫖客、煮饭做菜、联系运送司机或者亲自运送卖淫人员外出卖淫、为卖淫人员管账，等等，进行统一管理。此种情形的产生，主要是因为自愿卖淫者去到陌生的地方，受限于环境、人脉等因素，单个或者少数人员难以开展卖淫活动，所以需要一个当地人或者在当地的老乡为卖淫者提供各种帮助，以形成卖淫的集团优势。应当说，此种情形下受雇人之后所实施的行为，很难说是一种控制行为，所以受雇于卖淫者的人能否成立组织者而构成本罪，需要厘清与厘定。黎某某组织卖淫案就出现了这样的现象。①

东兴市人民检察院指控：2014 年 6 月份以来，被告人黎某某采取包吃包住、利润均分的方式组织范某甲等多名越南妇女在广西东兴市进行卖淫活动。黎某某接到嫖客电话后，按照轮流排号的方式安排范某甲等越南妇

① 参见广西壮族自治区东兴市人民法院 (2015) 东刑初字第 155 号刑事判决书。

女到嫖客指定的宾馆，以每次性交易100元、包夜500元左右的价格与嫖客进行交易。交易结束后，卖淫妇女将嫖资带回交由黎某某统一保管，黎某某则将卖淫妇女每日卖淫的次数和金额登记入账，以便与卖淫妇女结算。经统计，2014年8月至11月，黎某某组织范某甲等越南妇女卖淫共计1378次，收入嫖资157686元人民币。

公诉机关认为，被告人黎某某组织他人卖淫，情节严重，其行为触犯了《刑法》第358条第1款的规定，应当以组织卖淫罪追究其刑事责任。

被告人黎某某辩称，其受雇于范某甲等越南妇女，不构成组织卖淫罪。其辩护人辩称黎某某构成容留卖淫罪。

法院认为，被告人黎某某组织他人卖淫，其行为已构成组织卖淫罪。公诉机关指控的罪名成立。关于被告人黎某某辩称其受雇于范某甲等越南妇女，不构成组织卖淫罪及其辩护人提出黎某某的行为构成容留卖淫罪，而非组织卖淫罪的意见，与查明的事实不符，不予采纳。法院最后以被告人黎某某犯组织卖淫罪，判处有期徒刑6年6个月，并处罚金人民币8万元，附加驱逐出境。

此案被告人针对公诉机关的指控，作出了受雇于卖淫者的辩解，应当说，如被告人黎某某辩称的其是受雇于卖淫者并不是没有存在的可能性。从本案公诉机关提交，并经法庭质证、认证的证据来看，首先，没有证据证实被告人采取过诸如招募、引诱、强迫等手段将所涉卖淫者纠集到一起开展卖淫的行为，其中，证人（卖淫者）范某甲、谢某沿、潘某、范某乙证实自2014年6月份开始，她们陆续到中国东兴卖淫（见证据3），从而不排除卖淫者主动找到被告人请求或者雇请其为她们的卖淫活动提供服务的可能。其次，被告人黎某某所持的护照、出入境通行证、身份证显示，其属于越南国籍（见证据19），这样，被告人及本案所涉的卖淫者均来自越南。作为老乡，存在诸如语言相通、互助互信等方面的便利因素，也不能排除卖淫者选择自己的老乡被告人黎某某协助其卖淫的可能。最后，被告人与其妻子高某于2014年8月前租赁了东兴市粮食局小区××栋××单元××室（见证据4和证据5），这说明被告人有受雇帮助卖淫者开展卖淫活动的条件，亦即不仅为卖淫者提供了栖身之地，且黎某某的妻子也可以协助煮饭做菜等日常生活的照料。虽然“卖淫记账单”（见证据 13）由被告人黎某某记录了 2014 年 8 月至 11 月潘某、范某乙、范某甲等人卖淫 1378 次，涉案金额 157686 元人民币的事实，但因卖淫者属越南国籍而不方便在中国银行储存之故，所以并不能排除卖淫者统一交由被告人黎某某帮助保管以及记录各人的卖淫次数是为了不使各人的收入弄混的可能。当然，依据本案的证据，司法机关认定被告人黎某某属组织卖淫行为，并以本罪追究其刑事责任并非错误，如证人范某甲、谢某沿、潘某、范某乙的证言（见证据 3），证实：组织她们卖淫的老板是黎某某，黎某某负责提供吃住，她们卖淫所得的钱款和黎某某平分。她们的卖淫活动都是黎某某安排的，黎某某接到嫖客电话后，就按顺序排号，轮流让她们去卖淫（一次性关系要 130 元、包夜要 500 元左右）。所得嫖资，交给黎某某保管。黎某某将她们当天接客的次数及嫖资登记入账，一个月结一次账。在卖淫过程中，她们不能私下接客，必须等黎某某安排。公安机关在黎某某卧室查获的账本，就是记录她们每天卖淫次数及收入的账目。而被告人黎某某的供述称（见证据 6）：2014 年 6 月，其采取提供食宿、负责联系嫖客、平分嫖资的方式，陆续组织潘某、范某甲、谢某沿等越南女卖淫。其接到嫖客招嫖电话后，按照排号顺序，安排越南女到嫖客房间，以一次性交易 100 元、包夜 500 元左右的价格与嫖客进行交易。卖淫女每天卖淫所得，都由其登记保管，每 3 天结算一次。经统计，2014 年 8 月至 11 月，其共组织潘某等 10 名越南女子卖淫 1378 次，收入嫖资 157686 元。可见，证人的证言与被告人的供述是基本吻合的，达到相互印证的程度，而被告人实施的行为属于管理或者控制的范畴，符合本罪组织行为的特征，所以其构成本罪无疑。

虽然最后司法机关根据查明的事实，并没有采纳被告人的辩解，但是本案中被告人的确提出了一个值得我们思考的问题。亦即，如果实践中经查明行为人真的是受雇于卖淫者，那么此种情形下究竟怎么对其行为定性呢？笔者认为，由于卖淫行为不属于犯罪行为，所以卖淫者不能成为组织者，同时也很难成为教唆犯。受雇人如果不涉及卖淫者的具体卖淫活动（包括卖淫价格、约定卖淫分成比例等），仅仅为卖淫者煮菜做饭，登记各卖淫者的卖淫次数及其收入，帮助卖淫者保管卖淫收入，那么，受雇人这种与卖淫无关联性的行为，不具有可罚性，其与卖淫者一样不构成任何犯罪；如果受雇人在受雇后所实施的行为中，有为卖淫者联系嫖娼者并撮合他们交易行为的，则属于介绍卖淫的行为，构成犯罪的以介绍卖淫罪论处；如果为单纯受雇并没有涉及卖淫者的具体卖淫活动，即使卖淫者在受雇人处居住，也不构成容留卖淫罪。为此，上案中被告人黎某某的辩护人提出其构成容留卖淫罪，是值得商榷的。因为，黎某某虽然让卖淫者在其租赁的房屋居住，但是卖淫者并没有在此实施卖淫活动，而是均出去到外面卖淫的，所以黎某某所租赁的东兴市粮食局小区 ×× 栋 ×× 单元 ×× 室并不是卖淫场所，所以将黎某某认定为容留卖淫很难成立；如果受雇人对卖淫者的具体卖淫活动具有管理甚至控制行为（如为卖淫者规定按顺序排号轮流卖淫以及为卖淫者规定一次性卖淫的价格或包夜的价格等），那么此时其行为已经超出了单纯地为卖淫者提供协助或者服务的范畴，发展为组织他人卖淫的行为，应当以组织卖淫罪定罪处罚。总之，此种情形在《解释》出台前，很难将其以组织卖淫行为定性（可能成立容留、介绍卖淫罪），但是在《解释》出台后，此种情形完全可以以“管理”行为的存在而认定为组织卖淫行为。

第二节　本罪的犯罪形态

一、本罪的既遂与未遂

关于本罪既遂、未遂的划分标准，实务界存在着不同的看法。一种观点认为，本罪属于行为犯，行为人只要完成了招募、雇佣等组织行为就为既遂，而不论被组织人是否实际实施了卖淫行为。例如，将卖淫人员召集到卖淫场所或者卖淫人员答应听从安排进行卖淫，此时卖淫团伙已经组织成功就成立既遂。持此观点的理由主要是：刑法分则将某些组织型犯罪的预备性质的行为提升为犯罪构成中的实行行为（将犯罪着手提前），主要基于这些预备性质的行为所涉及的犯罪性质严重来考虑，所以将这些原本属于预备性质的行为作为独立的罪名加以规定。因而，组织型犯罪的既遂就是以组织行为的完成为标志，而不再需要行为人进一步实施其他犯罪行为。而从本罪的立法原意来看，本罪显然是属于刑法严惩的范围，类似于组织恐怖组织罪和组织黑社会性质组织罪，这些犯罪均以组织行为的完成为既遂标志，而不是以组织行为完成后的实施其他具体的犯罪行为为既遂标志。实施组织卖淫的行为人虽然最后的目的是通过卖淫人员的卖淫行为从中牟利，但是由于刑法提前了本罪的实行行为，所以只要卖淫团伙成立，就意味着本罪的既遂。另一种观点认为，虽然本罪属于行为犯，但不能以组织卖淫人员行为的完成作为既遂的标志，而是待被组织的卖淫人员实际实行了具体的卖淫行为，才能成立既遂，如果在卖淫前（如卖淫人员与嫖客商量价钱时）被查获的，应为本罪的未遂。在理论界，也存在着与实务界相同的两种不同的观点。有的学者认为，组织卖淫罪是行为犯，行为人只要采取招募、雇佣、强迫、引诱、容留等手段，实施了组织、策划、指挥他人卖淫的行为，就属于完成了法定的犯罪行为达到犯罪既遂，被组织者是否卖淫，不影响既遂的成立。相反，行为人虽然采取了招募、雇佣、强迫、引诱、容留等手段，但还没有实施完毕组织、策划、指挥他人卖淫的行为就因犯罪分子意志以外的原因停止下来，就属于未遂。[①] 如果以卖淫者实施了卖淫行为作为认定组织卖淫行为既遂的标准，容易造成对于一些卖淫行为无法认定，导致无法追究组织者刑事责任的问题。因此，对于有证据证明行为人基于组织他人卖淫的目的，实施具体招募、雇佣、引诱、容留他人卖淫行为之一的，

① 参见王作富主编:《刑法分则实务研究（下）》，中国方正出版社 2001 年版，第 1578—1579 页。

即构成既遂，至于被组织者是否真正实施了卖淫行为以及是否获取利益不影响案件的定性，可以作为量刑因素予以考虑。而有的学者则认为："被组织者实施了卖淫行为的，组织卖淫行为构成既遂。"①

笔者认为，本罪的既遂应当以被组织卖淫人员具体实施了卖淫行为为标志，理由如下：

第一，本罪为复行为犯，只有复合行为均充足时才能成立本罪的既遂。从刑法分则对实行行为的规定来看，实行行为的构造在某些情况下具有复合性，存在双重的实行行为，由此构成复行为犯，包括牵连型复行为犯和并列型复行为犯两种重要的分类。牵连型的复行为犯，是指复合的数行为之间存在手段行为与目的行为之间的牵连关系。②本罪在法条上虽然仅表述为"组织他人卖淫的"，似乎只要实施组织行为就为既遂，但根据《解释》的规定，本罪是指以招募、雇佣、纠集等手段，管理或者控制多人从事卖淫的行为。显然，本罪的"组织"由两个具有递进关系的行为组成：一是组织者通过招募、雇佣、纠集等手段将卖淫人员组织在一起的行为；二是通过组织者对卖淫者的管理或者控制实施卖淫的行为。而这两个具有递进关系的行为无疑是一种牵连型的复合实行行为，③亦即前者是手段行为，后者是目的行为。如果仅将行为人的手段行为作为本罪的实行行为，那么手段行为一旦完成，当然就是本罪的既遂。但是，本罪的"组织"行为既然是一种牵连型的复合实行行为，那么作为前后紧密相接的两个实行行为，必须同时具备（缺一不可），亦即只有手段行为和目的行为均有实施的客观事实，才能使本罪的实行行为得以完全充足。换言之，本罪的手段行为和目的行为均为实行行为，只有全部完成才属于本罪法定的行为的完成，才能成立本罪的既遂。正如有学者所认为的：对于由手段行为和目的行为相结合而组成的双重实行

---

① 张明楷：《刑法学（下）》，法律出版社 2016 年版，第 1160 页。

② 参见陈兴良主编：《刑法总论精释（上）》，人民法院出版社 2016 年版，第 162—163 页。

③ 需要说明的是，此处的牵连只就两实行行为的关系而言，但其并非牵连犯。在牵连犯的场合，手段行为和目的行为均各自独立成罪，而复合实行行为则不是。

行为，其犯罪的着手，要着重解决的是依哪个行为来确定犯罪的着手问题。由于这类犯罪中双重行为同属犯罪构成所要求的实行行为，而着手是实行行为的起点，因此，开始实行第一个行为即手段行为就是犯罪的“着手”，犯罪既遂则有赖于目的行为的实施和成功。[①] 进一步分析之，手段行为的具备，只是表明行为人构成了本罪（未遂），但犯罪的成立与犯罪的既遂是两个不同的概念，并不能说犯罪成立就一定是既遂。所以，只有待本罪的管理或者控制特征表现出来，即在组织者组织下卖淫者具体实施了卖淫活动，才能成立本罪的既遂。例如，雇用他人组织卖淫的，只有卖淫者实际上具有了卖淫的行为，才能判断组织者与卖淫者之间是否存在雇佣的关系。又如，将某人引诱到卖淫场所组织卖淫，被组织人拒绝卖淫并报警，此时被查获，要认定此种情形为既遂恐怕难以服众。因为，本罪是要管理或者控制卖淫人员及其具体的卖淫活动，此种情形尚谈不上管理或者控制。由此，上述实务界第二种观点及理论界的最后一种观点实际将本罪作为复行为犯予以对待，是值得赞同的。

第二，只有将卖淫人员具体实施了卖淫行为作为本罪既遂的标志，才能使本罪与他罪得以区分。组织者实施招募、雇佣、强迫、引诱、容留、介绍等手段行为，其只不过是本罪的形式特征，如果将这些行为的实施（完成）作为本罪既遂的标志，那么就会得出凡是具有招募、雇佣、强迫、引诱、容留、介绍等的行为即构成本罪的结论，但这种结论显然存在问题。因为，刑法另设置了强迫卖淫罪、协助组织卖淫罪以及引诱、容留、介绍卖淫罪，而本罪的手段行为又包括了强迫、引诱、容留、介绍，所以本罪的手段行为与强迫卖淫罪、协助组织卖淫罪以及引诱、容留、介绍卖淫罪的客观行为存在交叉或者包容关系。具言之，行为人实施了招募的行为，也许属于协助组织的行为，可能构成协助组织卖淫罪；实施了强迫的行为，应构成强迫卖淫罪；实施了引诱、容留、介绍的行为，可能仅单独构成引诱、容留、介

---

① 参见高铭暄主编：《刑法专论（上编）》，高等教育出版社2002年版，第311—312页。

绍卖淫罪。而上述将行为人实施招募、雇佣等手段行为认定为本罪既遂的观点，无疑是将行为人提前认定为本罪，从而导致本罪与协助组织卖淫罪、强迫卖淫罪或者引诱、容留、介绍卖淫罪无从区分。所以，只有待行为人对卖淫者进而实施了管理或者控制并进行了实际的卖淫行为，才能使本罪与协助组织卖淫罪、强迫卖淫罪或者引诱、容留、介绍卖淫罪得以彻底区分。可见，行为人对卖淫者进行管理或者控制的行为，是本罪的本质（核心）特征，亦即只有行为人具备了这一特征，才能真正以本罪追究其刑事责任。而这一本质特征的具备，显然要以卖淫者具体进行了卖淫行为作为判断的标准。也就是说，虽然行为人实施了诸如招募、雇佣、强迫、引诱、容留、介绍等行为，但就是否构成本罪的定性问题都还没有解决，此时又怎能论及本罪的既遂问题呢？所以，只有被组织的卖淫人员实际实施了具体的卖淫活动，并从这些已经开展了的活动所处的客观形态才能认定行为人是否构成本罪，当然也只有此时才能确定本罪是否既遂。

第三，将本罪与组织恐怖组织罪和组织黑社会性质组织罪相比有失妥帖。从立法的沿革来看，在涉及侵犯社会风尚管理制度类的犯罪中，我国1979年《刑法》并没有规定组织卖淫的罪名，而是只规定了强迫妇女卖淫罪和引诱、容留妇女卖淫罪。其中，强迫妇女卖淫罪被规定在刑法分则“侵犯公民人身权利、民主权利罪”一章中（第四章），即第140条规定：“强迫妇女卖淫的，处三年以上十年以下有期徒刑。”而引诱、容留妇女卖淫罪被规定在刑法分则“妨害社会管理秩序罪”一章中（第六章），即第169条规定：“以营利为目的，引诱、容留妇女卖淫的，处五年以下有期徒刑、拘役或者管制；情节严重的，处五年以上有期徒刑，可以并处罚金或者没收财产。”本罪实际直接来源于1991年9月4日通过的《全国人民代表大会常务委员会关于严禁卖淫嫖娼的决定》（已被修改）第1条第1款的规定，根据该款规定，组织他人卖淫的，处10年以上有期徒刑或者无期徒刑，并处1万元以下罚金或者没收财产；情节特别严重的，处死刑，并处没收财产。不过，通过之后的修改和调整，最终形成的1997年《刑法》第358条，规定本罪的罪状及法定刑为：组织他人卖淫的，处5年以上10年以下有期徒刑，并处罚金；组织他人卖淫，情节严重的，处10年以上有期徒刑或者无期徒刑，并处罚金或者没收财产；情节特别严重的，处无期徒刑或者死刑，并处没收财产。这样，1997年《刑法》将上述《决定》规定的本罪的最低法定刑“10年”降低为“5年”。另外，《刑法修正案（九）》将本罪以及强迫卖淫罪取消了死刑设置。从上述对本罪的立法变化可以看出，尽管本罪法定刑最低为5年有期徒刑而属于刑法分则中的重罪范畴，但其法定刑在整体上的趋轻态势，表明其不至于严重到与组织、领导、参加恐怖组织罪及组织、领导、参加黑社会性质组织罪那样，将成立组织（机构）的行为作为犯罪处理。也就是说，本罪与组织恐怖组织罪与组织黑社会性质组织罪的根本不同，是刑法并没有将行为人把卖淫人员集中起来建立卖淫组织的行为作为犯罪处理，而是处罚具体的组织卖淫行为本身。另外，除组织者采取强迫手段以外，本罪的其他手段行为并不具有暴力性和胁迫性，这与恐怖组织和黑社会性质组织犯罪以暴力、威胁作为常态手段不同，相反，尚存在许多自愿卖淫的人员主动或者经他人介绍投入到组织者的组织行为中的状况。同时从《解释》中可以看出，本罪与强迫卖淫罪相比，后者的入罪门槛以及“情节严重”的设置标准，均明显低于本罪，例如，本罪的入罪标准是组织卖淫人员3人以上，而强迫卖淫罪则没有罪量的限制（即没有人数要求），只要卖淫人员是被强迫卖淫的（即使只有1人），就构成该罪。又如，本罪的情节严重标准之一是组织卖淫人员达10人以上，而强迫卖淫罪在该项的标准是强迫卖淫人员达5人以上（参照组织卖淫罪人员的一半标准设置）。可见，虽然刑法将组织卖淫犯罪行为排在强迫卖淫犯罪行为之前，但这并不能说明前者的危害性一定要大于后者。总之，刑法虽然将组织卖淫行为作为严惩的对象，但不至于将本罪“组织”中的手段行为的完成作为既遂的标准。

第四，将组织者实施完手段行为认定为本罪既遂，不能解决现实中所有的组织卖淫行为的定性问题，并不能使本罪的既遂标准达到统一。为了逃避打击，实践中，组织者并不采取传统的组织卖淫形式，而是不设置固定的卖淫场所，往往利用网络实施组织卖淫的行为。亦即，通过在网上发布招嫖的信息，一旦与嫖娼者达成合意，就打电话、发短信或者用微信联系卖淫人员，安排、调度或指挥她们（他们）按约定时间到达约定地点进行卖淫。此种情形下，说明组织者实施的招募等手段行为已经完成，但要将其认定为既遂，实际上还存在证据上的问题，行为人发出的招嫖信息只是表明有卖淫人员的存在，但是否真正存在可能无法得到证实，所以此时将行为人认定为本罪的犯罪既遂，无疑是将尚没有证实有卖淫人员的“组织”行为认定为本罪，这无疑是一种客观归罪的做法，同时其并不能与传统型的组织卖淫行为的既遂标准保持一致（因为传统型组织卖淫行为具有现场性）。何况，此种情形的表象是一种介绍卖淫的行为，根据《解释》的规定，利用信息网络发布招嫖违法信息，情节严重的，依照《刑法》第287条之一的规定，以非法利用信息网络罪定罪处罚，同时构成介绍卖淫罪的，依照处罚较重的规定定罪处罚。另外，现实中，有的自愿卖淫的人为了在组织者的统一安排或介绍下，使其更容易获取较丰厚的非法收入，而主动“投靠”或被介绍到诸如以美容美发店、足浴店等为幌子的卖淫场所门下（有的甚至请求那些老板组织卖淫）。如果“老板”答应并对卖淫人员实施了管理或者控制行为，此种情形下，“老板”作为组织者，其并没有实施诸如招募、引诱、强迫等手段行为，因而也就不存在实施所谓手段行为完毕的客观样态，当然就谈不上实施了诸如招募等行为就为既遂的问题。所以，那种以手段行为实施完毕作为本罪既遂标准的观点，是与实际不符的。总之，在上述两种情形下，如果一律以本罪的手段行为实施完毕作为既遂的标准，那么就会出现一罪存在不同的既遂标准的状况。因此，只有将被组织者实施了具体的卖淫行为作为本罪的既遂标准，才能使本罪既遂的标准实现统一。

第五，与其他组织类犯罪相比，如将行为人实施了手段行为一律认定为本罪的既遂，与罪责刑相适应原则不符。我国《刑法》分则规定了诸多组织类犯罪，这些罪名有：组织恐怖组织罪（第120条），组织黑社会性质组织罪（第294条），组织、领导传销活动罪（第224条之一），组织残疾人、儿童乞讨罪（第262条之一），组织未成年人进行违反治安管理活动罪（第262条之二），组织考试作弊罪（第284条之一），组织、资助非法聚集罪（第290条第4款），组织会道门、邪教组织破坏法律实施罪（第300条），组织会道门、邪教组织致人重伤、死亡罪（第300条第2款），组织越狱罪（第317条第1款），组织他人偷越国（边）境罪（第318条），组织播放淫秽音像制品罪（第364条第2款）及组织淫秽表演罪（第365条）。上述组织类犯罪分别安排在“危害公共安全”“破坏社会主义市场经济秩序”“侵犯公民人身权利”及“妨害社会管理秩序”等类罪中，除组织恐怖组织罪和组织黑社会性质组织罪两罪是以组织机构的形式出现作为犯罪成立的标准之外，其余均以处罚实施具体组织行为本身（实行行为）为对象。从刑罚的配置来看，组织恐怖组织罪的法定最低刑为10年有期徒刑（法定最高刑为无期徒刑），组织黑社会性质组织罪的法定最低刑为7年有期徒刑（法定最高刑为15年有期徒刑），由于该两罪的行为人一旦进一步实施其他犯罪，就会造成极大的危害，所以《刑法》将其配置为较高的起点刑自然在情理之中。在以处罚具体组织行为本身（实行行为）的犯罪中，与本罪的起点刑相同的是组织越狱罪（即法定最低刑均为5年有期徒刑），其余的均低于甚至是大大低于本罪的法定最低刑，例如，组织残疾人、儿童乞讨罪和组织未成年人进行违反治安管理活动罪的法定最低刑均为拘役，组织会道门、邪教组织破坏法律实施罪和组织会道门、邪教组织致人重伤、死亡罪的法定最低刑均为管制，组织他人偷越国（边）境罪的法定最低刑为2年有期徒刑，组织播放淫秽音像制品罪和组织淫秽表演罪的法定最低刑均为管制。可见，在以处罚具体组织行为本身的犯罪中，本罪的起点刑是最高者之一。应当说，组织残疾人、儿童乞讨罪和组织未成年人进行违反治安管理活动罪所侵害的客体（法益）既涉及人身自由、人格尊严，又涉及身心健康和社会治安管理秩序，而且前者在客观方面还表现为暴力、胁迫的手段，尤其是两罪的行为人组织的对象包括了残疾人、儿童（未满14周岁）或者未满 18 周岁的未成年人这些弱势和受重点保护的群体，其社会危害性显然并不亚于（甚至大于）本罪。同时，与本罪类似的组织播放淫秽音像制品罪和组织淫秽表演罪的法定最低刑均为管制。由此看来，上述组织类犯罪的法定最低刑尚且低到拘役或者管制，按理本罪的法定最低刑不至于与其差距如此大（当然这是立法层面需要解决的问题）。不过，与其他组织类犯罪所配置的法定刑相比，如要将本罪的行为人实施了招募、雇佣、纠集、引诱、容留、介绍等的行为一律认定为本罪的既遂，显然会产生罪刑不协调的状况，也似乎不公。因为此时，如果行为人没有减轻处罚的情节，就意味着行为人必须被处以本罪基本刑 5 年以上 10 年以下的有期徒刑，在尚未组织卖淫者具体实施卖淫行为的情况下，就处以这样的重刑似乎有些过分。因此，只有在组织者组织他人实施了具体的卖淫活动之后，再以本罪的既遂将行为人处以 5 年以上有期徒刑（情节严重的，处 10 年以上有期徒刑或者无期徒刑），才符合罪责刑相适应的原则，也才能在与其他组织类犯罪的相较中体现出公平。

二、本罪的共同犯罪

（一）本罪主从犯的划分

由于《刑法》设置了协助组织卖淫罪，因而对组织卖淫的人提供帮助的行为，不再以本罪的共犯（从犯）论处。那么，本罪的共同犯罪需要探讨的问题之一就是：在本罪的实行犯中是否存在主从之别，亦即是否有划分主从犯的必要。对此，司法实践中存在着争议，并形成了肯定与否定两种不同的观点。否定的观点认为，由于本罪只处罚组织者，即使是共同犯罪，作为组织者在共同犯罪中也都处于作用相等的地位，因而不存在作用大小不同的可能，没有划分主从犯的必要，应当均以主犯处置；肯定的观点则认为，虽然本罪只处罚组织者，但那是相对卖淫者而言的。也就是说，在卖淫团伙中只是处罚组织卖淫的人，不处罚卖淫者。而在组织者当中，各者的作用均能做到整齐划一是不可能的，总会存在有的作用大、有的作用小的情形，如果将组织者的作用一律等量齐观，这既不符合事实，也无法体现刑罚个别化。在理论上，有学者认为，本罪的主体是已满16周岁，发起、建立卖淫团伙，操纵、安排团伙内的人进行卖淫活动，协调卖淫组织中的活动，策划发展卖淫团伙的人，卖淫组织中的一般参与人员，不构成本罪。[①]按照此种观点，本罪处罚的是那些发起、建立、操纵、安排、协调、策划卖淫团伙及其卖淫者具体卖淫活动的人，似乎可以解读出该观点认为本罪不存在主从犯的结论。

不可否认，本罪的犯罪主体必须是卖淫活动的组织者，亦即那些开设卖淫场所的“老鸨”或者以其他方式组织他人卖淫的人。组织者可以是一人，也可以是几人，关键要看其在卖淫活动中是否起组织者的作用。[②]如果仅从“组织者”的字面来看，似乎给人以属于犯罪集团中的“组织犯”之感，那么本罪就基本上无主从犯可言。但如上所述，本罪的实施，既可以由1人单独进行，也可以由2人以上的一般的共同犯罪形式出现，还可以由3人以上为共同实施组织他人卖淫而组成较为固定的犯罪组织（犯罪集团）。所以，这里的“组织者”包括了管理或者控制卖淫者及其具体卖淫活动的个人（1人）或者多人（2人以上），由此完全可以得出如下基本结论：虽然《刑法》单独设立了协助组织卖淫罪，对于协助组织卖淫的行为按照该罪定罪处罚，似乎使本罪不再存在从犯的可能性。但是我国《刑法》第27条规定了两种从犯的类型：一种是以分工为标准的在共同犯罪中起辅助作用的从犯，即帮助犯；一种是以作用大小为标准的在共同犯罪中具体实施犯罪行为起次要作用的从犯。由此，在本罪共同犯罪的场合，本罪即使不存在帮助的从犯，但必定会存在实行的从犯。亦即，组织者中有可能或者应当存在作用此大

---

① 参见周光权：《刑法各论》，中国人民大学出版社2011年版，第392页。

② 参见臧铁伟主编：《中华人民共和国刑法修正案（九）解读》，中国法制出版社2015年版，第289页。

彼小的情形，因而在案件具体处理中应首先确立区分主从犯的逻辑思维（亦即在共同犯罪中，组织者的作用大小存在明显差别的，应当区分主从犯）。

首先，在特殊的组织卖淫共同犯罪中，组织犯无疑是首要分子，是当然的主犯。在行为人建立组织卖淫犯罪集团的情况下，就会存在组织犯、教唆犯和实行犯。有学者指出，虽然我国《刑法》没有明文规定组织犯的概念，但在刑法条文中确实可以说是包含了组织犯的规定的。例如，我国《刑法》第26条第1款前段规定："组织、领导犯罪集团进行犯罪活动的"，这实际上就是指的组织犯。又如根据我国《刑法》第97条规定，首要分子是指在犯罪集团中起组织、策划、指挥作用的犯罪分子，这其中也包括组织犯。由此可以得出结论，我国刑法理论上的组织犯，是指组织、领导犯罪集团或者在犯罪集团中起策划、指挥作用的犯罪分子。[①] 因此，组织卖淫犯罪集团中无疑存在组织犯，只不过本罪的组织犯实施的组织行为既是组织犯的组织行为，其本身又是正犯（实行）行为而已。而组织卖淫犯罪集团的组织犯无疑是首要分子，是当然的主犯，其他参加到犯罪集团中实施一般组织行为（实行行为）的，即可以成为从犯。

其次，在一般的组织卖淫共同犯罪中，可能或必定存在主要的实行犯和次要的实行犯。在本罪一般共同犯罪的场合，组织者间会存在一定的分工，在组织过程中发挥着不同的作用，因而也会存在区分主从犯的必要。例如具有下列情形中的几项或全项的组织者，就肯定其为在组织卖淫的一般共同犯罪中起主要作用的人，应当认定为本罪的主犯：（1）提起犯意者；（2）作为组织卖淫的主要出资人或者提供卖淫场所，同时分成比例高于其他参与者；（3）积极招募卖淫人员者（卖淫人员主要或者全部由其招募）；（4）采用强迫、引诱的手段组织他人卖淫或者对卖淫者实施限制人身自由者；（5）在组织具体的卖淫活动中承担策划、安排、调度工作者；（6）卖淫的价格（包括"套餐"服务价格）及其与卖淫者分成比例的决定者；（7）印制招嫖信息卡

① 参见马克昌主编:《犯罪通论》，武汉大学出版社2006年版，第542页。

片并积极介绍卖淫者。如韦某某等组织卖淫案，该案经审理查明，2012 年 8 月初，被告人韦某某提议到广西东兴市卖淫，兰某、兰某、兰某某某、覃某某表示同意。同月 3 日，被告人韦某某将兰某、兰某某、兰某某某、覃某某带至广西东兴市。同日 23 时许，被告人韦某某到东兴市 ×× 镇 ×× 街的交通宾馆随缘保健中心找到被告人汪某某，提议兰某、兰某某、兰某某某、覃某某到汪某某处从事卖淫活动，被告人汪某某表示同意，并约定按比例分成。次日，被告人韦某某带兰某某、兰某某某、覃某某到随缘保健中心，由汪某某安排兰某某、兰某某某、覃某某到客人住宿的宾馆或在随缘保健中心提供性服务，从中收取提成。法院认为，被告人韦某某、汪某某以招募、容留等手段，纠集多人从事卖淫，其行为已构成组织卖淫罪，公诉机关指控的罪名成立。在共同犯罪中，被告人韦某某召集多名妇女来东兴市从事卖淫，在组织卖淫中均起主要作用，均系主犯，依法应按其参与的全部犯罪处罚。被告人汪某某从被告人韦某某处接收该批妇女，容留、安排她们从事卖淫，在组织卖淫中起次要作用，系从犯，依法应当从轻、减轻或免除处罚。最后，法院以被告人韦某某犯组织卖淫罪，判处其有期徒刑 5 年，并处罚金人民币 1 万元，以被告人汪某某犯组织卖淫罪，判处其有期徒刑 1 年，并处罚金人民币 1 万元。[①] 此案中，被告人韦某某首先是教唆犯，亦即其教唆被告人汪某某一同组织他人卖淫。《刑法》中的教唆，是指唆使开始不具有犯罪意图的人产生犯罪的决意，所以教唆犯是犯意的发起者。应当说，没有教唆犯的教唆，他人就不会有犯罪的故意，从而就不会有某种犯罪的产生，从这个角度来讲，教唆犯在共同犯罪中通常起的是主要作用。同时，该案中的卖淫者全部由被告人韦某某召集，并积极寻找卖淫场所和合作者，与被告人汪某某相比，其在共同犯罪中无疑是主要的实行犯，因而将其认定为本案的主犯并没有问题。当然，被告人汪某某作为被教唆者，其提供了卖淫场所，如果查明其在接受卖淫者后，独立地开展（即不受韦某某左右）组

① 参见东兴市人民法院 (2013) 东刑初字第 3 号刑事判决书。

织卖淫者的卖淫活动，其可能也成为主要的实行犯，由此本案可以不用划分主从犯，而是均以主犯处置。

最后，受雇者一般应认定为从犯。根据《解释》的规定，本罪组织行为的核心是“管理或者控制”，那么组织者完全可以雇用他人为其管理或者控制卖淫人员及其具体的卖淫活动，受雇人的管理或者控制行为实际上是雇请人实行行为的表征，也就是说，受雇人是雇请人的顶替者，其依雇请人的指示而为，服从于雇请人。显然，此种情形下，雇请人应当被认定为主犯，而受雇人属于执行雇请人的行为，起次要作用，一般应认定为从犯。如上述所举广某某组织卖淫案，经审理查明，被告人广某某受他人雇请，在广西上思县思阳镇民政中路某按摩保健会所负责收取卖淫人员卖淫所得上交及管理卖淫女子的食宿等工作。法院认为，被告人广某某组织他人卖淫，且卖淫人员在 10 人以上，情节严重，其行为已构成组织卖淫罪，公诉机关指控的罪名成立。在共同犯罪中，被告人广某某受他人雇请从事收取卖淫款等管理工作，是从犯，应当从轻、减轻处罚或者免除处罚。该判决将雇请人与受雇人进行主从犯的划分，显然是正确的。

（二）组织卖淫者与容留卖淫者成立的共犯情形

司法实践中，有的组织者往往又是容留卖淫的教唆犯，在具体处理案件时，应当注意将其以容留卖淫的共犯并与组织卖淫罪实施数罪并罚。例如，陈某某容留卖淫案，经审理查明，女子“阿的”（在逃）以开办旅馆的名义委托被告人陈某某在中国境内帮其承租房屋。2015 年 6 月，陈某某租下赵某位于宁明县福仁街 ×× 号的一栋楼房。2016 年 2 月，“阿的”电话告知陈某某其准备带越南女子到租房处从事卖淫活动，并与陈某某商定，此后，由陈某某支付福仁街 ×× 号楼房的房租、水电费，“阿的”按照每人每天 60—80 元的价格付给陈某某房费。自 2016 年 2 月起，陈某某将福仁街 ×× 号楼房提供给越南女子从事卖淫收取卖淫女房费。2017 年 9 月 28 日 22 时许，民警在该出租屋将陈某某、正在嫖娼的韦某 1 及农某、黄某 2 等 5 名卖淫女查获。一审法院认为，被告人陈某某以营利为目的，为他人卖淫提供场所，其行为已触犯《刑法》第359条第1款的规定，构成容留卖淫罪，公诉机关指控的罪名成立。最后以被告人陈某某犯容留卖淫罪，判处其有期徒刑1年7个月，并处罚金人民币3000元。[①] 从查明的事实看出，越南籍女子“阿的”以开办旅馆的名义委托被告人陈某某在中国境内帮其承租房屋，这说明“阿的”一开始是蒙骗被告人陈某某的，亦即被告人陈某某事先并不知道“阿的”租赁房屋的真实意图，同时双方也没有就组织卖淫或者容留卖淫事宜通谋，因此被告人陈某某在2015年6月帮“阿的”租赁房屋时并没有犯罪的意图。直至2016年2月，当“阿的”电话告知陈某某其准备带越南女子到租房处从事卖淫活动，并与陈某某商定，此后，由陈某某支付福仁街××号楼房的房租、水电费，“阿的”按照每人每天60—80元的价格付给陈某某房费，此时，被告人陈某某才产生了容留卖淫的犯罪意图。显然，陈某某是在“阿的”的教唆下，实施容留卖淫行为的。那么，“阿的”无疑与陈某某一起成立容留卖淫的共同犯罪，在构成组织卖淫罪的同时另构成容留卖淫罪，如果“阿的”归案应以二罪对其实行数罪并罚。

（三）特殊行业工作人员通风报信行为的定性

本罪共同犯罪的另一个值得探讨的问题，就是对特殊行业的工作人员的通风报信行为的处理。根据《刑法》第362条规定，旅馆业、饮食服务业、文化娱乐业、出租汽车业等单位人员，在公安机关查处卖淫、嫖娼活动时，为违法犯罪分子通风报信，情节严重的，依照本法第310条的规定以包庇罪定罪处罚。应当说，上述规定是指通风报信的人与犯罪分子事前没有通谋的情形，但是如果其与犯罪分子存在事前通谋，那么此时究竟如何处理，则值得探讨。有学者认为，在公安机关查处卖淫、嫖娼犯罪时，为组织他人卖淫的人隐瞒犯罪事实、通风报信，提供隐藏处所或者其他方便条件的

---

① 参见广西壮族自治区宁明县人民法院（2018）桂1422刑初78号刑事判决书。

行为，属于组织卖淫罪完成后的帮助行为，行为人并没有协助组织卖淫的主观故意，因此行为人的行为并不是协助组织卖淫的行为。但是如果行为人事前与组织卖淫者之间有通谋，则应以协助组织卖淫罪论处。而根据《解释》第14条规定，事前与犯罪分子通谋的，以共同犯罪论处。笔者认为，《刑法》第362条是一概括性条款，其意思是为组织、强迫、引诱、容留、介绍卖淫的人通风报信的，以包庇罪定罪处罚。亦即，通风报信人分别构成组织、强迫、引诱、容留、介绍卖淫行为的包庇行为，因此对于事前与犯罪分子通谋的情形，《解释》概括性地规定为“以共同犯罪论处”似乎是科学的。但是在仔细斟酌之下，《解释》的规定尚存在值得商榷之处。如果事前通谋而为强迫、引诱、容留、介绍卖淫的人通风报信的，他们分别成为强迫卖淫罪和引诱、容留、介绍卖淫罪的共犯，这当然没有问题，但是，事前通谋为组织卖淫的人通风报信的，对通风报信人究竟是以协助组织卖淫罪定罪处罚还是以组织卖淫罪的共犯处理，则具有商讨的余地。根据《解释》的规定，通风报信人事前与组织卖淫的人通谋的，构成组织卖淫罪的共犯，笔者认为这一处理并不正确。应当说，事前通谋的通风报信行为与诸如为组织卖淫的人招募、运送人员或者充当保镖、打手、管账人等的行为并无本质上的差异，其是典型的协助组织卖淫的行为，而非组织卖淫的实行行为，因此，上述学者的观点是值得赞同的，亦即对事前通谋的通风报信人应当以协助组织卖淫罪追究刑事责任，而不是以组织卖淫的共同犯罪处理。

三、本罪的罪数形态

《刑法》中的罪数理论，其解决的是对行为人依一罪处理还是实施数罪并罚的问题。因此，“区分罪数，既关系到对行为人的正确定罪，也关系到正确适用刑罚”。[①] 关于本罪的罪数形态，主要有如下两个方面的问题需要

① 林亚刚:《刑法学教义（总论）》，北京大学出版社2014年版，第545页。

研究：

一是本罪与强迫卖淫罪及引诱、容留、介绍卖淫罪竞合时的处理。

由于强迫、引诱、容留、介绍卖淫也是组织卖淫的手段行为，而《刑法》又专设了强迫卖淫罪和引诱、容留、介绍卖淫罪，所以，在行为人采取强迫、引诱、容留、介绍的手段行为并进而实施组织他人卖淫，且均构成犯罪的情况下，本罪即与强迫卖淫罪和引诱、容留、介绍卖淫罪发生竞合，此时应当是以一罪处理还是实行数罪并罚，理论界与实务界存在不同的看法。有学者认为，如果行为人在组织卖淫活动中实施了强迫、引诱、容留、介绍卖淫的行为，应将这些行为认定为组织卖淫的手段，对行为人以组织卖淫罪一罪论处。还有学者认为："在组织他人卖淫的活动中，对被组织者实施强迫行为的，只认定为组织卖淫罪即可，不必实行数罪并罚；但如果被强迫者与被组织者不具有同一性，则应将组织卖淫罪与强迫卖淫罪分别定罪，实行数罪并罚。"[①]《解答》曾经对此作出了这样的规定，即"在组织他人卖淫的犯罪活动中，对被组织卖淫的人有强迫、引诱、容留、介绍他人卖淫行为的，应当作为组织他人卖淫罪的量刑情节予以考虑，不实行数罪并罚。如果这些行为是对被组织者以外的其他人实施的，仍应当分别定罪，实行数罪并罚"。可见，《解答》与上述学者的观点在依本罪一罪处理的态度上是一致的，只不过《解答》认为要将组织犯罪活动中实施的强迫、引诱等行为作为本罪的量刑情节予以考虑。由于《解答》属于司法解释的范畴，所以《解答》的这一规定也得到了大多数学者的支持与赞同。[②]

笔者认为，《解答》及上述学者以被组织者不具有"同一性"为依据认为应分别定罪并实施数罪并罚的观点，是值得赞同的，但是在具有"同一性"的情形下认为只以本罪一罪定罪处罚则存在疑问。因为，行为人在组

---

① 张明楷:《刑法学（下）》，法律出版社 2016 年版，第 1160 页。

② 参见马克昌主编:《百罪通论（下卷）》，北京大学出版社 2014 年版，第 1112 页；王作富主编:《刑法分则实务研究（下）》，中国方正出版社 2001 年版，第 1579 页。

织卖淫活动中实施了强迫、引诱、容留、介绍卖淫的行为，可能或者必定构成强迫卖淫罪或者引诱、容留、介绍卖淫罪，而强迫或者引诱行为的危害性并不见得比组织行为小，从而强迫卖淫罪和引诱卖淫罪的入罪标准以及情节严重认定标准就有低于组织卖淫罪的可能性或必定性。那么，此时一律将强迫或者引诱的行为认定为组织卖淫的手段，按组织卖淫罪一罪处理，就会产生罪刑不协调的结果，甚至有遗漏处罚的危险。事实上，《解释》在强迫卖淫罪以及引诱卖淫罪的入罪和情节严重标准方面，就作出了低于本罪的设置。例如，根据《解释》第 1 条规定，本罪的入罪标准是组织 3 人以上卖淫，而《解释》并没有为强迫卖淫罪的入罪标准作出规定，说明该罪没有罪量的限制，亦即强迫 1 人卖淫也构成该罪。又如，《解释》第 6 条规定，强迫卖淫人员累计达 5 人以上的或者卖淫人员中未成年人、孕妇、智障人员、患有严重性病的人累计达 3 人以上的，属于强迫他人卖淫的“情节严重”，而《解释》第 2 条规定，组织卖淫人员累计达 10 人以上的或者卖淫人员中未成年人、孕妇、智障人员、患有严重性病的人累计达 5 人以上的，属于组织他人卖淫的“情节严重”，显然，本罪情节严重的划定标准要高于强迫卖淫罪。另外，《解释》为引诱卖淫罪设置的入罪和情节严重标准也要低于本罪。其第 8 条规定，“引诱他人卖淫的”，应当依照《刑法》第 359 条第 1 款的规定定罪处罚，这说明引诱卖淫罪无罪量的限制，亦即即使引诱 1 人卖淫的，也构成该罪。同时，依照第 9 条的规定，引诱 5 人以上或者 3 人以上的未成年人、孕妇、智障人员、患有严重性病的人卖淫的，属于《刑法》第 359 条第 1 款规定的“情节严重”，显然，该罪的情节严重标准也低于组织卖淫罪。根据《解释》的上述规定，如果行为人只强迫或者引诱 1 人或 2 人并组织卖淫的，则不构成本罪，但其肯定构成强迫卖淫罪或者引诱卖淫罪，而按照上述学者的观点或者《解答》的规定，在组织他人卖淫的活动中，对被组织者实施强迫或者引诱行为的，只以组织卖淫罪处理，显然对行为人就遗漏了处罚（即没有以强迫卖淫罪或者引诱卖淫罪对其处罚）；如果行为人引诱 5 人或者引诱未成年人、孕妇、智障人员、患有严重性病的3人并组织卖淫的，其尚不属于本罪的情节严重，但已达到引诱卖淫罪的情节严重，根据《刑法》第359条第1款的规定，应处5年以上有期徒刑，而按照上述学者的观点或者《解答》的规定，依照本罪对行为人处罚，就因没有达到情节严重只能在本罪的基本刑5年以上10年以下处刑，那么显然就产生了罪刑不协调的结局（因为按照引诱卖淫罪处理，此时对行为人的处刑最高可以达到15年有期徒刑）；如果行为人引诱1人或者2人不满14周岁的幼女并组织卖淫的，按照《解释》的规定，行为人并不构成本罪，但无疑已构成引诱幼女卖淫罪，而只以组织卖淫罪处理，显然也对行为人遗漏了处罚（即没有以引诱幼女卖淫罪对其处罚）。同时，如果行为人引诱3人不满14周岁的幼女并组织卖淫的，按照《解释》的规定，行为人虽已构成本罪，但只是在基本刑5年以上10年以下处刑，而根据《刑法》第359条第2款的规定，引诱幼女卖淫罪的法定刑是5年以上有期徒刑，显然只以本罪处理的话，又会造成罪刑不协调的状况（因为以引诱幼女卖淫罪处罚最高可以达到15年有期徒刑）。基于上述分析，上述学者的观点及《解答》的规定，显然存在瑕疵。

实际上，本罪与强迫卖淫罪及引诱、容留、介绍卖淫罪所对应的法条是属于法条竞合的关系。亦即，本罪的实行行为（手段行为）与上述二罪的实行行为具有交叉或者重合的内容，实施组织行为的同时也必定触犯强迫卖淫罪或者引诱、容留、介绍卖淫罪所对应的法条，均构成犯罪的，行为人应成立法条竞合犯。因此，在被组织者具有同一性，既构成本罪，又成立强迫卖淫罪或者引诱、容留、介绍卖淫罪的情形下，其解决的方法只能依靠罪数（或竞合）的理论，采取依一重罪处置的原则处理，才能避免上述罪刑不协调或者遗漏处罚的问题。正因为如此，在处理本罪与引诱、容留、介绍卖淫罪的关系时，《解释》才摒弃了《解答》的规定，而是依照法条竞合的理论作出了当今这样的规定，即（第3条）“在组织卖淫犯罪活动中，对被组织卖淫的人有引诱、容留、介绍卖淫行为的，依照处罚较重的规定定罪处罚。但是，对被组织卖淫的人以外的其他人有引诱、容留、介绍卖淫行为的，应当分别定罪，实行数罪并罚”。据此规定并基于上述分析，在组织卖淫犯罪活动中，如行为人采用强迫或者引诱的手段组织他人卖淫，不构成本罪的，则以强迫卖淫罪或者引诱卖淫罪论处；如引诱不满14周岁的幼女并组织卖淫，不构成本罪的，则以引诱幼女卖淫罪处理；如采用引诱的手段组织他人卖淫构成本罪，不符合本罪情节严重但符合引诱卖淫罪情节严重的情形的，则以引诱卖淫罪（重罪）处置。同时，引诱不满14周岁的幼女并组织卖淫，虽已构成本罪，但不具有本罪的情节严重情形的，则以引诱幼女卖淫罪（重罪）论处。

需要强调的是，虽然《刑法》第358条将组织和强迫卖淫的行为作为并列性规定，且安排了相同的法定刑，似乎是一个选择性罪名（即组织、强迫卖淫罪），但是，因强迫往往是组织的手段行为，二者存在交叉或者重合的关系，同时，强迫行为的社会危害性显然要大于组织行为，所以实际上二者并非选择性罪名。亦即，行为人在组织他人卖淫的行为中同时实施了强迫他人卖淫行为的，不能以组织、强迫卖淫罪定罪处罚，而是单以组织卖淫罪或者强迫卖淫罪处理，也不实行数罪并罚。比如，根据《解释》的规定，组织3人以上卖淫的构成本罪，但如果行为人只强迫1人或2人并组织卖淫的，则不构成本罪，那么只能单以强迫卖淫罪处理。如果强迫3人以上的人组织卖淫的，则将强迫行为划归《解释》第2条规定的“其他情节严重的情形”，对行为人以本罪实施加重处罚（即处10年以上有期徒刑或者无期徒刑）。

二是本罪与妨害国境管理犯罪竞合时的处理。

从中越边境的司法实践来看，组织者往往将越南妇女组织入境我国卖淫或者越南失足妇女结伙偷越国境至我国“自愿”在他人组织下卖淫，此种情形下，组织者可能既构成组织他人偷越国境罪，同时又构成组织卖淫罪，而结伙偷越国境的越南失足妇女也可能构成偷越国境罪，那么对组织者究竟是以本罪还是组织他人偷越国境罪处理，抑或实施数罪并罚，实务界存有不同的看法。一种观点认为，应按照牵连犯的理论处理，即组织他人偷越国境是手段（方法）行为，而组织他人卖淫是目的行为，二者自然形成了手段与目的的牵连，均构成犯罪的，应成立牵连犯并择一重罪处置；另一种观点认为，组织他人偷越国境并实施组织卖淫的行为，二者不成立牵连关系，均构成犯罪的对行为人应实行数罪并罚。究竟孰是孰非，笔者且举如下两则案例以资评析并予厘定。

案例一：阮某某 1 等组织他人偷越国境案[①]

经审理查明，2011 年，被告人阮某某 1 在中国广东佛山市非法务工期间结识被告人陈某某，并建立男女朋友关系。2016 年 9 月，阮某某 1 通过阮某秋认识被告人阮某某。之后，阮某某 1 和阮某某两人通过电话或网络聊天的方式商量由阮某某物色年轻的越南女子到中国广西桂平市开按摩店从事卖淫活动。同年 9 月 14 日，阮某某以到中国开按摩店为由，在越南河内联系范某 1、阮某准备到中国务工，并通过网络聊天软件告知阮某某 1，阮某某 1 告诉阮某某于同年 9 月 17 日带范某 1、阮某到越南凉山新清边境口岸等候，并答应阮某某于同年 9 月 18 日在新清边境口岸会合后，接其三人入境前往中国广西桂平市。同年 9 月 17 日，阮某某 1、陈某某从中国广东坐车到中国广西桂平市。到广西桂平市后，陈某某答应带其朋友陈某 1 一同前往越南游玩。次日上午，阮某某 1、陈某某、陈某 1 三人从中国广西南宁市乘坐大巴车到广西凭祥市，之后乘坐出租车到达广西凭祥浦寨边贸点。当天 13 时许，阮某某 1 等三人从广西凭祥浦寨边贸点一边境便道出境越南凉山省新清，并在新清边境口岸一宾馆内与阮某某 3 人会合，15 时许，阮某某 1 等 6 人从广西凭祥浦寨边贸点一个边境便道返回，16 时许，阮某某 1 等 6 人乘坐面包车途经广西凭祥浦寨中卡时，阮某某 1 等 5 人被浦寨边境检查站执勤官兵查获。执勤官兵检查中，发现阮某某持有中越边民通行证

---

① 参见广西壮族自治区龙州县人民法院 (2017) 桂 1423 刑初 29 号刑事判决书。

后没有将其带走。面包车司机继续带阮某某驾驶一段路后，阮某某因对中国不熟悉，故要求下车并自己返回检查站找阮某某1等5人时，被检查站执勤官兵查获。

法院认为，被告人阮某某1、阮某某、陈某某违反中华人民共和国出入国境的管理相关法律法规，非法组织他人偷越国境，其行为已触犯了《刑法》第318条之规定，构成了组织他人偷越国境罪。公诉机关对三被告人的指控罪名成立。最后法院以被告人阮某某1犯组织他人偷越国境罪，判处其有期徒刑2年6个月，并处罚金人民币5000元，驱逐出境；以被告人阮某某犯组织他人偷越国境罪，判处其有期徒刑2年6个月，并处罚金人民币5000元，驱逐出境；以被告人陈某某犯组织他人偷越国境罪，判处有期徒刑1年6个月，并处罚金人民币3000元。

案例二：广某某组织卖淫案[①]

经审理查明：被告人广某某系外籍人员，自述为越南国籍人。2015年9月，广某某在乐业县城认识刘某耀（另案处理），后与刘某耀以夫妻名义同居生活，于2016年12月生育1个儿子。2017年7月初，广某某回越南老家时与广某、卢某1（二人均为外籍人员，自述为越南国籍人）见面，在闲谈中广某和卢某1提出让广某某带她们到中国卖淫赚钱，广某某表示同意。之后广某某便带着广某和卢某1从中越边境小道非法进入中国广西靖西市境内，后由刘某耀驾车从靖西市接到广西乐业县城。广某某、刘某耀将广某、卢某1安排在其租住的乐业县文化广场旁居民楼的租房内。几天后，卢某2（外籍人员，自述为越南国籍人）经与广某某联系后，从广东省来到乐业县欲在乐业卖淫赚钱，广某某遂安排卢某2与广某、卢某1共同吃住。因为广某、卢某1、卢某2不会中文，与人交流沟通不便，为方便管理，广某某、刘某耀便邀请邹某2（另案处理）一起参加，3个人经商议后，决定由广某

① 参见广西壮族自治区靖西市人民法院(2018)桂1081刑初110号刑事判决书。

某负责安排卖淫女的生活起居，刘某耀、邹某2负责带广某和卢某1在县城小吃街一带的宾馆坐台、联系嫖客和收钱，卖淫所得的嫖资由广某某管理、分配，嫖资中70%归卖淫女，30%由广某某和刘某耀、邹某2共同分赃。2017年7月25日凌晨，刘某耀带广某、卢某1和卢某2在乐业县同乐某新社区合顺宾馆内卖淫时，被公安机关当场查获。案发后，广某某于2017年7月26日主动到乐业县公安机关投案，并如实供述了上述事实。

法院认为，客观方面，被告人广某某带广某、卢某1和联系卢某2三名卖淫女到乐业县城卖淫，广某某负责安排卖淫女的生活起居，对卖淫所得的钱进行统一分配与管理，具有利益分配权与管理权，广某某的行为符合对卖淫活动进行管理的构罪特征；主观方面，广某某具有组织他人卖淫的“组织故意”，其想要通过组织3名卖淫女进行卖淫而从中牟利。广某某的行为符合组织卖淫罪的犯罪构成要件，其行为已构成组织卖淫罪，公诉机关指控的罪名成立。

上述两案的被告人均有带领卖淫人员偷越国境至我国境内的行为，其目的均为在我国境内组织卖淫。不同的是，案例一被定性为组织他人偷越国境，而案例二则被定性为组织卖淫，分别以组织他人偷越国境罪和组织卖淫罪对各自的被告人追究刑事责任。不过，在案件的具体处理上，虽然两司法机关对行为人的定性不同，但相同的是，二者都没有对被告人实施数罪并罚，似乎可以解读出两司法机关在对被告人定罪处罚时均认定属于牵连犯而作出了依一重罪原则的处理。应当说，根据查明的事实，案例一的各被告人肯定构成组织他人偷越国境罪，同时因其以到中国开按摩店为由，在越南河内联系了范某1、阮某，实施了招募、引诱范某1、阮某的行为，目的是组织二者“到中国广西桂平市开按摩店从事卖淫活动”，所以也构成组织卖淫罪（预备）。案例二中的被告人广某某肯定构成组织卖淫罪，同时也应构成组织他人偷越国境罪。因为，广某和卢某1主动“提出让广某某带她们到中国卖淫赚钱”，被告人广某某答应后，便“带着广某和卢某1从中越边境小道非法进入中国广西靖西市境内，后由刘某耀驾车从靖西市接到广西乐业县城”，显然，从被告人广某某的“带着”以及刘某耀驾车的接应行为来看，在偷越国境的过程中其无疑实施了领导、策划、指挥的组织行为，因而认定被告人广某某构成组织他人偷越国境罪不存在问题。那么，两司法机关最后单以组织他人偷越国境罪或者组织卖淫罪处理（定性）是否正确呢？

由于牵连犯实际上是数行为数罪，本应实施数罪并罚，但牵连犯“此等犯罪行为与其方法或结果行为，本系可以独自成立犯罪，因其相互间有方法或结果之牵连关系，故未可与通常之复数犯罪同视，而须另有处断之标准”，[①] 所以刑法理论一般认为，在牵连犯的场合，按照择一重罪的原则处断。可是，要将本属于数罪的情形择一重罪处理，显然有放纵犯罪之嫌，因而，在承认牵连犯的前提下，不能将行为人的行为随意认定存在牵连关系，必须极力限制牵连犯的成立范围（亦即不能将所有近似牵连犯的情形均按照择一重罪的原则处断）。为此，近来越来越多的学者主张，只有具有类型化的手段与目的、原因与结果的关系时，才存在牵连关系。如张明楷教授认为：“只有当某种手段通常用于实施某种犯罪，或者某种原因行为通常导致某种结果行为时，才宜认定为牵连犯。”[②] 笔者认为，牵连犯的成立范围应当按照如下原则确定：手段行为与目的行为，以及原因行为与结果行为牵连关系的成立，各相互之间要具有密切的联系（亦即具有因果关系或者具有不可分离性等），在“目的行为”的引导下，或在“原因行为”的作用下，“手段行为”或“结果行为”的发生具有通常性或者当然性；反之，在“手段行为”的辅助下，“目的行为”的发生也具有通常性、当然性或者紧密性。基于此，行为人组织他人偷越国境后进而实施组织卖淫犯罪活动的，如果偷越国境的手段行为具有通常性、当然性或者紧密性，就可以认

① 韩忠谟：《刑法原理》，北京大学出版社 2009 年版，第 322 页。

② 张明楷：《刑法学（上）》，法律出版社 2016 年版，第 490 页。

定其与本罪形成牵连关系，对行为人以牵连犯的原则处理，否则，则应数罪并罚。

从目前中越边境的司法实践来看，组织者通过偷渡的方式将越南妇女组织到我国境内卖淫，或者一些自愿卖淫的失足越南妇女结伙偷渡至我国境内在他人的组织下卖淫，成为较为常见的现象。正是诸如案例二中广某、卢某 1“提出让广某某带她们到中国卖淫赚钱”的情形的较多存在，才使得组织卖淫犯罪成为中越边境常见的跨国犯罪之一，从而也就导致该类目的行为与偷越国境的行为的联系具有了通常性、当然性或者紧密性。所以，笔者认为，基于中越边境跨国性的组织他人卖淫的犯罪行为具有常见性，可以或者应当将偷越国境的行为（手段行为）与组织卖淫的行为（目的行为）认定为具有牵连关系，如果行为人既构成组织他人偷越国境罪或者偷越国境罪（例如组织者本人偷越国境 3 次以上），又构成本罪的，其就成立了牵连犯，在二者中选择一重罪处理。而组织他人偷越国境罪的基本刑是 2 年以上 7 年以下，加重刑是 7 年以上有期徒刑或者无期徒刑，偷越国境罪的基本刑（除“涉恐型”偷越国境外）是 1 年以下有期徒刑、拘役或者管制，本罪的基本刑为 5 年以上 10 年以下有期徒刑，加重刑是 10 年以上有期徒刑或者无期徒刑，显然一般情况下本罪为重罪。就案例一而言，虽然阮某某 1 等被告人实施了组织卖淫的行为，但是在招募、引诱卖淫者进入我国境内阶段就被查获，属于组织卖淫的未遂犯，对于未遂犯，刑法的规定是比照既遂犯可以从轻或者减轻处罚，同时司法实践中处罚未遂犯存在例外（即并不是所有的未遂犯均予以处罚），所以此时组织他人偷越国境罪应为重罪，司法机关对阮某某 1 等被告人以组织他人偷越国境罪定罪处罚是正确的；就案例二而言，由于同伙“刘某耀带广某、卢某 1 和卢某 2 在乐业县同乐某新社区合顺宾馆内卖淫时，被公安机关当场查获”，所以被告人广某某组织卖淫行为既遂，对其应在 5 年以上 10 年以下处刑（如没有加重情节），重于组织他人偷越国境罪的基本刑，所以司法机关对被告人广某某以本罪定罪处罚也是正确的。另外需要说明的是，失足越南妇女 3 人以上结伙偷越国境的，构成偷越国境罪，但其随后的卖淫行为不构成犯罪，所以此种情形下无所谓牵连犯的存在。同时，其主动或者被介绍到卖淫场所受他人组织卖淫的，由于组织卖淫者没有组织卖淫者偷越国境，且卖淫者偷越国境的行为是其自发的，与组织卖淫者无因果关联，所以对组织卖淫者单以本罪处罚。

参考文献

一、著作类

1. [法]孟德斯鸠：《论法的精神（选译本）》，钟书峰译，光明日报出版社2012年版。

2. [德]汉斯·海因里希·耶赛克、托马斯·魏根特：《德国刑法教科书》，徐久生译，中国法制出版社2001年版。

3. [意]杜里奥·帕多瓦尼：《意大利刑法学原理（注评版）》，陈忠林译评，中国人民大学出版社2004年版。

4. [日]大谷实：《刑法讲义各论》，黎宏译，中国人民大学出版社2008年版。

5. [日]大塚仁：《刑法概说（各论）》，冯军译，中国人民大学出版社2003年版。

6. 韩忠谟：《刑法原理》，北京大学出版社2009年版。

7. 林山田：《刑法通论（上册）》，北京大学出版社2012年版。

8. 林山田：《刑法通论（下册）》，北京大学出版社2012年版。

9. 马克昌主编：《经济犯罪新论——破坏社会主义经济秩序罪研究》，武汉大学出版社 1998 年版。

10. 马克昌主编:《犯罪通论》，武汉大学出版社 2006 年版。

11. 马克昌主编:《刑罚通论》，武汉大学出版社 2007 年版。

12. 马克昌主编:《百罪通论（上卷）》，北京大学出版社 2014 年版。

13. 马克昌主编:《百罪通论（下卷）》，北京大学出版社 2014 年版。

14. 高铭暄、马克昌主编:《刑法学》，北京大学出版社、高等教育出版社 2017 年版。

15. 高铭暄主编:《刑法专论（上编）》，高等教育出版社 2002 年版。

16. 高铭暄:《中华人民共和国刑法的孕育诞生和发展完善》，北京大学出版社 2012 年版。

17. 张明楷:《刑法学（上）》，法律出版社 2016 年版。

18. 张明楷:《刑法学（下）》，法律出版社 2016 年版。

19. 张明楷:《刑法的基本立场》，中国法制出版社 2002 年版。

20. 张明楷:《外国刑法纲要》，清华大学出版社 2007 年版。

21. 陈兴良:《规范刑法学（上册）》，中国人民大学出版社 2013 年版。

22. 陈兴良:《规范刑法学（下册）》，中国人民大学出版社 2013 年版。

23. 陈兴良:《教义刑法学》，中国人民大学出版社 2010 年版。

24. 陈兴良:《本体刑法学》，中国人民大学出版社 2011 年版。

25. 陈兴良主编:《刑法总论精释（上）》，人民法院出版社 2016 年版。

26. 陈兴良主编:《刑法总论精释（下）》，人民法院出版社 2016 年版。

27. 陈兴良:《刑法哲学（上）》，中国政法大学出版社 2009 年版。

28. 陈兴良:《刑法哲学（下）》，中国政法大学出版社 2009 年版。

29. 陈兴良主编:《罪名指南（下册）》，中国人民大学出版社 2008 年版。

30. 陈兴良:《刑法的知识转型（方法论）》，中国人民大学出版社 2012 年版。

31. 周光权:《刑法总论》，中国人民大学出版社 2011 年版。

32. 周光权:《刑法各论》，中国人民大学出版社 2011 年版。

33. 刘明祥主编:《刑法的基础理论》，中国人民大学出版社 2015 年版。

34. 梁根林:《刑法总论问题论要》，北京大学出版社 2018 年版。

35. 谢望原、赫兴旺主编:《刑法分论》，中国人民大学出版社 2011 年版。

36. 陈志军:《共同犯罪的理论与实践》，中国人民公安大学出版社 2012 年版。

37. 林亚刚:《刑法学教义（总论）》，北京大学出版社 2014 年版。

38. 陈家林:《外国刑法通论》，中国人民公安大学出版社 2009 年版。

39. 冯军、李春雷主编:《外国刑法学概论》，中国民主法制出版社 2004 年版。

40. 王作富主编:《刑法分则实务研究（下）》，中国方正出版社 2001 年版。

41. 臧铁伟主编:《中华人民共和国刑法修正案（九）解读》，中国法制出版社 2015 年版。

42. 于世忠主编:《中国刑法学分论》，厦门大学出版社 2017 年版。

43. 郑伟:《毒品罪三疏两议》，法律出版社 2011 年版。

44. 张洪成、黄瑛琦:《毒品犯罪法律适用问题研究》，中国政法大学出版社 2013 年版。

45. 贾宇主编:《刑法学》，中国政法大学出版社 2017 年版。

46. 梅传强、胡江、赵亮编著:《走私、贩卖、运输、制造毒品罪立案追诉标准与司法认定实务》，中国人民公安大学出版社 2010 年版。

47. 徐宏、李春雷:《毒品犯罪研究》，知识产权出版社 2016 年版。

48. 郦毓贝主编:《毒品犯罪司法适用》，法律出版社 2005 年版。

49. 高格:《定罪与量刑》，中国方正出版社 1999 年版。

50. 李永升主编:《刑法案例与规范》，中国法制出版社 2017 年版。

51. 刘仁文主编:《刑法学的新发展》，中国社会科学出版社 2014 年版。

52. 梁争:《走私罪研究》，法律出版社 2013 年版。

53. 刘之雄:《犯罪既遂论》，中国人民公安大学出版社 2003 年版。

54. 李立众:《犯罪未完成形态适用》，中国人民公安大学出版社 2012 年版。

55. 李运才:《毒品犯罪的死刑限制与废止》，中国人民公安大学出版社

2013 年版。

56. 于志刚:《毒品犯罪及相关犯罪认定处理》,中国方正出版社 1999 年版。

57. 林肃娅、候斌主编:《刑法学热点问题研究》,四川人民出版社 2006 年版。

58. 张穹主编:《刑法各罪司法精要》,中国检察出版社 2002 年版。

59. 娄秋琴:《常见刑事案件辩护要点》,北京大学出版社 2018 年版。

60. 最高人民法院刑事审判第一、二、三、四、五庭主办:《中国刑事审判指导案例(05 卷)》,法律出版社 2017 年版。

61. 最高人民法院刑事审判第一、二、三、四、五庭主办:《刑事审判参考(总第 67 集)》,法律出版社 2009 年版。

62. 邓崇专、黎仲诚:《走私罪司法认定与执法完善问题研究》,中国法制出版社 2019 年版。

二、论文类

1. 谢望原:《谨防刑法过分工具主义化》,载《法学家》2019 年第 1 期。

2. 施鹏鹏:《诱惑侦查及其合法性认定——法国模式与借鉴意义》,载《比较法研究》2016 年第 5 期。

3. 张建、俞小海:《贩卖毒品罪未遂标准的正本清源》,载《法学》2011 年第 3 期。

4. 王联合:《毒品犯罪的几个疑难问题研究》,载《中国刑事法杂志》2003 年第 4 期。

5. 高艳东:《贩卖毒品罪基本理论问题探析》,载《云南警官学院学报》2004 年第 1 期。

6. 高贵君、王勇、吴光侠:《〈全国部分法院审理毒品犯罪案件工作座谈会纪要〉的理解与适用》,载《人民司法》2009 年第 3 期。

7. 李启新、冯磊:《走私、贩卖、运输、制造毒品罪既遂、未遂问题探讨》,

载《中国检察官》2006 年第 7 期。

8. 窦璐:《刑事推定辨正》，载《政治与法律》2017 年第 11 期。

9. 刘之雄:《法律推定的故意伤害罪、故意杀人罪研究——以聚众斗殴致人重伤、死亡为焦点》，载《法学家》2018 年第 1 期。

10. 魏汉涛:《毒品犯罪死缓的司法偏差与匡正——基于 100 份死缓判决书的分析》，载《现代法学》2018 年第 5 期。

11. 齐文远、魏汉涛:《毒品犯罪治理的困境与出路》，载《河南大学学报（社会科学版）》2018 年第 1 期。

12. 张旭:《关于运输毒品罪认定的法律思考》，载《中国刑事法杂志》2001 年第 5 期。

13. 宁积宇:《贩卖毒品罪共犯疑难问题探析》，载《河南公安高等专科学校学报》2009 年第 4 期。

14. 宁积宇:《应以毒品是否交付作为贩卖毒品罪既遂、未遂判定的标准——对审判实践所持的质疑与批判》，载《法制与社会》2009 年第 28 期。

15. 熊永明:《〈刑法修正案（八）〉第 37 条的理解与适用》，载《山东警察学院学报》2011 年第 5 期。

图书在版编目（CIP）数据

毒品与组织卖淫犯罪司法认定疑难问题研究 / 邓崇专，黎仲诚著 .
—北京：中国法制出版社，2019.12
（中越边境常见跨国犯罪实务系列研究丛书）
ISBN 978-7-5216-0704-8

Ⅰ. ①毒…　Ⅱ. ①邓… ②黎…　Ⅲ. ①毒品 - 刑事犯罪 - 认定 - 研究 - 中国　②组织、强迫、引诱、容留、介绍卖淫罪 - 认定 - 研究 - 中国
Ⅳ. ① D924.364

中国版本图书馆 CIP 数据核字（2019）第 255938 号

策划编辑：马春芳
责任编辑：潘孝莉　刘　悦　　　封面设计：杨泽江

毒品与组织卖淫犯罪司法认定疑难问题研究

DUPIN YU ZUZHI MAIYIN FANZUI SIFA RENDING YINAN WENTI YANJIU

著者 / 邓崇专　黎仲诚

经销 / 新华书店

印刷 / 三河市紫恒印装有限公司

开本 / 710 毫米 ×1000 毫米　16 开　　印张 / 17.75　字数 / 245 千

版次 / 2019 年 12 月第 1 版　　2019 年 12 月第 1 次印刷

中国法制出版社出版

书号 ISBN 978-7-5216-0704-8　　定价：66.00 元

值班电话：010-66026508

北京西单横二条 2 号　邮政编码 100031　　传真：010-66031119

网址：http://www.zgfzs.com　　**编辑部电话：010-66073673**

市场营销部电话：010-66033393　　**邮购部电话：010-66033288**

（如有印装质量问题，请与本社印务部联系调换。电话：010-66032926）